复 旦 大 学 民 商 法 学 文 库

主编　季立刚

历史、比较视野下的合同附随义务研究

A Study of Subordinated Obligations in a Contract:
From Historical and Comparative Perspectives

汪倪杰　著

法律出版社
LAW PRESS·CHINA
北京

图书在版编目（CIP）数据

历史、比较视野下的合同附随义务研究 / 汪倪杰著.
北京：法律出版社，2024. -- ISBN 978-7-5197-9491-0

Ⅰ. D923.64

中国国家版本馆 CIP 数据核字第 2024G87M00 号

历史、比较视野下的合同附随义务研究
LISHI、BIJIAO SHIYE XIA DE HETONG FUSUI YIWU YANJIU

汪倪杰 著

策划编辑 沈小英
责任编辑 刘晓萌 鲁 安
装帧设计 李 瞻

出版发行 法律出版社
编辑统筹 法治与经济出版分社
责任校对 王 丰 郭艳萍
责任印制 吕亚莉
经　　销 新华书店

开本 710毫米×1000毫米 1/16
印张 15.5　**字数** 246千
版本 2024年9月第1版
印次 2024年9月第1次印刷
印刷 北京虎彩文化传播有限公司

地址：北京市丰台区莲花池西里7号（100073）
网址：www.lawpress.com.cn
投稿邮箱：info@lawpress.com.cn
举报盗版邮箱：jbwq@lawpress.com.cn
销售电话：010-83938349
客服电话：010-83938350
咨询电话：010-63939796

书号：ISBN 978-7-5197-9491-0
定价：93.00元

凡购买本社图书，如有印装错误，我社负责退换。电话：010-83938349

总　序

复旦大学是我国最早开始法学教育的学校之一,1905 年立校之时就有法学课程讲习,1911 年《复旦公学章程》对法学课程的设立予以规范,1931 年复旦大学法学院获教育部备案和司法部特许成立,先后有王宠惠、梅汝璈、杨兆龙、向哲俊、卢峻、孙晓楼等一批法学大家在此开设罗马法、英美法、民法等课程。1949 年后,弥经历史大潮波澜起伏,复旦大学于 1981 年恢复法律学专业,2000 年成立单一学科的法学院。在我国法治建设历程中,复旦大学民商法学科师资团队不懈努力,在民商法基础理论、我国民商法史、比较民商法、民商部门法等研究领域屡得佳作,成果丰硕,若干领域开国内研究之先河。

"复旦大学民商法学文库"是复旦大学民商法学科团队以严谨的学术精神、开放的学术视野,努力探索中外、国际民商法治发展及其新兴法律问题的又一批研究著作。在本文库启航并将持续出版之际,我拟从以下维度谈谈自己对民商法范畴内几个问题的认识,忝以为序。

一、西方"民商法"的"源"与"流"

某一定义所表达的内容既是客观存在的,也包括人主观认识的结果,进行定义的目的有"确定本质""确定概念""确定术语符号""术语符号运用"等。[1] 虽

〔1〕 哈特在《法律的概念》中认为,"定义可以使导引我们使用该词语的原则变得清晰,并且可以同时展示出我们应用语词于其上的现象类型和其他现象间的关系"。参见[英]哈特:《法律的概念》,许家馨、李冠宜译,法律出版社 2006 年版,第 13 页;梁慧星:《民法解释学》,法律出版社 2015 年版,第 85 ~ 86 页。

然“民商法”不是精确的法律概念或定义，但其依然作为公知的范畴被使用着，[1]欲明晰认识西方“民法”“商法”范畴的含义，就不能不回溯其“源”与“流”。

首先，市民权、市民法是欧陆“民法”的历史源头。希腊、罗马城邦时期即存在事关市民权（jus civile）的市民法（ius civile），在罗马它曾是与万民法相对应的体系。在希腊、意大利城邦生活中，每个自由人具有双重角色：一是特定城邦的市民，他属于自己，是一个私人，谋求自己的利益；二是特定城邦的公民，他不属于自己而属于国家，是一个“公人”，须在必要时牺牲自己的个人利益去维护公益。[2] 依近现代法律观念，罗马市民法既有“私法”的内容，又有“公法”的内容。[3] 罗马私法中的“人格”有自由权、市民权和家长权三大要素，自由权决定法律上“人”和“物”的区别，市民权体现罗马人和外邦人（有无罗马公民身份）的区别，家长权确定自权人和他权人的区别。市民法早期仅适用于拥有市民权的城邦自由人，不仅决定其是否具有完全人格，还用以维持某些法律特权。在公权

---

〔1〕 范畴（category），是指人们对客观事物共同本质和关系的概括或抽象，与人的认识过程具有密切联系；范畴具有一般性与普遍性的特点，各范畴不是孤立存在的，而是有着紧密的内在逻辑关系，并形成一定的概念体系与范畴体系。范畴化是人类最重要、最基本的认知手段，体现为对事物的基本区分，而事物的性质也有本质与偶性之别。亚里士多德在其《范畴篇》中就提出反映客观事物不同方面内容的十个范畴；18 世纪后期至 19 世纪初，康德在理性批判的旗帜下，将范畴分为四对十二个，并把逻辑演绎引入范畴认知中，他认为范畴并不是简单的归纳总结、概念罗列，而是基于人们对事物的逻辑判断而形成的理性认识。18 世纪后期至 19 世纪中叶，黑格尔在其逻辑学体系中构建了严密的范畴体系。在我国，“宪法”“行政法”“经济法”“民商法”“国际法”“刑法”等均成为公认的范畴，具有部门法、学科等多重意义。

〔2〕 希腊、罗马早期是城市国家的典型。在希腊，有雅典、斯巴达、科林斯等数十个城邦；在意大利，有罗马、叙拉古、维爱等数十个城邦。在城市生活基础上，所有的自由人称为市民，产生了市民法；城市使市民法与政治发生密切联系，希腊人、罗马人皆为有政治生活的民族；就“民法为万法之母”之称而言，此“民法”当指“市民法”。参见徐国栋：《市民社会与市民法——民法的调整对象研究》，载《法学研究》1994 年第 4 期。关于罗马市民权的扩张适用，还可参阅史志磊：《论罗马市民权的观念和实践》，载《广西大学学报（哲学社会科学版）》2014 年第 6 期；赵立行：《罗马到中世纪市民权的演变》，载《历史教学问题》2016 年第 1 期；［意］洛伦佐·伽利雅迪：《〈授予市民权的优流斯法〉的颁布背景及其实施效果》，朱少龙译，载《苏州大学学报（法学版）》2018 年第 3 期。

〔3〕 Civile 是 Civis 的形容词，由动词 Ciere（“召集”“发动”）的直陈式完成时 civi 派生而来，意思是“被征召者”，为“军人”之意。古罗马实行民兵制，全民皆兵，所有的市民都是军人，Civis 是对市民军人属性的描述；Civis 的集合构成 Civitas（城邦或市民社会），它是“许多战士集合起来所组成的军队或战斗团体”，即市民共同体。Civis、Civitas、Ius Civile 根词具密切的联系：单个的 Civis 通过一定程序联合成了 Civitas，它的法就是 Ius Civile。这样的 Ius Civile 是一个 Civitas 的全部的法，而不是法之整体的一个部门，因为当时人们还没有部门法的观念。参见徐国栋：《“民法”变迁史考》，载《中国政法大学学报》2007 年第 2 期。

利方面，拥有市民权则可参与政治集会、进行投票、享有竞选和担任国家公职的权利，有起诉应诉、非经法庭审判不可定罪及为自己进行辩护等权利；在私权利方面，拥有市民权则可享有免于他人侵害其人身、财产的权利，可分得一块公有地，享有免税权（仍有缴纳赋税义务）等。[1] 市民权可因迁居外邦、犯罪等被剥夺或消减。市民权是罗马城邦自由人内部平等的权利，这种平等性基因成为罗马私法与若干制度被近代民法继受的重要原因。

在罗马，市民权的授予是一个复杂的"推广"、消弭过程。基于出生、对外邦人恩赐、"移入罗马"、奴隶解放等原因，出于增加兵员、财政、化解征服与被征服冲突等需要，市民权、市民法从适用于罗马城邦到适用于拉丁殖民地、罗马殖民地、罗马自治市、拉丁自治市等市民共同体，再到适用于同盟者。[2] 公元212年卡拉卡拉皇帝颁布的《安东尼努斯敕令》（又称《安敦尼敕令》）的内容有："将所有事件之因归诸于神最为恰当，在如此困境中我得以幸存，我应感谢不朽的诸神。因此，如果我与已成为我臣民的外邦人以及我自己的人一起向诸神奉献，则能举行符合诸神之盛名的宏大而又谦恭的仪式。因此，我授予帝国全境内所有外邦人以罗马市民权。"[3]这意味着无论人种、民族、宗教与文化，居住在罗马帝国境内的全体民众，都成了罗马市民权的拥有人，也使市民法和万民法二元体制在市民权不断扩张下演变为市民法一元体制。但值得注意的是，在《安东尼努斯敕令》后，市民权在实际适用中也不见得那么完美，帝国晚期文献中依然充满对性别、宗教、文化，尤其是民族等"身份"的讨论，在法律上表现为不同的身份类型，甚至有"野蛮人"之称。[4] 进入中世纪后（大约指公元476年西罗马帝国灭亡至公元1453年东罗马帝国灭亡），市民权基于城邦国家瓦解、等级依附制度形成、罗马法律被日耳曼习惯法取代、分封制及附庸采邑制下国家赋税已不存在

---

〔1〕 参见赵立行：《罗马到中世纪市民权的演变》，载《历史教学问题》2016年第1期。罗马从公元前167年起开始对罗马公民免税，此后意大利的罗马公民享受了400年的直接税的免税权。

〔2〕 参见［意］洛伦佐·伽利雅迪：《〈授予市民权的优流斯法〉的颁布背景及其实施效果》，朱少龙译，载《苏州大学学报（法学版）》2018年第3期。

〔3〕 See Johnson, Coleman-Norton & Bourne, *Ancient Roman Statutes*, *Austin*, 1961, p. 225 – 226. 转引自赵立行：《罗马到中世纪市民权的演变》，载《历史教学问题》2016年第1期。

〔4〕 See Ralph W. Mathisen. Peregrini, *Barbari, and Cives Romani*: *Concepts of Citizenship and the Legal Identity of Barbarians in the Later Roman Empire* ,The American Historical Review, 2006(4). 转引自史志磊：《论罗马市民权的观念和实践》，载《广西大学学报（哲学社会科学版）》2014年第6期。

等原因而逐渐消弭。但经教会法沿袭、罗马法复兴运动，后世大陆法系国家以罗马法术语、概念、原则为基础，均沿用"市民法"的称谓，法语为"dorit civil"，德语为"Bügerliches Recht"，意大利语为"diritto civile"，荷兰语为"Bugerlyk Regt"，若直译都是"市民法"。[1]

其次，"市民法"向"民法"蜕变。西罗马帝国覆灭后罗马法逐渐失去昔日荣光，[2]直到11世纪起商业繁荣、城市兴起，对《学说汇纂》《伦巴第法文集》等古罗马法律文本的发掘和复原，形成帕维亚法学派、波伦亚注释法学派，开启罗马法复兴运动，另一种崭新的社会形态也在逐渐生成。在历史文献中尚未发现罗马法影响中世纪城市法形成的确切证据，与罗马、希腊形成对照的是，"11、12世纪在欧洲出现的这些城市和城镇既不是中央权力的行政中心，也不是自治的共和政体，它们介于两者中间"[3]。罗马法复兴运动从学理上塑造、解释了罗马法的架构和概念，而中世纪城市法则在实践中构建了自身地位和权利，培育、发展出第三阶层及市民的诉求，"中世纪的市民权更多地是自主建构，与罗马的市民权是两个有些类似但性质完全不同的东西"[4]。自文艺复兴运动始，随着人文主义彰显、宗教改革推进、理性主义与科学兴盛，逐渐区分了人与自然（人与神）两个世界，及至近代[5]"市民法包含的诸多内容被分离出来，形成由诸部门法构成的世俗法的整体"，即宪法、民法、商法（或行政法）、刑法、刑诉法和民诉法六法体系，[6]这使"市民法"逐渐成为专指调整社会中私人利益的法，称为"私法"，形成后世欧陆私法发展的基调。"ius civile"被翻译为"民法"源自日文，一

---

〔1〕 大陆法系国家的市民法在普通法国家一般称"私法"。为翻译大陆法国家著作，创造了Civil Law一词，兼指罗马法和大陆法系。

〔2〕 对罗马法体系化作出贡献而影响后世的五大法学家：盖尤斯（约130～180年）、帕比尼安（约140～212年）、乌尔比安（约170～228年）、保罗（生年不详，卒约222年）、莫迪斯蒂努斯（生年不详，卒约244年）。他们的著作代表着古罗马法学发展的高峰，成为后期传承罗马法的宝贵资料，并构成东罗马优士丁尼皇帝（527～565年在位）《学说汇纂》的主要内容。盖尤斯的《法学阶梯》因较为简要也大受欢迎。公元6世纪编成的《优士丁尼法典》《学说汇纂》《法学阶梯》《新律》，统称为《国法大全》，其内容丰富，集千年罗马法之大成。

〔3〕 ［美］伯尔曼：《法律与革命》，高鸿钧等译，法律出版社2018年版，第470页。

〔4〕 赵立行：《罗马到中世纪市民权的演变》，载《历史教学问题》2016年第1期。

〔5〕 近代是一个宽泛的时间范畴，自英国工业革命起算"近代"更具有社会变革的意义。有关"近世"或"近代"词语在中国的传播，参见方秋梅：《"近代"、"近世"，历史分期与史学观念》，载《史学史》2004年第3期。

〔6〕 参见徐国栋：《"民法"变迁史考》，载《中国政法大学学报》2007年第2期。

说是佩里(Matthew Calbraith Perry,美国东印度舰队司令)叩关后,日本通过学习兰学(荷兰),由学者津田真道于1886年自荷兰语“Bugerlyk Regt”译为“民法”;一说是由学者箕田麟祥自法语“dorit civil”译为“民法”,较之于“市民法”,或为误译,但歪打正着,倒更好地体现了“市民法”中的“私法”之义。欧陆国家18、19世纪加快法典化运动,并终于取得了《法国民法典》《德国民法典》等傲人成果,欧陆民法的法典化进程秉承近代以来的自然法思想,如天赋人权、人人平等、自由、反专制、财产保障、契约精神、公共福利等,同时又伴随数学、伦理学、认识论等智识的进步,相信“一种理性的社会生活秩序的基础,或许可以通过一种全面的法律规则的新秩序予以有目的的奠定”[1]。在某种程度上,民法法典化可被视为“自然法的法典化”,[2]大陆法系国家的“民法”也主要就是指作为私法的“民法典”。无论是拿破仑引以自豪的因张扬人文主义精神、重塑法兰西公序良俗、赋予民众权利与自由而“永世长存、万古流芳”的《法国民法典》,[3]还是体系完整严密、表述精准、概念清晰、立法技术高超充满哲学智慧的《德国民法典》,[4]均在立法史上达到前所未有的高度,对大陆法系的形成与发展起到至关重要的作用。

几乎与欧陆法典化同时,普通法系也开始了曲折的民事领域法典编纂进程,如英国重述判例法的《合伙法》(1890年)、《货物买卖法》(1893年)、《财产法》(1922年)、《不动产法》(1925年);在英国殖民地,也有《继承法》(1865年)、《合同法》(1872年)、《财产转让法》(1882年)、《地役权法》(1882年)等多部“英印法典”编纂。[5] 在法律文化传统上,如同“判例制度从来都是法律制度中的命脉所在,在普通法中尤为重要,在现代民法体系中亦不逊色”一样,[6]虽在

---

〔1〕[德]K. 茨威格特、H. 克茨:《比较法总论》,潘汉典等译,法律出版社2003年版,第133页。

〔2〕丹麦于1683年、瑞典与芬兰于1784年、挪威于1791年、法国于1804年、德国于1900年制定了《民法典》,瑞士于1907年制定了《民法典》(此前有1874年《婚姻法》、1881年《债务法典》)。这一时期,比利时、卢森堡、奥地利、西班牙等国家也相继编纂了《民法典》。

〔3〕参见石佳友:《法国民法典制定的程序问题研究》,载《比较法研究》2015年第3期。

〔4〕参见舒国滢:《19世纪德国学说汇纂体系的形成与发展——基于欧陆近代法学知识谱系的考察》,载《中外法学》2016年第1期。

〔5〕参见封丽霞:《法典编纂论——一个比较法的视角》,清华大学出版社2002年版,第110~123页。

〔6〕参见[英]丹尼斯·劳埃德:《法理学》,法律出版社2007年版,第507页。

普通法系中从来不存在一个叫作“民法”的法律部门，也缺乏对“民法”一词进行考察的立法文件，[1]而且不同法域的范畴、概念间存在差异，[2]但基于人类社会生活及理性的共通性，通过制度比较、语言语境认知，并没有不可逾越的鸿沟。20世纪以来，民法的理念、内容已发生了重要变化，诚实信用、公序良俗、人格权与人格利益保护、信赖利益保护、防止权利滥用、契约自由滥用的限制、安全保障义务、消费者合法权益保护、绿色民法等原则与规则的确立，体现着民法在维护个人本位或权利本位基石上已繁衍出诸多的“公法化”及“社会性”因素。

最后，考察“商法”范畴的形成及演变。商事活动、商事规范并不是近世或近代才有的，物品互通有无是人类社会存在的客观需求，交易活动及其规范久已有之，埃及、腓尼基、巴比伦、希腊、罗马就存在商事规范的例证，乌尔比安在《法学阶梯》中将“Taberna instructa”定义为“为了执行营业的财产与人的集合”，罗马的商业形态、商事行为多样。[3] 公元9世纪后，阿拉伯人对欧洲的入侵告一段落，商业活动复苏、商队团体出现，集市贸易于12、13世纪发达，商人们试图与封建领地决裂，恢复城市与城镇，彰显了自身的存在。商人及其贸易与城市密不可分，城市间的条约使商人获得通商权利、保障财产与自由，商人们也开始拥有自己高效率裁判的商事法院（“泥腿法庭”“潮汐法庭”），[4]并创造及适用自己的法律。“对于商人们而言，商业惯例则是他们所共同拥有的知识（常识），是一个从事贸易的人所应当充分了解的，如同他应当了解他所买卖的商品一样。同时，商业惯例得以创造和维持的前提是它符合贸易的特性和商人们原有的知识框架，能够被他们普遍接受”[5]，法律是经过制定的规则，但善良风俗是更为神

---

[1] 《牛津法律指南》列举了“Civil Law”一词的10种含义，其与教会法、商法、国际公法等相对应。

[2] 这种差异在同一法系，甚至同一国家、同一部法律中也可能存在，如“purchase”不仅指买卖，也包括赠与等其他取得方式，“certificate of title”（产权证书）与“document of title”（所有权凭证）的含义完全不同。

[3] 参见徐国栋：《罗马商法及其与“民法”的合一——以优士丁尼〈法学阶梯〉为考察对象》，载《法制与社会发展》2017年第5期。

[4] 商事法院既排除封建法律与习惯，也排除经院法律家所阐述的规则，而由非专业法官按照良心和公平原则去处理案件；法庭由衡平观念支配，所谓良心与公平只是商人眼中的良心与公平，它既不是基督徒的或道德哲学家的，也不是封建领主或农奴的，而是严格限于商业上的诚实与公平。裁判追求效率，案件应在一个“潮汐”间迅速完成。

[5] 陈颐：《从中世纪商人法到近代民商法典——1000—1807年欧陆贸易史中的法律变迁》，华东政法大学2002年法学硕士学位论文。

圣、公平的规则,“于习惯存在之处,一切法律皆保持沉默”。无论是海上还是陆上商人法(*Lex Mercatoria*,Law Merchant),都是中世纪沿海自治城市的商事习惯法孕育的产物,它“在西方才第一次逐渐被人们看作是一种完整的不断发展的体系,看作是一种法律体系”,[1]取得与罗马法、教会法、世俗法相独立的地位,并与“市民法”体系相分离(尽管不是完全的割裂)。不过,也不能把中世纪商法“乌托邦”化,不同城市、地区的商人毕竟存在自己的规则,中世纪商法的普遍性、统一性以及商人自治能力不能被过度夸大,商人法庭裁决的执行很大程度上受制于“封建国家”,甚至是修道院;行会的主要功能是给本会商人提供保障,对不遵守规矩的商人进行联合抵制、加入黑名单,警示人们决定是否与其保持贸易关系;行会还偏袒本会商人,歧视会外商人。某种意义上,拿破仑积极推动制定《法国商法典》正是为了解决这些问题。

我们可以看到西方商法发展更详细的脉络:一是自大约11、12世纪起,不断有商事习惯法(尤其是海商法)问世,如《阿马尔菲表》(1010年)、《特拉尼法令》(1063年)、《比萨习惯法》(1160年)、《耶路撒冷王国海商法》(1162~1173年)、《巴伦西亚习惯法》(1250年)、《巴塞罗那航行法》(1258年)、《康梭拉多海法》(约13世纪中期),这一时期还有法国的《奥内隆法典》(13世纪晚期)、波罗的港口的《维斯比法》(1350年)、巴塞罗那的《海事法典》等,[2]这都属商事习惯法的范畴。二是16、17世纪,欧洲诸国将在各国商人之间普遍适用的、具有国际性的各种商事习惯、商事规范纳入国家制定法范畴。法国路易十四时期颁布的《商事条例》(1673年)和《海事法令》(1681年)成为最早的两部国家商事法令。[3]

---

[1] [美]伯尔曼:《法律与革命》,高鸿钧等译,法律出版社2018年版,第439页。

[2] 英格兰海事法院将《奥列隆案卷》作为法律(Law)接受,并收入海事法院使用的《海事黑皮书》。参见莢振坤:《中世纪欧洲海商法研究(11至15世纪)》,华东政法大学2013年博士学位论文;[美]伯尔曼:《法律与革命》,高鸿钧等译,法律出版社2018年版,第448页。

[3] 《法国商法典》的海商章节几乎原原本本地复制了《海事法令》。它还被英国人采用当作自己的海商法,现代美国和英国法院裁判中,《海事法令》仍被作为权威依据援引。参见莢振坤:《中世纪欧洲海商法研究(11至15世纪)》,华东政法大学2013年博士学位论文。

三是具有历史意义的拿破仑1807年《法国商法典》问世,[1]它以商行为作为构建商法体系的中心,无论谁从事经纪、海商、票据等行为,无论是商人还是非商人,均受商法调整,改变了中世纪商人法浓厚的身份色彩,令每个人都有经商的权利,使从事商行为成为一种“天赋人权”,它是第一部真正意义上的近代商法。1900年《德国商法典》对1861年《德意志普通商法典》进行修订,以商人作为构建商法体系的中心,并调和民法典与商法典的关系,将原《德意志普通商法典》中存在的民事法内容移至同时生效的《德国民法典》。[2] 19世纪起的欧陆商法法典化使分散的商事习惯、规则以成文化、体系化的形式得以汇编、编纂,彰显了商法的独立性。究其原因,工业革命极大促进了经济、社会的发展,只有对传统自治性的商法体系作出革命性调整,才能适应商人群体政治地位的提高、商事活动的普遍化;只有取消或限制封建贵族所享有的各种特权,打破行会对于商人营业的管制和垄断,才能使商事主体平等、产权保障、营业自由、交易安全、自由竞争等目标得以实现。理性主义、实用主义哲学对商法发展产生了重要影响,民族国家的发展、主权理论的成熟,也为商法法典化提供了重要的立法资源。在英国,随着17世纪和18世纪国际贸易的扩展,普通法院法官摒弃了把商人法视为有别于普通法的独立法律体系的观念,商人法被逐渐地纳入普通法及普通法院管辖。1666年判决的伍德沃德诉罗维案(Woodward v. Rowe)中宣称,“商人法是国内法”。[3]

据不完全统计,不包括英美法系样式的商法,如英国1882年《汇票法》(Bill

---

[1] 该法典共4编648条,涉及陆上贸易401条。第一编“商事总则”,共9卷,包括商人,商业账簿,公司,商业登记,商品交易所、证券经纪人、居间商,质押与行纪商,商行为的证据,汇票、本票,时效;第二编“海商”,共14卷,包括船舶、船舶抵押、船舶所有人、船长、海员、佣船契约、载货证券、租船契约、以船舶为抵押而设定的借贷、海上保险、海损、货物放弃、时效及拒诉;第三编“破产”,共3卷,包括财产转移、破产及复权;第四编“商事法院”,共4卷,包括商事法院的组织、管辖、诉讼及上诉程序等。

[2] 1794年《普鲁士普通邦法》采用商人特别法观念制定,含营业规范。1857年,依据联邦代表大会的决议,在纽伦堡成立的委员会根据普鲁士和奥地利两份草案制定《德意志普通商法典》(旧商法典),于1861年施行,它是主观主义和客观主义的混合体。因当时德国缺乏统一的民法典,该法典存在大量属于民法的条款。1895年德国司法部制定新的商法草案,于1897年4月7日被帝国议会通过,即《德国商法典》(新商法典),与《德国民法典》于1900年1月1日同时生效;共4编31章905条,包括:第一编“总则”(8章),第二编“商事公司及隐名合伙”(5章),第三编“商行为”(7章)与第四编“海商”(11章)。《德国商法典》从一开始就没有把票据、保险、破产、商事法院等内容规定在商法典之内,另立单行法,但“海上保险”与《法国商法典》一样被列入海商编内。

[3] 参见黄进、胡永庆:《现代商人法论——历史和趋势》,载《比较法研究》1997年第2期。

of Exchange Act)、商事示范法(如《美国商法典》),全球制定商法典的国家与地区有60多个,其立法依年代大概分为三个时期:19世纪至20世纪初、20世纪中叶、20世纪晚期至今。[1] 前期是立法、立制阶段,后因经济社会发展、商事活动固有的国际性,商法不断经历着革命性变迁,原有法典内容中不适应新变化的部分被移除或废止,法典被"掏空",几近空壳,经历了"去法典化"与"再法典化"进程。[2] 20世纪晚期至今,商法内容不断获得扩充,国内、国际商事规则一体化发展趋势迅猛、成果卓著,有国际商事条约,如《联合国国际货物销售合同公约》;有国际商事惯例,如商事担保、融资租赁、信用证、贸易术语、保理等统一惯例及其编纂;还有国际组织协定(如世界贸易组织),欧盟式联合体制定的规约、条例,新兴自由贸易区域性协定(如《区域全面经济伙伴关系协定》)等。在商法内容上,更关注"利益相关方""社会责任",强制性规范增加,体现出商法一定程度

[1] 第一个时期,法国(1807年制定、2006年作重要修订,以下纪年标注同)、卢森堡(1807年、2015年)、葡萄牙(1850年、2006年)、土耳其(1850年、2012年)、巴西(1850年、2016年)、马耳他(1857年、2009年)、希腊(1879年、2007年)、墨西哥(1889年、2014年)、日本(1895年、2015年)、德国(1900年、1998年)、秘鲁(1902年)、巴拉圭(1903年、1983年)、尼加拉瓜(1914年、2011年草案)、智利(1932年)、波多黎各(1932年)、伊朗(1932年);第二个时期,洪都拉斯(1950年)、巴布亚新几内亚《商业贸易说明法》(1952年)、阿富汗(1955年)、委内瑞拉(1955年)、厄瓜多尔(1960年)、埃塞俄比亚(1960年)、突尼斯(1960年)、韩国(1962年、2011年)、哥斯达黎加(1964年)、危地马拉(1970年)、萨尔瓦多(1970年)、哥伦比亚(1971年)、阿尔及利亚(1975年)、玻利维亚(1978年);第三个时期,斯洛伐克(1991年、2013年)、保加利亚(1991年、2012年)、布隆迪(1993年、2015年)、爱沙尼亚(1995年)、摩洛哥(1996年)、越南(1997年、2006年)、马达加斯加(1999年)、埃及(1999年)、毛里塔尼亚(2000年)、拉脱维亚(2002年、2010年)、多米尼加(2002年)、莫桑比克(2005年)、安哥拉(2007年)、卡塔尔(2007年)、乌拉圭(2014年)。在法语国家,贝宁、几内亚比绍、布基纳法索、赤道几内亚、喀麦隆、马里、中非、尼日尔、科摩罗、塞内加尔、刚果、乍得、加蓬、多哥、科特迪瓦制定了共同适用的《非洲普通商法统一法》(2010年)。参见蒋大兴、薛前强:《商法的世界地图》,载2017年"北大商法圆桌论坛"文集。

[2] 20世纪中叶后,法国相继在商事登记、公司法、证券法、破产法、保险法、支票法等领域制定单行法,形成以《法国商法典》及单行法共同构成的商法体系,2000年颁布《法国新商法》,2004年商法典中破产法部分又作修订。《德国商法典》自颁布后也经40余次修改,1937年股份公司法、股份两合公司法另立门户,公司法、票据法、保险法制定单行法。《日本商法典》的命运也是如此,20世纪30年代公司法、票据法单独立法。参见陈岳琴:《论商法的公法化》,中国人民大学出版社2015年版,第58、65、69页;王建文:《法国商法:法典化、去法典化与再法典化》,载《西部法学评论》2008年第2期;王建文:《德国商法法典化、去法典化与现代化:历史脉络与启示》,载《法学杂志》2008年第5期。

上的“公法化”倾向。[1] 这些都已超越了传统“西方商法”的范畴与界限，已进入“现代商人法”时代。[2]

二、我国固有“民法”“商法”及其移植、创新

我国拥有“立法修律”的悠久成文法传统，从传说中的“皋陶造律”、夏“作禹刑”、商“作汤刑”、周“作九刑”、“郑铸刑书”、“晋铸刑鼎”，到秦汉律简、《北齐律》及标志中华法系成熟“礼法结合”的唐律（律、令、格、式），乃至后朝各有创制、形式多样、体系完整、立法技术高超的法典法（成文法）、制定法（国家法）。清末修律前传统法形成“礼法结合”、“明德慎刑”、“君权至上”、“权遵于法”（民本思想）、“权利等差、义务本位”、“家族本位”、“执法原情”等精华与糟粕并存的内质。传统法民事规范与商事规范的“形”与“实”同当今“民法”与“商法”虽然都有不合之处，但并不影响人们以当今法学、法律“民法”与“商法”的范式与范畴去认识、解构传统法。如此一来，古代文献中“民法”“商法”的面相便鲜活起来，我国古代有无“民法”与“商法”，有什么形态与属性的“民法”与“商法”等疑问将得到回应。

先看“民法”。在宏观叙事上，传统国家立法层面在专制政治制约、自然经济抑制，以及儒家重义轻利观念、“礼”的宗法原则的约束下，没有独立的民法体系，民事法律责任与刑事责任密切联系，但绝非被误读的“民刑不分”，而是“诸法并存，民刑有分，重刑轻民”。[3] 我国古代法律对于实施民事不法行为的行为人，不仅对其课以民事责任，更课以刑责，民事责任与刑事责任是“有分”的。如《唐律·杂律》规定，“诸负债违契不偿，一疋以上，违二十日笞二十，二十日加一

〔1〕 2000年《法国新商法》包括9卷，第一卷“商事总则”，第二卷“商业公司和经济利益集团”，第三卷“某些销售形式和排他性条款”，第四卷“价格和竞争自由”，第五卷“商业票据和担保”，第六卷“企业困境”，第七卷“商事裁判和商业组织”，第八卷“某些被规制的职业”，第九卷“适用于海外的规定”，可见商法典“公法化”抑或“经济法”化。

〔2〕 “现代商人法”概念由英国学者施米托夫和南斯拉夫学者哥尔德斯坦（Aleksandar Goldstajin）于20世纪五六十年代倡导。参见黄进、胡永庆：《现代商人法论——历史和趋势》，载《比较法研究》1997年第2期。

〔3〕 较为全面的论述参见张晋藩：《中国法律的传统与近代转型》（第3版），法律出版社2009年版，第247～277页。

等,罪止杖六十;三十疋,加二等;百疋,又加三等。各令备偿”[1];“亡失官私器物,各备偿。被强盗者,不偿。即失非强盗,仍合备之”[2];“买奴婢、马牛、驼骡驴……立卷之后,有旧病者,三日内听悔,无病欺者市如法,违者笞四十”[3]。对行为人在父母丧期内进行嫁娶的,《唐律·户婚律》规定,“诸居父母及夫丧而嫁娶者,徒三年;妾减三等,各离之。知而共为婚姻者各减五等;不知者,不坐。若居期丧而嫁娶者,杖一百,卑幼减二等,妾不坐”[4],即行为人不遵守丧期嫁娶规则,不仅婚姻无效,还要依亲疏尊卑等级承担相应刑事责任。

我国传统民事规范还呈现强烈的家族本位特征,如在财产关系中强调同居共财,家长支配,家产的所有权原则上归属家长;在借贷关系中认可“父债子偿”的家属连带责任,在买卖关系中亲族享有优先买受权;[5]在婚姻关系中则强调家族意志,婚姻的缔结、存续与消灭须严格遵循“六礼”“同姓不婚”“七出三不去”等礼俗;[6]在继承关系中则极为强调宗法礼制,嫡长子继承家长地位,财产诸子均分;[7]在家族伦理上遵循尊卑等级,法律允许亲属容隐,并对以尊犯卑、以卑犯尊的行为设置不同程度的民刑责任。[8]

在认识我国传统“民法”时不能忽略民间法、习惯法以及判例法。民间法与国家法对应,是由风俗习惯长期演变而来逐步制度化的规则,如调整族内秩序的对族人有普遍拘束力的宗规家法。习惯法与制定法对应,是社会生活长期实践形成的不成文民事行为规范。儒家的“礼”上升为道德规范,“礼俗”则发展成民间习惯,依靠“礼教”的力量予以维持。[9] 虽不能说我国传统法上存在当今语境

---

[1] 《唐律·杂律》卷二六律文。参见[唐]长孙无忌:《唐律疏议》,刘俊文点校,法律出版社1999年版,第522页。

[2] 《唐律疏议》卷二六疏文。参见[唐]长孙无忌:《唐律疏议》,刘俊文点校,法律出版社1999年版,第522页。

[3] 《唐律·杂律》卷二六律文。参见[唐]长孙无忌:《唐律疏议》,刘俊文点校,法律出版社1999年版,第538页。

[4] 《唐律·户婚律》卷二七律文。参见[唐]长孙无忌:《唐律疏议》,刘俊文点校,法律出版社1999年版,第280~281页。

[5] 参见[日]贺滋秀三:《中国家族法原理》,张建国、李力译,法律出版社2003年版,第236页。

[6] 参见郭建、姚荣涛、王志强:《中国法制史》(第2版),上海人民出版社2006年版,第161~176页。

[7] 参见[日]贺滋秀三:《中国家族法原理》,张建国、李力译,法律出版社2003年版,第100页。

[8] 参见郭建、姚荣涛、王志强:《中国法制史》(第2版),上海人民出版社2006年版,第157页。

[9] 参见叶孝信主编:《中国民法史》,复旦大学出版社2021年版,第6页。

下的判例法,也难称其为成文法与判例法的“混合法”,“在现代普通法意义上,无论是采用严格的英格兰式标准、还是相对宽松的美国式标准,在中国古代法的实践中,都难以找到完全相符的对应物”[1],但在我国传统法上并无法典法、制定法与判例(案例)运用对立的意识,且很早认识到“法之设文有限”[2],“有法者以法行,无法者以类举,听之尽也”[3]。在现有已知文献中,存在不少判例、案例运用的记载:秦有《法律答问》,可视为学理性案例解释;汉《奏谳书》记载了春秋至西汉初期的22个案例,其中“阑送南”案就援引了前案进行判决,而汉之“决事比”则兼具司法判例、行政先例与类推技术的属性,“若今律,其有断事,皆依旧事断之,其无条,取比类以决之”;北魏“每有断决,多为故事”;唐代虽对比照成例断案较为谨慎,防止“害律”,但未杜绝在经特别程序认可(如皇帝特批、形成“永格”)的情况下援引先例断案;[4]《唐律》《宋书》中就有许多“乞鞫”案例,宋代实行奏案制度,判例使用有所增加,南宋《折狱龟鉴》《名公书判清明集》记载了丰富多彩的案例。可以说,民间法、习惯法、判例法与律令均是我国传统“民法”的渊源。

我国“民法”的近代化历程始于清末。[5] 光绪三十年(公元1904年)设立修订法律馆后,任沈家本等为修律大臣;[6]光绪三十三年(公元1907年)清廷“参考各国成法,体察中国礼教民情”,“酌设二科,分任民律、商律、民事刑事诉讼之调查起草”。[7] 沈家本于次年十月奏请聘用日本法学家志田钾太郎、松冈

[1] 王志强:《中国法律史叙事中的“判例”》,载《中国社会科学》2010年第5期。

[2] 《春秋左传正义》卷四十三《昭公五年至六年》。参见[唐]孔颖达等:《春秋左传正义》,[晋]杜预注,上海古籍出版社1990年版,第750页。

[3] 《荀子·王制篇》。参见《荀子》,方勇、李波译注,中华书局2011年版,第116页。

[4] 参见刘笃才:《中国古代判例考》,载《中国社会科学》2007年第4期。

[5] 所谓法律制度近代化是一个动态的过程,是从传统人治型社会向现代法治型社会的历史变革过程。法制的近代化包括法律规则的近代化、法律观念的近代化、法律组织的近代化以及法律运作的近代化。其中,法律规则的近代化是法制近代化的前提条件;法律观念的近代化是法制近代化的内在动力;法律组织的近代化是法制近代化的权力后盾;法律运作的近代化是法制近代化的动态实践。法制近代化是社会变迁的一个构成要素;同时,社会变迁也为法制近代化提供了生存的土壤和动力,社会变迁与法制近代化相互作用、互相关联。还可以认为,法制近代化包括法律体系、法律观念、法律制度、法律原则、法律术语的近代化。

[6] 初为沈家本、伍廷芳,后为沈家本、俞廉三、英瑞(因病故未就任);宣统二年(1910年),沈家本去职,刘若曾接任。

[7] 参见李显冬:《从〈大清律例〉到〈民国民法典〉的转型》,中国人民公安大学出版社2003年版,第115页。

义正主编民律总则、债权、物权三编；亲属、继承二编因“关涉礼教”，由修订法律馆会同礼学馆编订；亲属法由章宗元、朱献文主编；继承法由高种和、陈箓主编；全稿于宣统三年（公元1911年）八月完成；〔1〕因清朝灭亡，未及颁行。尽管清末民事立法经历了激烈的“礼法之争”，仍留有不少封建痕迹，身份法的封建性尤甚，尚不能视为一部近代意义上的民事法律，但因其“参酌”德国、瑞士、日本等国成法，顾及民事习惯，将《大清律例》与《户部则例》民事法律部分整合（后被称为“现行律民事有效部分”），继承、分产、婚姻、典卖、田宅、钱债等不再适用刑事制裁，〔2〕该律公、私法分离的近代化倾向、欧陆民法的编纂体例对我国后续民事立法产生了深刻影响。

民国初年，“民国才定，法制未定”，“应仍照前清现行律中规定各条办理”。〔3〕1914年，设法律编查会，翌年编成民律亲属编草案。1918年7月，设修订法律馆。基于收回领事裁判权的需要、自然人与法人民事主体“人”的观念渐被接受、家族法效用的减弱，修订法律馆以《大清民律草案》为蓝本，调查各省民、商事习惯，参照各国最新法例，于1926年编纂完成民法草案（“民律二草”）。〔4〕草案纠正前清固有民法与继受民法的二元性冲突，起到承上启下的历史作用，虽未正式生效，但北洋政府司法部于1926年11月通令各级法院作为法理引用。〔5〕

及至南京国民政府时期，1927年6月设法制局。民初民法总则、债权、物权各编及民事习惯、法院判例尚可维持社会所需，但亲属、继承制度因袭宗法旧制，与国民革命政纲、理念相悖，与世界潮流相逆，故先订亲属、继承两编。1928年12月立法院成立，随即组织民法起草委员会。〔6〕1929年5月民法总则编成，10

---

〔1〕参见叶孝信主编：《中国民法史》，复旦大学出版社2021年版，第544页。

〔2〕参见李显冬：《从〈大清律例〉到〈民国民法典〉的转型》，中国人民公安大学出版社2003年版，第127～130页。

〔3〕李显冬：《从〈大清律例〉到〈民国民法典〉的转型》，中国人民公安大学出版社2003年版，第184页。

〔4〕总则编由大理院院长余棨昌负责起草，债编由修订法律馆副总裁应时、总纂梁敬錞主稿，物权编由北京大学教授黄右昌起草，亲属、继承二编由修订法律馆总纂高种和起草。

〔5〕参见叶孝信主编：《中国民法史》，复旦大学出版社2021年版，第546页。

〔6〕民法起草委员会委员有傅秉常、史尚宽、焦易堂、林彬、郑毓秀（后由王用宾继任），民法起草委员会顾问有王宠惠、戴传贤、宝道。

月实施;1929 年 11 月民法债编、物权编公布,1930 年 5 月实施;1930 年 12 月民法亲属编、继承编公布,1931 年 5 月实施。《中华民国民法》在体例上采用"潘德克顿"式五编制,在内容上确立男女平等、废除封建宗祧继承、私权保护与公益平衡;融合欧陆商法内容,将经理人及代办商、行纪、仓储、运输、承揽等"各种之债"编入债编,又将公司法、破产法、票据法、海商法、保险法等单独立法,实现民商的有限融合,在世界民商立法中独树一帜。

1949 年废除旧法统后,我国曾先后于 1954 年、1962 年与 1979 年三次启动民法典编纂工作,但因历史原因均未制定成正式法律。[1] 改革开放后,民事立法采单行立法模式,先后颁布《中华人民共和国民法通则》(1986 年)、《中华人民共和国合同法》(1999 年)、《中华人民共和国物权法》(2007 年)、《中华人民共和国侵权责任法》(2010 年)等。全国人大常委会曾于 2001 年启动第四次民法典编纂工作,但草案受到批评意见甚多而被搁置。直至 2014 年明确提出"加强市场法律制度建设、编纂民法典"的目标,第五次民法典编纂开启,《中华人民共和国民法典》于 2020 年 5 月 28 日由全国人大通过,2021 年 1 月 1 日实施,包含总则、物权、合同、人格权、婚姻家庭、继承与侵权责任七编。《中华人民共和国民法典》博采众长,构建起具有中国特色的民法制度,如人格权法独立成编,侵权法创设安全保障义务规范等。

再看"商法"。据考古发现,我国"夏后以玄贝",春秋后金属货币普遍使用,体现交易的逐渐发达,西周晚期《颂鼎》铭文"王曰:颂,命汝官司成周贾廿家",呈现商事管理活动的印记。战国以降,中国封建社会长期延续:政治上,君主专制制度逐渐强化;经济上,以自给自足的自然经济为特色;思想上,以"礼"为核心的儒家思想成为统治思想。"重农抑商"政策经秦汉及后朝沿用、发展,及至晚清。不过,中国传统封建制度下自然经济与商品经济既有对立性,也有同一性,以自然经济为主体的农业经济中含有商品交易的成分,抑商政策主要是对商人政治、社会地位的限制;抑商政策的对象时而呈现"抑小不抑大"的特点,如吕不韦、胡雪岩者是。古代文学作品中留有商人、商业活动的多面"画像"。[2] 商

---

〔1〕 参见何勤华、李秀清、陈颐主编:《新中国民法典草案总览》,北京大学出版社 2017 年版,第 1 页。

〔2〕 参见姜革文:《商人 · 商业 · 唐诗》,复旦大学出版社 2007 年版。

人政策也屡经变化，如朱元璋采取伦理上歧视商人、经济上重视商业的政策，所谓“先王之教，其业有四，曰士、农、工、商。昔民从教，专守四业，人民大安”[1]；明中叶贯彻农商不偏、顺应时势的政策；及至清代，康、雍、乾三朝实施恤商政策。但总体上看，中国传统社会中商业是在农本主义夹缝中生长的，尤其清代海禁后，商业贸易更受打击，也正因如此，我国传统制定法中几乎不存在当今意义上平等主体间的商事规范，而国家管理规范（或在当下范畴内被称为“经济法”规范）比比皆是，如盐法、酒茶专卖、矿冶法、平准税法、市舶法等。[2]

清末，随着社会经济的转型、“商战”思想的兴起、“振兴工商”的倡导，制定商法成为朝野共识，在“先订商律”政策指导下，进行了具有开创性的商事立法活动，制定了诸如《钦定大清商律》（包括《商人通律》《公司律》，1904 年）、《破产律》（1906 年）、《大清商律草案》（1909 年）及《商律草案》（商会制定的《商法调查案》的官方版本，1909 年）等主要商事法律。至民初，政府颁布命令，与民律情形一样，在新法律未制定颁行前，清末颁行的商法可以援用，后在清末商法成果的基础上相继制定了《商人通例》（1914 年）、《公司条例》（1914 年）、《破产法草案》（1915 年）、《海船律案》（1925 年）、《票据法草案》及《保险法草案》等主要商事法律，为后期商事立法奠定了坚实的基础。

1928 年，南京国民政府成立，此时的经济政策及状况、立法制度与立法指导思想均与清末、民初相比发生了显著变化。经济政策上，以发展国有经济为重点，对私人资本亦加以扶持，从而迎来中国近代资本主义经济发展的“黄金十年”；在立法制度上，中国近代史上第一个专以立法为名的立法机构——立法院正式成立，一改清末民初非正式立法机构（如清末的商部、民初的农商部或修订法律馆）从事立法的局面；在立法指导思想上，以“立法原则”或“立法政策”为指引，[3]重“社会本位”，“凡是立法——尤其是私法——应极力采取最新的法例，

---

[1] 《大诰续编·互知丁业第三》。参见钱伯城、魏同贤、马樟根主编：《全明文》，上海古籍出版社 1994 年版，第 624 页。

[2] 参见郭建：《中国经济立法史》，新华出版社 2019 年版。

[3] 立法原则可分为抽象与具体两类：抽象的立法原则是“立法院在平时或在战时、在训政中或在宪政中，行使立法权之使命所在也”；而具体的立法原则“则为训政时期特有之现象，系由中央将重要之议案发交立法院时，对于内容之要点认为不能变更者，列为原则，俾立法工作时有所遵循”。参见陈顾远：《立法要旨》，中国国民党中央执行委员会训练委员会 1942 年版，第 25 页。

而同时注重本国良好的习惯”，“以全国社会的公共利益为本位，处处以谋公共的幸福为前提”。[1] 在此背景下，大规模的商事立法活动得以展开，新的民商立法模式正式确立，建立了商法部门基本体系，基本完成了我国商事立法的近代化进程。

在《公司法》方面，其于1929年公布，1931年施行，是中国近代第三次公司立法，也是一部“比较完整的现代中国公司立法”。[2] 它在民初公司法人性质的基础上强调公司的营利性质，并以德、日公司法为借鉴，采法定资本制，即公司成立时所有的资本额都必须得到认购与发行，若公司章程规定的注册资本在公司设立时未被一次认足，则公司不能成立，增设法人持股的规定，对股份有限公司的规定加以细化，借鉴同时代其他国家公司立法，又具自身特色。[3] 1946年《公司法》创立有限责任公司制度。与民初《公司条例》比较，此时的公司立法有了更进一步发展。[4]

在《票据法》方面，民国初年虽有5部票据法草案，但终未颁行。国民政府立法者们参照民初修订法律馆第一次草案、第三次草案以及工商部送立法院审议的草案（第一案及第二案），效法德、日、英、美、法等国的法例，“不囿于一系之主义”，[5] 最终于1929年制定颁行了我国近代史上第一部正式的《票据法》（总则、汇票、本票、支票、附则5章，共139条），就票据的格式、背书、承兑、保证、期日、付款、追索权、拒绝证书、复本、誊本等内容进行了细致的规定，并确立了“三票合一”的立法体例。当时各国票据立法体例并不相同，如法国、德国的商法典“票据”章节仅包括汇票与本票，支票另行规定；英国1882年制定的《汇票法》、

---

〔1〕 参见胡汉民：《民法债编的精神》，载胡展堂、王养冲：《革命理论与革命工作》（第3辑），民智书局1932年版，第854页。

〔2〕 参见江平主编：《新编公司法教程》，法律出版社1994年版，第15页。

〔3〕 这种特色表现为：“在一特别法中规定各种公司制度，此种形式，与视公司法为商法典中之一部之德国、法国、日本等国之法制，即属有异；且与以公司法订于债权编内之瑞士、苏俄，以及以一种公司为独立单行法之英吉利等国之制度，亦复不同。其他划分股份有限公司为独立法典之国家，固或有之，而民国不援其例，仍以无限公司、两合公司、股份两合公司以及股份有限公司等法规冶于一炉，此不得不认非为本法之特殊者也。”参见[日]田中耕太郎：《中华民国公司法》，刘笃译，载《法律评论》1935年第12卷第47号。

〔4〕 但1946年修正后的《公司法》放松了对大股东在公司股东会行使权力的限制，改变了1929年《公司法》的精神，“极端保护大股东之权益，置小股东之利害关系于不顾”，改变了此前立法中“节制资本”、保护小股东利益的价值取向。

〔5〕 参见《票据法草案说明书》，载《立法院公报》1929年第10期。

美国 1893 年制定的《统一流通证券法》则是“合一”模式。国民政府在民初修订法律馆票据法草案基础上采“三票合一”立法模式，既借鉴两大法系已有票据立法经验，也吸收民初修订法律馆票据立法成果，先就汇票各种制度进行详细规定，本票与支票的相关内容则通过准用性条款援用汇票规定，大大精简了行文，体现了较高的立法水平，是立法中借鉴、继承、自我发展的重要表现。

在金融领域立法方面，1930 年国民政府立法院商法起草委员会在马寅初的主持下，“衡量本国商情，参酌他邦成例”，[1] 拟具《银行法草案》（共 51 条），经立法院通过而予以公布，[2] 涉及银行经营范围及主体、资本总额限制及其增减、银行事前和事后监督、银行出资入股的禁止、银行兼业的范围、银行的信托业务、分行制度的采用、外国银行的取缔等方面。由于业界的反对，该法被迫暂停施行，直至 1947 年修正后才得以正式施行，规定多种类型银行，内容大大丰富。[3] 受英美银行法及我国 1946 年《公司法》的影响，分别就银行、银行业务、付现准备金、保证准备金等用语进行界定，并照顾当时多种金融机构并存的状况，将银行分为商业银行、实业银行、储蓄银行、信托公司、钱庄等类型。在监管上严格核准制，规定保证准备金、付现准备金制度，通过防止贷款集中、关联贷款等措施降低金融风险，更值得一提的是首倡建立存款保险组织，反映出立法者对防范金融危机的谨慎态度。[4]

1929 年，国民政府工商部在民初（公元 1914 年）颁行的《证券交易所法》《物品交易所条例》的基础上参照各国先进的立法例，拟具《交易所法草案》，交立法院经济委员会及商法起草委员会审议通过，分设立、组织、经纪人及会员、职员、买卖、监督、罚则、附则 8 章，共计 58 条。与民初的《证券交易所法》《物品交

---

〔1〕 参见谢振民：《中华民国立法史》（下），张知本校订，中国政法大学出版社 2000 年版，第 852 页。

〔2〕 就银行立法而言，它发端于清末（1908 年）颁布的《银行通行则例》（共 16 条）。至民初，则先后公布了《兴华汇业银行则例》《中国银行则例》《交通银行则例》《劝业银行条例》等特种银行法规，以及《修正银行法（草案）》《银行法施行细则（草案）》《储蓄银行法（草案）》，但均未能提交国会议决。

〔3〕 该银行法分定义、通则、商业银行、实业银行、储蓄银行、信托公司、外国银行、银行之登记及特许、附则等 10 章，共 119 条。

〔4〕 1947 年《银行法》仍存在诸多不足，如银行接管、停业等方面鲜有规定。此外，该法规定银行可对农工、矿业或其他生产、公用事业或交通事业等公司进行投资，购买其股票，无疑有利于国家资本的垄断经营，因此也扩大了金融风险，使银行法有关风险控制制度的效用大打折扣。

易所条例》相比,增加交易所缴纳保证金及买卖期限的规定,禁止内幕交易,强化主管机关的监管、加大处罚力度,在随后(公元 1935 年)修改中增加经纪人或会员不得受公务员之委托进行买空卖空交易,实为一大进步。

保险立法始自 1910 年由清末修订法律馆拟具的《保险业章程草案》,民初农商部与修订法律馆分别拟定《保险业法案》(1917 年)、《保险契约法草案》(1927 年,该草案参照了法、德、意、日、比、英、美等国的保险法律)。1929 年,马寅初、戴修骏、卫挺生等拟具新的《保险契约法草案》,后以《保险法》之名公布。[1] 国民政府还于 1935 年公布《保险业法》《简易人寿保险法》《简易人寿保险章程》,初步构成了中国近代保险法律体系。

在破产立法方面,1935 年《破产法》颁行前,国民政府曾先后拟定《破产法草案》(共 333 条)及《商人债务清理条例》(共 68 条),前者因"可议之点甚多"被束之高阁,后者因仅限于商人,且属暂行条例,内容不完备,"自不足以语正式之破产法典"[2]。鉴于此,国民政府民法起草委员会先"确定先决要点"[3]、"搜集参考资料"[4],并征询外籍顾问宝道、爱斯嘉拉、赖班亚、山顿等人意见,初稿确定后又约请司法院、司法行政部、各级法院、各省市商会、各地律师公会、各大学法学院等提供意见,兼听报纸杂志中评论,出炉了高水准的《破产法》[5]。一是

---

[1] 该法就保险契约(定义、生效、存续时间、形式要件)、财产损害保险、人寿保险、人身伤害保险、保险人义务及投保人义务等主要方面进行了规定。后因业界对该法多有不满,于是在 1937 年进行修正后再次公布,并增加了保险利益、特约条款、再保险等内容。

[2] 梅汝璈:《新破产法草案之特征与理论》,载《中华法学杂志》1935 年第 6 卷第 1 期。

[3] "确定先决要点"是指确定"遵守三民主义之立法精神、适应一般社会之实际需要、保存中国固有之优良习惯、采纳各国法典之优点"四点立法原则。参见谢振民:《中华民国立法史》(下),张知本校订,中国政法大学出版社 2000 年版,第 845 页。

[4] 立法院民法委员会除搜集中国前几次破产法案及现行法令中与和解或破产有关的条文外,还由立法院编译处翻译了多个国家与地区关于和解或破产的最新法令,如英国、加拿大、巴基斯坦、美国、菲律宾、法国、南斯拉夫、波斯、秘鲁、阿根廷、德国、日本等国的破产法,法国、日本的和解法,德国的和议法草案,意大利的商法草案等。参见傅秉常:《破产法之制定及其内容》,载立法院编译处:《各国破产法选编》,会文堂新记书局 1936 年版。

[5] 《破产法》分总则、和解、破产、罚则 4 章,共计 159 条。除第一章"总则"、第四章"罚则"外,第二章"和解"又分为法院和解、商会和解、和解及和解让步之撤销 3 节;第三章"破产"分破产之宣告及效力、破产财团之构成及管理、破产债权、债权人会议、调协、破产财团之分配及破产之终结、复权 7 节,涉及破产原因、破产管辖、和解条件及其限制、债务人的监督及其行为限制、债权人利益保护、破产宣告、破产财团、撤销权、别除权、抵销权、复权等方面。具体内容可参见 1935 年《破产法》,载立法院编译处:《各国破产法选编》,会文堂新记书局 1936 年版。

破产法适用上采一般破产主义(不分商人与非商人),破产原因上采概括主义,债务人或破产人财产确定采属地主义,破产宣告采声(申)请主义,破产财团采膨胀主义,经破产程序清偿后的债权采免责主义;二是吸纳确立和解制度,该制度为比利时首创(单独立法),因该制度与“我国和平、让步、息事、宁人之习尚隐相吻合”,故直接将和解制度编入破产法中,在进行破产前,可向法院或商会申请和解。[1] 法例中的破产免责主义(“视其未能偿还之债权为消灭”)被称道为“各国罕有见例,他异日或被视为我国对于破产法学上之贡献,正亦未可逆料”。[2]

1929年,国民政府公布《海商法》,随后公布《海商法施行法》(共9条),定于1931年施行。《海商法》分通则、船舶、海员、运送契约、船舶之碰撞、救助及捞救、共同海损、海上保险8章,共174条,此法“乃折衷英、美惯例,德、日成规而成”[3],与民初《海船律案》相比,扩大了调整范围,增加规定了船舶国籍、船舶优先权、船舶抵押权,采德国立法例对船舶所有人责任进行限制,契约形式改采要式主义,共同海损规定更明确。

总体而言,国民政府时期商事立法持较开放的态度:一方面,广泛参照外国先进的立法例,追求符合世界潮流的商法制度;另一方面,通过发掘本土资源,勇于创新,确立独特的民商立法模式,以求制定符合国情的商事制度体系,基本完成了商法的近代化。[4]

还须提及的是,我国在近代历次民商事立法过程中均进行了颇具规模的民商事习惯调查活动。早在光绪二十八年(公元1902年),刘坤一、张之洞、袁世凯等人在保荐沈家本、伍廷芳修订法律的奏折中即已关注“风土人情”对于立法

---

〔1〕 参见傅秉常:《破产法之制定及其内容》,载立法院编译处:《各国破产法选编》,会文堂新记书局1936年版。

〔2〕 梅汝璈:《新破产法草案之特征与理论》,载《中华法学杂志》1935年第6卷第1期。

〔3〕 王效文:《中国海商法论》,上海法学编译社1933年版,第11页。

〔4〕 不可否认,此一阶段商事立法无论是立法本身还是法律运行均存在诸多不足与缺陷,如1929年《公司法》“或因规定过严,不易实行,遂不得不以削足裹履方法以符合条文,或因取缔困难,致一般公司视为具文,或因束缚过甚,反使守法者难于发展,全部中之能切实奉行者,不及三分之一”;另如1935年《保险业法》因在半封建半殖民地的旧中国,执政当局对帝国主义的依赖性和它本身的软弱性,决定了有关限制外商权益的立法必然不可能获得施行,而《海商法》因脱离当时中国海运事业实际而几乎无法施行。参见夏维忠:《新公司法要义》,中国法学社1946年版,第1页;胡文柄:《船舶所有人有限责任之过去、现在及将来》,载《中华法学杂志》1931年第2卷第1期。

的影响。[1] 光绪三十二年(公元1906年)制定《破产律》时更重“调查东西各国破产律,及各埠商会条陈、商人习惯,参酌考订”。[2] 光绪三十四年(公元1908年),修订法律大臣沈家本奏“谨拟法律馆谘议调查章程”,力陈本国习惯对于制定民商各法的重要性,“惟各省地大物博,习尚不同,使非人情风俗织悉周知,恐创定民商各法,见诸实行必有窒碍”。[3] 为开展先行的商事习惯调查,修订法律馆特定《法律馆调查各省商习惯条例》。宣统二年(公元1910年),修订法律馆将调查重点由商事习惯转为民事习惯,为此特拟订《调查民事习惯章程十条》,调查内容包括“各处乡族规、家规,容有意美法良,堪资采用者”,以及“各处婚书、合同、租券、借券、遗嘱等项”。[4] 清末的民商事习惯调查,从组织机构到具体的办事事宜都有较为周密的安排。

1917年10月,奉天省高等审判厅长沈家彝向北京政府司法部“呈请创设民商事习惯调查会”,称“职司审判者,苟于本地各种之习惯不能尽知,则断案即难期允惬。习惯又各地不同,非平日详加调查,不足以期明确”,[5]司法部接此呈文后随即批准商事习惯调查会设立,又于1918年1月令全国其他各省高等审判厅仿照奉天省做法设立民商事习惯调查会,“岂惟为将来编制法典之基础,即现在裁判案件亦复足资参考,是此项调查实为切要之图”。[6] 可见,此次民商事习惯调查的司法运用目的十足。从组织机构上看,民商事习惯调查会由北京政府司法部负总责,具体事务由修订法律馆承办。[7] 除政府主持的商事调查外,商会、同业公会也进行了商事调查活动,[8]如在上海,有钱业公会关于连保债务责任习惯的调查,上海县商会对保单印章责任、租船损害赔偿等习惯的调查,上海

[1] 参见季立刚:《民国商事立法研究》,复旦大学出版社2006年版,第246页。

[2] 季立刚:《民国商事立法研究》,复旦大学出版社2006年版,第247页。

[3] 季立刚:《民国商事立法研究》,复旦大学出版社2006年版,第248页注释。

[4] 《调查民事习惯章程十条》,载《大清宣统新法令》(第16册),上海商务印书馆1910年版;李贵连:《沈家本年谱长编》,张国华审订,台北成文出版社1992年版,第331页。

[5] 参见《司法公报》1927年第242期。

[6] 参见《司法部训令第六八号》,载《司法公报》1927年第242期。

[7] 参见季立刚:《民国商事立法研究》,复旦大学出版社2006年版,第257页。

[8] 天津商会的商业习惯调查内容就有华洋交易批货习惯、倒闭商家清理外欠习惯、商人与外客交易习惯、债权让与习惯、租房习惯、货栈习惯、商家为人担保债务习惯、买货卖货回佣习惯、租约习惯等。参见天津市档案馆:《天津商会档案汇编(1912—1928)》(下册),天津人民出版社1992年版;季立刚:《民国商事立法研究》,复旦大学出版社2006年版,第259页。

商人团体整理委员会对票据付款责任的调查等。民初《钱业月报》大量登载商事习惯调查内容，如追偿票据权利习惯、掉换本票后支票发票人责任习惯、钱庄解付支票责任习惯、汇票出票人及承兑人责任习惯、本票挂失习惯、代收庄票责任习惯、照票责任习惯、兑收汇票习惯、合伙商店停业后清算人选任习惯、钱庄经理脱卸责任习惯、商店伙友解雇习惯等。[1] 国民政府时期，商会和其他商人团体继续开展商事调查活动，是民初调查活动的延续，范围与民初基本相同。[2] 清末至民国的民商事调查，反映出各界对传统法律资源效用的深刻认识，取得了一定的成果，对民商事立法产生了一定的影响。[3]

1949年后，中国完全废止国民政府的"六法"体系，新时期商事法规的宗旨和任务是逐渐对私有经济进行社会主义改造，建立公有计划经济。1950年12月29日颁布《私营企业暂行条例》，规定无限公司、有限公司、两合公司、股份有限公司及股份两合公司，承认资本主义工商业原有组织形式和所有权表现形式。1954年9月政务院通过《公私合营工业企业暂行条例》，是对资本主义工商企业进行社会主义改造的过渡性政策措施；1956年实行全行业公私合营，企业内部形成国有或集体公有制生产关系；20世纪50年代末至70年代末，中国实行纯粹的社会主义公有制经济。改革开放后，中国进入一个新的历史时期，商法日益健全、完善。1979年颁布《中华人民共和国中外合资经营企业法》后又有《中华人民共和国会计法》(1985年)、《中华人民共和国外资企业法》(1986年)、《中外合作经营企业法》(1988年)；1986年《中华人民共和国民法通则》确认"民事活动应当遵循自愿、公平、等价有偿、诚实信用的原则。公民、法人的合法的民事

---

〔1〕 参见季立刚：《民国商事立法研究》，复旦大学出版社2006年版，第259～260页。

〔2〕 调查的有匹头定货习惯、华洋定货习惯、华洋商号交付货款习惯、定货迟到纠纷习惯、提单取货习惯、洋行提货习惯、取消部分定货习惯、办理押汇习惯、抵押货品习惯、掮客佣金与责任习惯、丝业定期买卖习惯、银钱业放款利率习惯、滚利作本习惯、期票使用习惯等，内容涉及定货、提货、退货、押汇、抵押、佣金、买卖、利率、票据、契约、推盘、保证、亏欠、伙友等诸多方面。参见季立刚：《民国商事立法研究》，复旦大学出版社2006年版，第261页。

〔3〕 参见季立刚：《民国商事立法研究》，复旦大学出版社2006年版，第262～272页。总体上，国民政府的立法者对民商事习惯采取了排斥的态度。究其原因，主要有以下几个方面：其一，在以自然经济为主、没有形成统一大市场的环境下，民商事习惯也不可能具有统一性、普遍性，这一方面影响了民商事习惯的效用，也给在国家立法中采纳民商事习惯带来一定困难；其二，近代中国民、商事立法是以制定法形态出现的，并不断向习惯法领域侵入，使民间习惯法的存在空间逐渐萎缩，制定法成为调整社会经济生活的主体，民间习惯法的作用逐渐被制定法所替代。同时，商事交易要求商事规范具有统一性，囿于一国强调习惯，无法适应国际商事交易的需求。

权益受法律保护，任何组织和个人不得侵犯”，成为民商事基本法，对改革开放作出伟大的历史贡献。1986 年《中华人民共和国破产法（试行）》颁布（1988 年实施），1992 年《中华人民共和国海商法》颁布，1993 年 12 月《中华人民共和国公司法》颁布。1995 年是我国商事立法的重要一年，《中华人民共和国商业银行法》《中华人民共和国票据法》《中华人民共和国保险法》相继颁布。1997 年颁布《中华人民共和国合伙企业法》，1999 年再颁《中华人民共和国个人独资企业法》，1998 年《中华人民共和国证券法》问世。须大书特书的 1999 年《中华人民共和国合同法》也是基本商行为法，它吸收 1980 年《联合国国际货物销售合同公约》内容，有关电子合同的规定领先世界潮流。进入 21 世纪，2003 年颁布《中华人民共和国证券投资基金法》，2018 年颁布《中华人民共和国电子商务法》。在商事管理方面，突出的是 2021 年国务院颁布《中华人民共和国市场主体登记管理条例》，为培育壮大市场主体和促进公平竞争提供法治保障。改革开放以来，我国商事法或立或修，我国建构起体系化、现代化、国际化商事法律制度。

三、如何认识“民商分立”抑或“民商合一”

将“民商分立”与“民商合一”立法模式争论视为一桩“公案”并不为过，它涉及立法体例、制度价值、司法适用，乃至学科分类、研究范畴等问题。通常意义上，将大陆法系某些国家分别编纂“民法典”与“商法典”两部法典的称为“民商分立”，而将另一些国家仅编纂“民法典”、无“商法典”的称为“民商合一”。其实，有关“民商分立”与“民商合一”的讨论范畴，仅涉及商事立法编纂形式问题，并非谈论商法性质、本源问题。

其一，“民商分立”与“民商合一”立法模式的形成具有历史性，“民商分立”是“民商合一”的逻辑前提。法律制度变革总是基于一定的政治、经济、社会土壤及法律观念、法律技术的进展，商法制度的变迁和体系调整同样遵循这一逻辑。大陆法系受罗马法形式理性的影响形成法典化传统，而商事规则又不能为民法典所一统包含，就有了“民法典”与“商法典”的并立。在“民法典”“商法典”分别编纂之前，民商并未形成定型化的分野，“民商合一”问题并不存在。

其二，各国“民商分立”与“民商合一”立法模式存在不同的历史特征。法国与德国虽为典型的民商分立国家，但两国立法标准和调整范围有较大差别。

《法国商法典》以客观主义为立法特征,区别商事行为与民事行为,任何主体从事商行为均受《法国商法典》调整,其由通则、海商、破产和商事法院4章构成。《德国商法典》以主观主义为立法特征,由商人、商事公司及隐名合伙、商行为、海商4章构成,以交易活动主体是否为商人来区分商事行为和民事行为。商法是规范从事商业贸易活动的商人的法律,一行为如商人或商人与非商人间为之,则受商法典调整,如非商人为之,则受民法典或者其他法律规范调整。

瑞士是1848年设立联邦委员会,成为联邦制国家,早期的瑞士联邦议会仅有民法典的立法权,商法典立法权还需要另行赋予。在民法典起草中,基于立法者将现实需要的、规范商事活动的规则规定于《瑞士联邦债法》中,后纳入《瑞士民法典》。1874年瑞士联邦议会获得制定商法的权利,但此时瑞士认为没有必要再单独制定商法典,民商合一体例得以创立。瑞士学者施文策尔教授即明确指出:"瑞士法在体例上的最大特点就是放弃了独立的商法典,没有像法国和德国那样去采二元体系,而是实行一元体系。"〔1〕这点明显体现在瑞士立法现状之中,其没有独立于民法典的商法典,而商法的大部分内容,如公司与合作社、商事登记、商号与商业账簿及有价证券则是分别规定在《瑞士债法》第三分编至第五分编中,而《瑞士债法》在整体上又是《瑞士民法典》的第五编,只是采取了单独编序的独立立法形式。瑞士属于典型的采用民商合一立法模式的国家。〔2〕《意大利民法典》制定于1865年,商事规范内容较少,为应对商事交易活动的需要,1882年又制定《意大利商法典》,最初是民商分立模式。1942年《意大利商法典》被废除,其内容被吸收至新修订的民法典中,公司、企业等内容被纳入民法典劳动编,债编也含有商事规范,民商合一立法体例延续至今。在沙俄时期,俄罗斯法哲学具有基督教、东正教传统,受黑格尔、康德法哲学影响,揉入民族性格,反对专制、倾向自由主义及个人主义,〔3〕在立法起草中经历了从民商分立到民商合一的转变;苏联时期,1926年制定民法典后不另立商法典,而是以商事单

---

〔1〕 Ingeborg Schwenzer, Schweizerisches Obligationenrecht: Allgemeiner Teil, 6. Aufl., 2012, S. 6-7.

〔2〕 参见殷安军:《瑞士法上民商合一立法模式的形成——兼评"单一法典"理念》,载《中外法学》2014年第6期。该论文还提供了瑞士商事立法与一般民事立法一样,各州分散立法并同样呈现多样化发展态势的资料,如瑞士西南部深受法国法,尤其是《法国商法典》影响。

〔3〕 参见杨心宇:《早期俄罗斯法哲学评述》,载《复旦学报》2000年第3期。

行法调整商事活动；苏联解体后，俄罗斯承继了这种立法模式，1995 年制定的《俄罗斯联邦民法典》中几乎没有商事规范，而另订公司法、破产法、海商法、保险法、证券法等，这种立法模式被称为“折中主义”。

其三，形成“民商分立”与“民商合一”立法模式及其变迁的原因具有历史性。自罗马法到《法国民法典》，民法与私法几乎是同义语，仅有“民法典”的私法体系称为“一元化私法体系”，“民法典”和“商法典”并存的私法体系可称为“二元化私法体系”。二元化私法体系，既是民商分立的结果，也是民商分立的表现。欧洲大陆法系国家出现民商分立根源于特殊社会经济关系、商人阶层的存在和特殊利益，并随商人团体自治规则、商事惯例的累积而发展。从法典化进程与内容看，民法规范源于罗马私法，在近代资本主义商品经济下，民法规范平等地调整一切平等主体间所产生的财产关系和人身关系，而不是为了保护某一特殊阶层的利益；商法尽管与民法同属私法范畴，但它主要表现为商人阶层的法律，在中世纪商业关系中，“商法的自立及与民法的分立便成为一种自然的历史现象”〔1〕，“民商分立的一个更深入的理由是，在中世纪，易倾向于严格的特许主义，而且通常只有那些被赋予特权的社团里的成员，持许可执照从事这项活动”〔2〕。商法适用具有特殊性，不具有普遍性，这是民商分立的基础和条件。同时，民商分立也是近代法典化运动的产物。法国大革命时期，新兴的资产阶级对商人和商人团体的敌意态度，使民法典中不可能包括保护商人利益的特殊制度，也必然在民法典颁行后导致“疏漏了商法”，这恰恰为商事规范另辟了制定商法典的蹊径。

如同民商分立有其特定的历史因素一样，民商合一也有其形成的特定历史条件：一是民法所具有的基础地位和核心作用形成了它特有的扩张性和包容性；尽管随着时代变迁，各种具有新内容的财产关系、人身关系不断涌现，但民法的许多基本概念、基本原理仍然适用，并不断将这些新的关系纳入自己的调整范围。二是随着资本主义商品经济发展，参与经济活动的主体具有普遍性，从中世纪以来所形成的商人的特殊地位开始逐步消失，政治主体和经济主体要求地位

---

〔1〕 郭锋：《民商分立与民商合一的理论评析》，载《中国法学》1996 年第 5 期。

〔2〕 [美]艾伦·沃森：《民法法系的演变及形成》，李静冰等译，中国政法大学出版社 1992 年版，第 10 页。

平等,从而动摇了商法独立存在的基础。由此,仅编纂"民法典"的国家日多,如泰国、越南等。与此同时,商事活动所具有的创新性、革命性,经济关系日新月异可使商法典内容迅速陈旧老化,对商法典本身的改造和修补已无法满足需要,公司、票据、提单、专利、保险等单行商事法规出现,商法典逐渐支离破碎,从而呈现商法去法典化的"解构"取向。在日本,随着商法典若干内容的单独立法,商法典内容不断"减少","实质商法"的范围却在不断扩大,如公司法的统一规制。〔1〕这种现象在法国、德国同样存在。〔2〕由此可见,无论是"民商分立"还是"民商合一"的立法模式,都是各国历史发展的产物,并随历史发展进程、社会发展需要、法律技术的进步而变迁。

我国国民政府时期,受民国初年的民商合一论的影响,商法学者和立法者们认为中国的商事立法应实行民商合一模式,如胡汉民、林森等在立法提案中所言,"民商分编,始于法皇拿破仑法典。维时阶级区分,迹象未泯,商人有特殊之地位,势不得不另定法典,另设法庭以适应之……然查商法所规定者,仅为具有商业性质之契约,至法律上原则或一般之通则,仍须援用民法,而商法上最重要之买卖契约,且多在民法中规定。是所谓商法者,仅为补充民法之用而已";随后又从历史关系、社会进步、世界交通、各国立法趋势、人民平等、编订标准、编订体例、民法与商法的关系八个方面对民商合一的合理性进行论证。〔3〕尽管立法者们对于民商合一的理论论证存在不足,也没有获得一致的赞同,〔4〕但只立民法典,不另立商法典的立法模式最终被立法院采纳,中国自此走上了一条有特色的民商立法模式,即将"性质上能与民法合一规定",如有关商法总则内容的委任、经理人及代办商,以及商行为部分的买卖、交互计算、赠与、租赁、雇佣、承揽、

---

〔1〕 参见[日]尾崎安央:《日本商法典的"解构"与日本民法的"商法化"现象》,张杨译,载《中国政法大学学报》2018 年第 1 期。

〔2〕 参见王建文:《法国商法:法典化、去法典化与再法典化》,载《西部法学评论》2008 年第 2 期;王建文:《德国商法法典化、去法典化与现代化:历史脉络与启示》,载《法学杂志》2008 年第 5 期。

〔3〕 参见《民商法划一提案审查报告书》,载立法院秘书处《立法专刊》1929 年 9 月第 1 辑;季立刚:《民国商事立法研究》,复旦大学出版社 2006 年版,第 136 ~ 140 页。

〔4〕 如日本学者我妻荣就针对《民商法划一提案审查报告书》所列民商合一的各项理由逐一进行反驳。参见季立刚:《民国商事立法研究》,复旦大学出版社 2006 年版,第 140 ~ 141 页。

居间与行纪、仓储、运送营业、合伙等均编入民法债编,[1]未能编入民法债编的商法总则部分的内容仍准援用民初颁布的《商人通例》;而“性质特异不能与民法合一规定者”,如公司、票据、海商、破产、保险等则另订单行法,商事单行法既与民法典保持体例上的统一性,又能充分规定各自调整的内容,并可随时根据实际的需要加以修改、扩充,增添了商事法律制度的灵活性与发展性,基本解决了民法稳定性与商法革命性之间的矛盾与冲突,使民商法律编纂体例具有较强的科学性与合理性。国民政府时期既不是民商分立,也不是民商合一,而是特殊的民商立法模式,是对民商立法模式的新探索,体现了近代中国立法者们在借鉴外来法律资源过程中的开放式思维,完成了对学习对象的超越。美国学者庞德对此给予了极高的评价:“以后中国的法律,不必再一意追求外国的最新学理,中国的法律已极完美,以后的问题,应当是如何阐发其精义,使之能适应中国的社会,而成为真正的中国法律。”[2]这种民商立法模式的创新是对世界民商立法的一个重要贡献。

1949年后,虽屡次启动民法典编纂,但屡遭挫折。改革开放后,我国民商立法逐渐完善、成熟,经历了从民法通则到民法典的民事法律法典化进程,直至2020年《中华人民共和国民法典》诞生。在商事立法方面,从开放之需的“三资企业法”到《中华人民共和国公司法》《中华人民共和国保险法》《中华人民共和国票据法》《中华人民共和国海商法》《中华人民共和国企业破产法》《中华人民共和国商业银行法》《中华人民共和国证券法》《中华人民共和国期货和衍生品法》等多部单行法逐渐制定,形成民商立法体系。究现行民商法律之特征:一是在《中华人民共和国民法典》“总则编”“提取公因式”,对民商事主体、民商事权利、法律行为效力、民商事法律责任作一般规定,引入商事组织法上的决议制度、职务代理制度及法人登记规则;二是在“物权编”规定具商事意义的浮动抵押、建设用地使用权抵押、权利质权;三是在“合同编”规定商事合同,如融资租赁合

[1] 清末民初分别制定并颁行了类似于商法总则的《商人通例》(由清末的9条发展至民初的73条),它构成清末民初民商分立立法模式的基础。民初的《商人通例》内容包括商人、商人能力、商业注册、商号、商业账簿、商业使用人及商业学徒、代理商等商法总则及商行为等方面的内容,其中包括买卖、租赁、制造、加工、水电煤气、出版印刷、银行业、劳务承揽、保险、运送、牙行、居间等商行为。此外,民初还制定了一部专门的商行为法——《商事条例》,但未颁行。

[2] 王伯琦:《近代法律思想与中国固有文化》,清华大学出版社2005年版,第77页。

同、保理合同、建设工程合同、运输合同、仓储合同、中介合同、行纪合同，这些合同均具有强烈的商事属性；四是实行有限的民商融合，《中华人民共和国民法典》从总体上仍坚守了“性质特异不能与民法合一规定者”不纳入的原则，公司、票据、海商、破产、保险、银行、基金等均另订单行法，体现出对民商立法模式的历史参照，形成“既非民商分立”，“亦非民商合一”的有中国特色的社会主义民商立法模式。

随着《中华人民共和国民法典》的颁行，有关我国民商立法模式的讨论更为务实，人们更多地关注商法规范续造中与民法典的协调、差异性制度安排以及技术路线问题。《中华人民共和国民法典》在处理民商关系上的“显现缺欠”与“隐形缺欠”是显而易见的，择其要者：一是民商法渊源体系规定与商事活动所需有所不合，《中华人民共和国民法典》第 10 条确立了民商法渊源顺位，习惯渊源位阶、适用顺位居于民法典之后，与大陆法系国家大都规定“商法—商事习惯—民法”的商法渊源位阶、适用体系相异，忽略商法渊源的多样性，未充分顾及商业习惯法在商法发展中的自治性地位。二是因民法所调整民事关系的偶发性、伦理性、民族性、稳定性与商法调整关系的惯常性、营利性、技术性、国际性、革命性等差异，无法形成规范民商事关系的共同基本原则，《中华人民共和国民法典》对体现商事活动需求的基本原则——营利性原则、维护交易安全原则、外观主义原则、便捷效率原则等无法充分纳入，涉商条款在法律解释上易导入民商混淆的偏颇。三是民法与商法虽均有任意性、强制性规范，但其意思自治强弱、解释适用等方面存在较大差异，尤其在金融商法领域存在较强的国家监管。四是在具体制度设置上同时存在体系不协调、规则过度或不充分的情形，如在民商行为体系上，法人与自然人因组织、生理机制不同，其意思形成、意思表达、意思效果机制等并不一致；因“合同编”容量有限，虽将融资租赁、保理合同纳入，其条款内容又远无《国际融资租赁公约》《国际保理公约》丰富，在适用中有供给不足之处；《中华人民共和国民法典》第 170 条“职务代理”条款较为简要，商事代理、商业使用人制度缺失。我们应结合对国内外民商立法模式的历史反思，基于我国法律体系构建的科学性、技术性、可行性，结合经济、社会发展的需求，超越“民商合一”“民商分立”的旧有模式，探索我国民商事立法的应然、实然路径，择要有二：

第一，我国民商立法理念不应是“民商合一”或“民商分立”论，也不应是半斤八两式的“民商折中”论,而应确立“民商有别观”“民商有限融合观”。一方面,“民法的商法化”本质上应是指民事主体权利能力的扩展,不能改变民法应更多展现人本主义、人文主义和人道主义的内核,不能“过度商化”而应节制有度。这不是故步自封、观念陈旧,而是秉持民法满足人的生存性需要、确认民事主体权利义务、促进民事主体自由的基本目的,若违背该目的,将使民法的独立存在价值大打折扣、正当性基础受到减损,从而极大地破坏民法的伦理性、民族性基础。另一方面,“民商有别观”“民商有限融合观”可以促使审视民法典中商事规则设定过度、与民事规范不尽融合的现实,彰显商法的独立价值,以民法典之外的立法形式确定商事关系的内容,保障商事主体权利与义务的实现,促进商事交易便捷效率,维护交易安全,发挥商事司法功能。正所谓“凯撒的归凯撒,罗马的归罗马”。

第二,回应关于民商法立法模式绵延不绝的争论,建立我国现代化商事立法模式与制度规则。如今仍有人主张维护“民法典+商事单行法”现状,以民法典统领商事单行法,形成一般法与特别法关系和体系结构;也有人激烈地提出质疑:既然能有民法典,刑法、环境法都在追求法典化,为何不能编纂商法典?还有人“温和”地认为应选择第三条道路,编纂商法总则或商法通则(简要商法典),形成“商法总则(商法通则)+商事单行法”模式。以上观点中无论是实质上的“民商合一”观,还是激烈的“民商分立”论,均与我国所颁布《中华人民共和国民法典》作为一般私法已提取法律主体、权利客体、法律行为等公因式的立法现状不符,也未注意到近代以来我国具有特色的民商立法模式实践。基于历史经验与现实,我国商事立法模式可以是以下图景:一是私法共同法的一般规定,如《中华人民共和国民法典》中的“法人”规则、私法中可通用的法律行为规则(相异者除外,保留《中华人民共和国民法典》居间、仓储、运送等民商主体共用、与民法性质不相悖的合同性规范,将融资租赁、保理等典型商行为剥离);二是制定简要商法典(商法总则或商事通则),规定商主体、商行为一般规范,保护商事权利、明确商事义务,确认符合“公序良俗”的商事习惯的优位效力;三是继续完善《中华人民共和国公司法》《中华人民共和国票据法》《中华人民共和国企业破产法》等传统商事单行法,健全符合商事活动发展的新型商事制度,以国际的视野,借鉴、识别成熟的域外商事立法、商事惯例,在总结国内外民商立法经验、科学运用立法技术、关注国情及经济社会发展中使我国的民商事立法及实践不断实现“良法善治”。

余论:新民商法学与新民商法发展观

回顾历史,不是仅使人们对往昔岁月存有记忆,而是为了领悟和回答现实问题,是在进行历史与现实、“故在”与“此在”间的对话与思考。在这个意义上,“一切真历史都是当代史”,“一切历史都是思想史”。[1] 法律是“历史中的法律”,“社会中的法律”,“是一个依实在法为主体的规则群体不断地、无限地向外扩展、延伸的文化场际,它是生长于、生活于社会之中并与其他社会关系发生互动的‘活法’”。[2] 在哲学、社会学层面,亚里士多德就关系范畴所提出的定义是,“关系指这样一些东西,它们指的是那些与他者有联系的东西”;[3]诚如维特根斯坦(Wittgenstein)所言,基于事物的复杂性,范畴可具有“家族相似性”(family resemblance)特征,在范畴内部关系上并没有绝对固定的、明确的边界。[4]

由是观之,具体到新民商法学、新民商法范畴,科学技术革命、生产方式迭代,社会关系变革使民商法律关系具有了崭新内容,新型权利不断被确认,新规则不断被创设。法学理论研究既不应拘泥于传统教义学,也不应过多地受我国当下学科行政管理理性分割的桎梏,新民商法学的任务就是去发现新型社会关系的法律意义,去探索法律发展的内在逻辑,去不断审视法律理性与经验的关系,从而构建起合法理、顺时势、利实践的理论体系,实现民商法理论创新、制度创新、实践创新的互哺,促进法治文明价值的实现。

---

〔1〕 参见姚汉昌:《“一切真历史都是当代史”与“一切历史都是思想史”——克罗齐对柯林武德的影响》,载《学术研究》2023 年第 10 期。

〔2〕 参见尹伊君:《社会变迁的法律解释》,商务印书馆 2003 年版,第 27 页。

〔3〕 参见[古希腊]亚里士多德:《范畴篇·解释篇》,方书春译,商务印书馆 1959 年版,第 25 页。经典范畴理论认为概念化范畴和语言学范畴有十分明确的界限,即任何一个事物要么就是属于这个范畴中,要么就是不属于,并不存在模糊现象;只有当这个事物在完全符合该范畴成员所具有的共同点时,它才能成为该范畴的一员。而在“家族相似性”论看来,就像一个大家族内部的成员一样,他们在不同地方和不同家庭的成员有着相似的地方,但在这个家族中某种特征并不是所有家庭成员所一致共有的。此外,关于范畴还有原型理论。

〔4〕 参见[英]路德维斯·维特根斯坦:《哲学研究》,陈嘉映译,上海人民出版社 2005 年版,第 38 页。

期待“复旦大学民商法学文库”的出版有助于提升我国民商法学研究的深度与广度,能够为促进我国法治建设添砖加瓦!

 *

于复旦园

2020 年 12 月

---

* 复旦大学法学院教授。

前　言

本书是我在留德博士论文《买卖法中的合同附随义务》(Vertragliche Nebenpflichten im Kaufrecht)基础上的进一步研究成果。撰写本书,主要出于如下几方面考虑。

首先,原稿以德文所写,成稿于2018年年底,主要针对德国读者,未充分强调中国问题意识。尤其是《中华人民共和国民法典》(以下简称《民法典》)于2020年5月通过,合同附随义务问题的研究背景业已发生变化,急需更新国内问题意识,补充国内规范、学说与裁判的相关素材,修正在德国法语境下所得出的结论。

其次,原稿篇幅较小,未充分覆盖我国附随义务问题涉及的比较法材料。因博士生导师马蒂亚斯·阿姆加特(Matthias Armgardt)教授要求论文短小精悍(*pauca, sed matura*),原稿主要围绕德国法对罗马法的变造集中论述。其虽揭示了中、德债法在合同义务构造上的区别,但未覆盖我国规范与国际示范法(尤其是《国际商事合同通则》)之间的渊源关系,及后者对英美法的吸收情况。

再次,原稿虽提出重构附随义务的设想,但结论部分冲击了以给付概念与债务转型论为基础的传统债法理论。由此,须进一步论证新的合同义务构造(约定义务与未约定义务)在《民法典》中的体系效应,涉及对合同义务违反与继续履行、履行抗辩、合同解除及损害赔偿之间关系的重新理解。

最后,笔者回国工作后,就附随义务主题,陆续发表了《我国〈民法典(草案)〉中附随义务体系之重构——以中、德附随义务学说溯源为视角》、《罗马买卖法中附随义务问题之考察——兼谈对我国〈民法典〉第509条第2款的启示》及《论〈民法典〉中合同与侵权的开放边界——以附随义务的变迁为视角》若干论文,在与国内同行的交流中,亦获得诸多有益意见,亟待将其消化,形成系统思考。

概括而言，本书的主要内容，是在历史、比较视野下全面考察《民法典》中附随义务问题的解决途径。我国法上的附随义务学说体现了欧陆法与英美法的理论调和。由此，本书就域外法针对附随义务问题的主要调整模式开展纵向溯源和横向比较。研究重点落在厘定附随义务与债法内部要素（如给付、过错与损害赔偿）之间的互动关系。而结论部分将就《民法典》中附随义务的重构提供解释论方案，并对其体系效应提供论证。

具体而言，本书将展示附随义务问题调整模式的古今流变。罗马法上虽无附随义务学说，但裁判官通过欺诈抗辩（*exceptio doli*）实现了对缔约与履约阶段合同义务违反的统一裁量。与之相反，19 世纪的潘德克顿法学家因受主观权利说的影响，非历史地解读了罗马法文献，忽视了合同关系中给付外行为义务的存在，导致《德国民法典》履行障碍法中的漏洞。为填补该漏洞，德国法学家陆续创设了积极违约、附随义务乃至保护义务学说。上述做法既造成了缔约与履约阶段的严格区分，亦导致合同与侵权界限的不断扩大。与之相比，《国际商事合同通则》吸收了英美法上明示条款与默示条款的分类，创设了明示义务与默示义务构造，试图通过比较法作业尽力调和欧陆法与英美法的差异。在此背景下，我国的附随义务学说与现行《民法典》的规范结构并不完全匹配。故在解释论层面，我国应在一定程度上放弃附随义务学说，代之以广义的未约定义务。其与继续履行、履行抗辩、合同解除及损害赔偿制度得以更好融合，促进规范与学说的协调解释，减少合同与侵权的二元对立。

本书的写作贯穿了笔者读博以来的学习与工作。在此期间，笔者受到诸多老师的帮助，感激之情，不胜言表。首先，应感谢我的硕士生导师王志强教授。没有他的鼓励和支持，我不会敢于冒险留德，从纯法史领域转向民法和民法史研究。其次，应感谢我博士后的合作导师李世刚教授。在站期间承蒙指导，促我切换域外思维，逐步与国内民法研究结合。此外，亦应感谢季立刚教授与陈力教授。正是他们孜孜不倦地开展复旦大学与德国康斯坦茨大学的合作交流，方使我留学梦想成真，如今仍能幸运地追求学术志业。最后，还应感谢我的博士生导师马蒂亚斯·阿姆加特教授与阿斯特丽德·施塔德勒（Astrid Stadler）教授，以及我的拉丁语老师约阿希姆·福格曼（Joachim Fugmann）博士。留德期间，三位老师对我关怀备至，既启蒙了我对德国法和罗马法的学习，也极大拓宽了我的学术视野。谨以此书献给求学路上提供帮助的各位师长！

汪倪杰

于复旦大学江湾校区

2023 年 5 月 1 日

目　　录

绪　论

一、我国附随义务学说的三个基本问题

《中华人民共和国民法典》(以下简称《民法典》)已于2020年5月28日由第十三届全国人民代表大会第三次会议通过,并于2021年1月1日正式施行。债法部分的体例最终以合同编和侵权责任编分立的方式加以确定。附随义务作为重要的债法问题,却在此次法典编纂中未受足够重视,导致了新法典中的相关条文和原《中华人民共和国合同法》(以下简称《合同法》)高度一致。具体而言,《民法典》第509条第2款规定:"当事人应当遵循诚信原则,根据合同的性质、目的和交易习惯履行通知、协助、保密等义务。"该款几乎采用了原《合同法》第60条第2款的规定。尽管学者对附随义务的概念早已耳熟能详,但严格来说,我国法律并未明文规定"附随义务",而仅在释法层面使用了这一术语。根据全国人大常委会法工委所编的《中华人民共和国合同法释义》,原《合同法》第60条第2款规定了诚信履行原则,并间接导出附随义务,即当事人除按约履行义务外,也须履行由诚实信用原则产生的协助、告知、保密、防止损害扩大等义务。[1]但条文背后尚无完整的学说体系,其后果是实务中该术语的用法相对混乱,集中体现为如下三个问题。

(一)附随义务与给付义务之间的关系不清

结合《民法典》第509条第1款、第2款(原《合同法》第60条第1款、第2款)的文义,附随义务应理解为给付外的其他行为义务。但在审判实践中,有判决视其为从给付义务。如"杨某玉与锦江麦德龙现购自运有限公司南京雨花商

---

〔1〕 参见胡康生主编:《中华人民共和国合同法释义》(第3版),法律出版社2013年版,第123页。

场买卖合同纠纷上诉案”中，江苏省南京市中级人民法院认为：“合同附随义务是指没有法律规定和合同约定，为了配合合同主给付义务的完成，保障债权人给付利益的最大化，基于诚实信用原则，根据合同的性质、目的和交易习惯而确定的债务人的从给付义务。”[1]

也有判决将其视为给付与从给付外的其他行为义务。如“安徽和县碧桂园房地产开发有限公司与李某睿买卖合同纠纷案”中，安徽省马鞍山市中级人民法院认为：“从给付义务不是合同所必备、但有助于实现债权人利益且能够独立成为诉权标的的义务，可以独立诉请履行，也称为独立的附随义务；附随义务是指依合同关系发展情形，且根据诚实信用原则所产生的为保障债权人给付利益的实现之义务，也称为非独立附随义务。主给付义务会直接影响合同当事人的订立合同的目的的实现。从给付义务或附随义务，并不是合同所固有的义务，而是保障合同目的实现的次生义务。”[2]以上判决的理解与我国法律的现有规定并非完全协调。

（二）附随义务违反的归责原则并不明确

尽管主流观点认为，《民法典》第577条（原《合同法》第107条）规定了违反合同义务（包括附随义务）的无过错原则，[3]但实务中仍有相当判决将违反附随义务视为过错责任。如“上海闵星汽车服务有限公司诉方某柱等买卖合同纠纷案”中，上海市高级人民法院认为：“原告并未将相关维修情况如实告知被告，违

---

〔1〕 参见江苏省南京市中级人民法院民事判决书，(2014)宁商终字第1270号。

〔2〕 参见安徽省马鞍山市中级人民法院民事判决书，(2016)皖05民终第281号。

〔3〕 原《合同法》第107条规定了违约责任的无过错原则。该理解为立法者所明确，也为学界广泛认可，是为通说。也有学者指出：该条或可作为可归责性的解释性规范，规避明确违反附随义务到底是无过错归责还是过错归责问题。但我国民事立法尚无使用“可归责性”该术语的先例。我们不妨以《德国民法典》第280条第1款第2句为参考：该条为义务违反设定了可归责性（Vertretenmüssen）的标准，看似规避了过错归责。但若进一步深究，可归责与否的判断标准仍指向第276条第1款：原则上以债务人的过错（故意或过失）为判断依据；例外则考察其是否接受了较为严格或较为轻缓的责任。后者主要包含两类情形：一是债务人作出保证（Garantie）；二是其接受风险（Risikoübernahme）。显然，附随义务（包括保护义务）的违反问题在通常情况下并不落入以上情形。故本质上，附随义务的归责仍要落到过错问题上。可见德国债法的归责方式与我国是有本质区别的。笔者认为：原《合同法》第107条不应视为可归责性的解释性规范，而应是立法者所明确的无过错原则。参见孙礼海主编、全国人大法制工作委员会民法室编著：《中华人民共和国合同法立法资料选》，法律出版社1999年版，第58页；Wolfgang Ernst, in: Münchener Kommentar BGB, Bd. 2, 8. Aufl. 2019, § 280 Rn. 28 – 29。

反附随义务，具有过错。"[1]又如"官某群与南通申成汽车销售服务有限公司等买卖合同纠纷上诉案"中，安徽省宣城市中级人民法院认为："被告在车辆信息的附随告知义务的履行上存在瑕疵，具有一定过错。"[2]其是否应与给付义务采取相同的归责原则，须深入研究。

（三）附随义务的适用范围并不统一

尽管《民法典》第509条第2款（原《合同法》第60条第2款）将其限于履约阶段，但已有判决将其视为贯穿缔约、履行、变更与终止所有情形的行为义务，如"张某海与佛山市瑞卡弗家具有限公司买卖合同纠纷上诉案"中，广东省佛山市中级人民法院认为："买卖契约中的附随义务涉及合同的订立、履行、变更和终止的整个过程，具体表现为告知义务、协助义务等。前者指合同当事人应将对合同相对方利益有重大影响的事项告知对方的义务，后者指合同当事人应协助对方履行义务，以使合同目的能顺利实现的义务。"[3]甚至有判决将其定性为《民法典》第1198条（原《中华人民共和国侵权责任法》第37条）的安全保障义务（以下简称安保义务）。如"宣城市永丰农资有限责任公司与陈某林买卖合同纠纷上诉案"中，安徽省宣城市中级人民法院认为："被告采取零散销售、送货上门的方式推销化肥，货车作为销售化肥的交货地点，应视为被告经营场所的延伸。在被告的经营场所交付货物，保障货物和对方人员的人身安全是其合同中应履行的附随义务。"[4]因而，附随义务的具体运用实际上突破了立法明确的履约阶段，而延伸到缔约过失乃至侵权责任的一般场景。更深层的问题是如何理解附随义务的性质。尤其是当附随义务违反涉及当事人固有利益，构成违约与侵权的责任竞合时，我国应如何构建恰当的合同义务体系加以调整？

二、历史、比较视角下附随义务的再理解

（一）引入历史、比较视野的必要性

上述问题出现的根本原因是围绕附随义务的理论研究仍显薄弱，分别对应

[1] 参见上海市高级人民法院民事裁定书，(2018)沪民申第201号。
[2] 参见安徽省宣城市中级人民法院民事判决书，(2017)皖18民终第409号。
[3] 参见广东省佛山市中级人民法院民事判决书，(2017)粤06民终第5164号。
[4] 参见安徽省宣城市中级人民法院民事判决书，(2011)宣中民一终字第00394号。

《民法典》颁布后亟待厘清的三个问题，即附随义务与给付义务的内在关联、债务人过错与损害赔偿的转换关系，以及合同外（尤其是缔约阶段）行为义务间的联动关系应如何确定？有学者提出我国应当借鉴德国经验，摒弃附随义务概念，构建给付义务与保护义务并举的模式。[1]

但现行《德国民法典》所谓的保护义务，是指根据具体债务关系，须顾及另一方的权利、法益和利益。[2] 这样的理解与我国的附随义务概念并不一致，其在上述三对关系中呈现不同的特点：第一，就保护义务与给付义务的关系而言，保护义务独立于给付，旨在保护当事人的固有利益；第二，就违反保护义务之责任，采可归责性原则（Vertretenmüssen）以规避明确过错归责；[3] 第三，就保护义务与契约外行为义务的关系，保护义务作为债法总则规范，并不限于契约关系，尤其在卡纳里斯（Claus-Wilhelm Canaris）"统一保护关系"说[4] 的影响下，对保护义务的理解具有统合缔约过失、积极违约及附第三人保护之债的明显倾向。可见，中、德法律中的对应制度出现错位，并不完全重合。鉴于我国《民法典》债法体例不同于德国法，尤其是不设债法总则，直接分立合同、侵权责任二编的模式，保护义务无法直接拿来。

实际上，仅强调中、德直接联系的观点，是局限在学说层面寻找对应物的自然结果。但如果从立法史的角度考察，就会发现原《合同法》第 60 条的条文来源与德国法并无直接关联。若仔细比对文字表述，该条文的结构与 1994 年《国际商事合同通则》（Principles of International Commercial Contracts, PICC）[以下简称 PICC（1994）]第 5.1 条、第 5.2 条的构造极为类似。而后者则明显带有英

---

〔1〕 参见迟颖：《我国合同法上附随义务之正本清源——以德国法上的保护义务为参照》，载《政治与法律》2011 年第 7 期；林慧贞：《附随义务与民事责任之发展》，台湾大学法律学研究所 2005 年博士学位论文，第 16 ~ 17 页。

〔2〕 参见《德国民法典》，杜景林、卢谌译，中国政法大学出版社 2014 年版，第 53 页。

〔3〕 Vgl. Wolfgang Ernst, in: Münchener Kommentar BGB, Bd. 2, 8. Aufl. 2019, § 280 Rn. 22 – 23.

〔4〕 卡纳里斯主张，应抛弃附随义务依赖合同关系的理论外壳；尤其是义务内容的确定，不应依赖《德国民法典》第 133 条、第 157 条的意思表示解释及合同解释；而应将附随义务、缔约过失责任（*culpa in contrahendo*）及合同的第三人保护理论（Schutzwirkung für Dritte）合并成依据《德国民法典》第 242 条诚实信用原则所确立的法定保护关系。在此意义上，附随义务就成了所谓除合同与侵权之外的第三种民事责任。尽管这一理论并未在德国债法的修订中完全体现，但仍被部分吸收。Vgl. Claus-Wilhelm Canaris, Ansprüche wegen „positive Vertragsverletzung" und „Schutzwirkung für Dritte" bei nichtigen Verträgen-Zugleich ein Beitrag zur Vereinheitlichung der Regeln über die Schutzpflichtverletzung, JZ 15/16 (1965), S. 475 ff.

美法上默示条款(implied terms)理论的色彩。这恰恰印证了我国这部20世纪末制定的《合同法》并不拘泥于某一国的学说和制度,而是一部博采众长、具有中国特色的创新作品。因而,我国学者在看待原《合同法》第60条第2款与附随义务的关系时,应当抱有更为开放的态度,凭借复合视角,方能意识到该条款与德国法、英国法、美国法乃至其他法源的区别。因其具有复合性质,故在立法、司法乃至学说层面展现出不同的表现形式和性质特征。

可见,一个看似简单的附随义务概念背后交织着极为复杂的历史和比较法因素。要真正理解附随义务在我国法中的定位、功能及问题,仅在教义学层面进行法解释作业有所局限。在此背景下,我国不妨将附随义务学说(亦是法教义学概念)视为合同法规范体系为了解决相关问题所采取的动态处理模式,从法律史的纵向视角,以及比较法的横向视角考察制度流变,充分理解不同模式各自的成因、效果和局限。以期实现:第一,厘清德国法上附随义务(包括保护义务)理论的来龙去脉,精确把握其产生背景、发展脉络及立法状况;第二,厘清与我国立法具有渊源关系的国际示范法规范的来源,尤其是后者背后的英美法渊源如何与欧陆法教义杂糅形成新型的规范表述和学说体系;第三,将我国法上的附随义务从简单继受外国制度的观念中解放出来,将其视为本国制度自我创新的历史过程,从而还原出制度原貌及问题所在。

(二)研究方法:法教义学的功能化与历史、比较方法的展开

然而,要达成以上研究目的,须引入历史、比较方法,但并非完全抛弃法教义学的方法论,而是将其改造后与法律史、比较法相结合。笔者将其归纳为两个层面:一是法教义学的功能化(Funktinalisierung der Rechtsdogmatik);二是在此基础上历史比较法(historische Rechtsvergleichung)的运用。

1. 法教义学的功能化

就附随义务问题的相关研究,无论国内还是国外,大多数采用法教义学方法。但正如国内学者已经意识到的那样,法教义学具有知识和方法论的双重含义。[1] 附随义务,既可作为债法中的特定教义(Rechtsdogma)或学说,强调其与债法整体结构之间的逻辑自洽和周延关系,也可作为进行思考与推理的方法论,

---

〔1〕 参见雷磊:《法教义学:关于十组问题的思考》,载《社会科学研究》2021年第2期。

强调将其置于法典的一般规范或命题的概念体系之下，与具体案件之间进行涵摄、嵌套，获得妥当的法解释结果，最终解决案件问题。但这一方法先验地赋予了附随义务概念以法律规范层面的效力以及不容置疑的正当性，忽略了学说在创设之初所要解决的问题，及其在既有债法体系下所扮演的角色。要理解这一点，需要打开法教义学的密闭空间，从外部观察附随义务作为知识性的法教义学所发挥的功能。

更精确地说，所谓法教义学的功能化，是指债务关系中的附随义务不仅仅作为法教义学的一种表达加以理解，而是将其视为实现债法功能的一种手段或工具。换言之，附随义务或许未必是唯一可能的制度，其存在本身是债法为解决某一特定问题，或实现某种特定目标所创设的概念。由此，考察的重点不应是附随义务的教义学构造及其在适用于具体案件过程中的逻辑开展，而应当是附随义务与债法内在机理之间的互动关系，尤其应当关注其与债务关系中的基本元素（如给付、过错与损害赔偿）之间的关联。而这种微观意义上的考察服务于解决附随义务的三个基本问题，即(1)给付义务与附随义务的关系；(2)过错与附随义务违反所致损害赔偿的关系，尤其体现在履行不能、迟延乃至标的物瑕疵等履行障碍的场景之中；(3)附随义务与合同外义务的关系，如自始不能中的先契约义务与缔约过失之间的联动等。由此，唯有将附随义务的教义学构造与债法结构欲实现的功能相结合，方能把握该制度的核心要义与优劣所在。

2. 历史比较法的运用

而就历史比较法的运用，本书并不侧重社会、经济史的视角。法律制度（包括规范、学说与裁判）当然是社会政治、经济与文化的产物与组成部分。但法学作为高度技术性的专业领域，通过法言法语的方式将法外与法内世界相互区隔。[1] 尤其对于已经高度教义化的民法学，其与社会观念的互动更需通过复杂的法解释，精确的构成要件以及法效果的“合法性”与“合体系性”审查，方成为可能。由此，本书所称历史比较法，主要仍限缩于教义学史（Dogmengeschichte）的范畴，即专注法律知识体系（*juris scientia*）本身的演进、变异和融合。

就附随义务问题，历史比较法的运用，可以细分为三个方面。其一，运用于

〔1〕 参见王志强：《我们为什么研习法律史？——从法学视角的探讨》，载《清华法学》2015 年第 6 期。

德国法的考察。附随义务并非一项德国法上凭空产生的教义制度,而是以罗马法为基础的德国债法乃至欧陆债法史上的一项重要学说构造。要彻底理解创设这一构造的原因与目的,须对罗马债法体系,以及在此基础上发展而来的德国潘德克顿法学(Pandecktenwissenschaft)中的债法理论进行点、面结合的考察,亦即回答,德国法上的附随义务学说究竟从何而来。该作业包括两个步骤:

第一步是对于古典罗马法的考察。但该作业并非出于知识考古的兴趣,而是鉴于德国法上附随义务的理论创设源于 19 世纪历史法学(historische Rechtswissenschaft)以降对罗马法的继受和再造。要透彻认识德国法,首要一步须考察附随义务与罗马法债法体系的关系为何,即附随义务问题在罗马法上是如何解决的;同时,追溯罗马法也兼有对不同债法的处理模式进行比较的意义。罗马法上虽没有等同或近似于附随义务的概念,却有概念包含的核心问题,即合同交易中当事人负有的行为义务,与没有履行该义务时,负有的相应责任。因而,重要的并非附随义务的概念,而是附随义务背后的问题。这一问题在不同的时代始终存在:在当代民法,或可以用附随义务(保护义务)加以解决;而在罗马法,则被归入另一套规则及学说体系。故考察罗马法上的附随义务,可为我国《民法典》的实施提供一种别样的视角,即如果不存在高度体系化的债法总则,应当如何解决附随义务问题。由此,亦可反思乃至反驳我国继受德国模式的必要性。

第二步则是对于潘德克顿债法理论的考察。该作业也并非为了满足法史知识的兴趣,而是将其作为《德国民法典》债法框架以及附随义务学说产生的理论基础加以研究。以期回答,为什么 19 世纪的德国法学家并未意识到附随义务问题的存在,而刻意将其忽略。而直到《德国民法典》颁布后,面对层出不穷的问题,不得不抛出附随义务的学说构造,去填补潘德克顿法学时代已经定型的制度结构和学说漏洞。这一部分的考察还牵涉民法学方法论上的范式转换(Paradigmenwechsel),即从罗马法上的个案决疑论(Kasuistik)转向潘德克顿法学的体系论(Systematik)。近现代民法体系的构筑并非自然法学家徒手搭建的空中楼阁,而是以抽象的法学概念去筛选、切割乃至重构罗马法原始材料的复合作业。在此过程中,罗马法上一些本有的特性或为人忽略,或刻意歪曲,以至于德国法学家有意无意地抛弃了本可包容附随义务对应问题的债法构建模式,不得不另起炉灶。而在《德国民法典》颁布后，既有的债法结构已无法改变，由此不得不在解释论层面叠床架屋，对债法的内在机理进行改造。

其二，运用于英美法的考察。上文已经提及，我国附随义务在学说层面与欧陆法（尤其是德国法）存在理论关联，但立法并非直接继受德国规范及其学说。因原《合同法》第60条第2款受到PICC（1994）的影响，在条文层面与英美法上的默示条款学说具有亲缘关系。更为重要的是，我国合同履行与违约责任的内在机理与德国债法的构造不同，体现出欧陆法与英美法理论的调和色彩。由此，对于默示条款学说的溯源，目的在于展现其在合同解释层面的另一种视角，进而探究合同义务与合同责任之间建立关联的其他可能。同时，通过对PICC（1994）起草过程的梳理，及其与英美法关联性的考察，可对国际示范法调和欧陆民法与英美法理论的探索路径及其效果一探究竟。

其三，重新审视并厘清我国债法中附随义务的功能。在《民法典》的时代背景与结构框架下，对于附随义务与债法体系的关系进行微观层面的细致考察，即通过解析附随义务与给付、过错及损害赔偿等基本要素之间的互动关系，精确刻画附随义务在我国合同法乃至债法结构中的角色与机理。

三、本书的写作安排

基于我国民法中附随义务的现实问题，以及为解决相关问题而采用的方法论，本书的具体写作将按照如下计划展开：

本书的第一章将着重研究罗马法对于附随义务问题的调整模式。但该章的目的并不在于精确描述罗马法上附随义务的发展史，而在于对德国法上附随义务制度正本清源，展示其理论创设的原始素材和继受起点。[1] 故笔者将集中考察《民法大全》（*Corpus Iuris Civilis*）中所呈现的制度。此外，古典罗马法虽有债法类别，但并未完全体系化，规则多为个案决疑，故欲描述其中的附随义务问题，须选择典型的交易类型。鉴于买卖交易中合同义务的典型性和普适性，即买卖包含最典型的给付行为（标的物的转让与价款支付）及完整的给付障碍类型（给付不能、迟延和瑕疵履行），故也涵盖附随义务的主要情形，将罗马法上的买卖

---

〔1〕 参见[德]弗朗茨·维亚克尔：《近代私法史：以德意志的发展为观察重点》下卷，陈爱娥、黄建辉译，上海三联书店2006年版，第382页。

法作为考察重点。此处所谓“买卖法”，并非仅指诚信诉讼（*iudicia bonae fidei*）中的买卖契约（*emptio venditio*），也包括严法诉讼（*iudicia stricta*）中实现买卖经济功能的相关诉讼，如要式口约之诉（*actio ex stipulatu*）等。如此设定，一是出于考察罗马法就买卖交易相关规则的完整性；二是鉴于继受罗马法时，德国法对严法诉讼规则的偏重。仅考察诚信诉讼规则，则无法形成对德国法继受基础的全面把握。

在明确了德国法继受对象的基础上，第二章即考察19世纪德国法学对附随义务问题的解决模式。因19世纪德国法学就债法一般规则的建构，主要依赖对罗马法买卖契约规则的解读与重构。就其关键片段的争论既塑造了德国模式的雏形，也暗含了其先天缺陷。[1] 为揭示该过程中的关键信息，该章不以时间为线平铺直叙，而试图以法学演进的内在逻辑展现德国模式的建构过程，重点涉及萨维尼（Carl von Savigny）就债与给付概念的创设、蒙森（Friedrich Mommsen）的给付不能理论与耶林（Rudolf von Jhering）的缔约过失理论（*culpa in contrahendo*），并就《德国民法典》对19世纪法学的吸收情况作出评价。所有考察围绕三个问题的解决：(1)相较罗马法就契约义务做整体判断的传统，德国法中给付义务与附随义务的区分何以产生？(2)相较罗马法上过错直接影响契约义务范围的传统，两者关系如何改变？(3)相较罗马法上契约诉讼带有侵权诉讼的特点，德国法上的契约与侵权结构如何变化？以此明确附随义务学说产生前德国法的债法基础。

第三章要处理的则是德国现代法上附随义务的产生与演变过程。该部分侧重对德国法上债法义务群中变化过程的考察，重点探究先合同阶段义务与履约阶段义务之间的互动关系。就履约阶段的义务，将梳理《德国民法典》颁布后，为弥补给付障碍法缺陷而提出的积极违约理论（Lehre der positiven Vertragsverletzungen），及此后相继出现的附随义务与保护义务学说。此外，该章将继续考察先契约阶段行为义务的演变过程，揭示缔约过失责任逐步脱离契约属性，趋近法定责任色彩的发展路径。在此基础上，再就两阶段义务在学说上的互动，及其在现行《德国民法典》上的表现进行清晰的梳理。

---

〔1〕 如就D. 11. 7. 8. 1和D. 18. 1. 62. 1的争论，导致了既有不能与缔约过失两种理论的产生。二者直接影响了1900年《德国民法典》第306条、第307条就自始不能及其损害赔偿的规定。详见下文论述。

本书的第四章将跳出欧陆民法的范畴，在国际比较法与示范法上寻找附随义务学说的对应物，即对 PICC(1994)中的默示义务(implied obligations)理论进行溯源。就此安排，第一节对该章主题进行概述。第二节将从历史角度对英美法上默示条款理论的兴起进行探究，尤其关注默示推定的法律技术对英美合同法的形成及其解释理论的发展所起到的作用。在此基础上，将从比较法的角度，对现代英美法上默示条款的主要内容与附随义务进行比较，指出两者在教义学构造上的区别，以及功能上的近似性。而第三节则将研究对象从英美法上迁移至国际合同范本，考察 PICC(1994)中默示义务理论的构造，深入探究其与履行请求权、损害赔偿及合同外行为义务的关系，以此为样本讨论不同的合同义务体系对债法内容机理的改造。由此，进一步揭示附随义务理论的局限及其被修正的可能。

第五章的考察重点将从外国法转换到我国民法上的合同附随义务。第一节概述。第二节着重阐述《中华人民共和国民法通则》(以下简称《民法通则》)颁布至《民法典》，我国多元借鉴域外规则与学说，重构债法体系，从学说与立法的不同路径借鉴了默示义务与附随义务，塑造了后者在我国民法结构中的规范与理论雏形。后续部分将在此基础上，回到对现实制度及其问题的回应，即对我国《民法典》中的附随义务体系进行重构。具体而言，第三节将讨论在《民法典》合同编与侵权责任编为架构所组成的新型债法体系下附随义务的定位与解释问题。第四节则将回顾我国学者重构债法义务的尝试，并对其作出评价。而后，第五节将回顾附随义务的比较法史，总结理论变迁背后的历史规律。在此基础上，第六节从解释论的角度提供合同附随义务学说的重构方案，即对未约定义务体系的建构提出初步论证。最后，第七节将就未约定义务对合同相关制度(包括合同履行、解除以及损害赔偿)的影响提出详尽论证，进而充分完善未约定义务在《民法典》中的解释论体系。

第一章　罗马法上附随义务问题的调整模式

一、概述

（一）在罗马法中定位附随义务问题

如绪论所述，探究罗马法上附随义务问题的调整模式并非出于对罗马法知识的考古兴趣，而是借此明确德国近代债法的开展基础，以及附随义务何以产生的根本原因。但在开始阐释罗马法上的“附随义务”之前，有两个问题亟待澄清。

一是罗马法上并没有附随义务的对应或相似概念。以一个现代民法的概念为标准，在性质为古代法的罗马法中寻找对应物不免有“时空错乱”（Anachronismus）之嫌。然而，历史研究如在法学层面展开，则不可避免地预设一项前提，即不断演进和发展的法律规范之间仍存在共性和连续性。舍此，所有法律规范终将成为孤立和偶然的历史碎片，以至于法律史的法学属性消解殆尽。

因此，尽管罗马债法的教义学体系完全不同于近现代民法，但仍可以作为德国法上附随义务的历史源头。但为了避免回溯罗马法时陷入所谓的“时代错误”，须将寻找“附随义务”概念的作业，转化为寻找“附随义务”问题。如在买卖关系中卖方未告知标的物的瑕疵，以至于买方因此遭受损害，该情形在现代民法中或可以归入附随义务或保护义务的范畴，但依据罗马法则须以其他方式归类。故回溯罗马法的原始文献并不旨在解释或阐明罗马人所使用的法律概念，而是就附随义务问题的罗马方案与德国方案展开比较，进而为我国《民法典》提供另一种标准来评价德国经验的得失利弊。

二是从概念层面来说，要从罗马法文献中提炼买卖契约中的附随义务问题，即便可以一定程度地抛开附随义务概念，但仍需要围绕其包含的问题，在罗马法上找到一个比较清晰的、描述性的术语或定义，否则在汪洋大海的原始文献中寻找就无异于大海捞针。如前文所述，中、德现行法的主要差异在于：我国民法将附随义务理解为主给付义务外的其他行为义务（包括保护义务），但局限于履约阶段；而德国法上采用保护义务概念，较附随义务相比，少了从给付义务，但将其设置为债法上的一般行为义务，囊括了缔约、履约阶段。或可折中，对于罗马法的考察，可以将附随义务界定为缔约、履约阶段主给付义务之外的其他行为义务。该定义实为中、德现行法上相关概念的扩张，目的有二：一是尽可能保留附随义务概念下较宽泛的内容，不仅包括从给付义务，也包括保护义务的考察；二是尽可能扩大合同交易过程中的行为义务考察，着重缔约与履约阶段行为的联系。实际上，深入文献便可知道，罗马法对两个交易阶段的区分并不像中、德现行法一般严苛。如果忽略了缔约阶段行为义务的考察，则无法一窥罗马法上合同义务的全貌。

（二）钱款判罚原则与严法/诚信诉讼的区分

接下来则是要考虑罗马法的两个根本性特点，即钱款判罚原则（*condemnatio pecuniaria*）的适用及严法诉讼与诚信诉讼的区别。钱款判罚原则是程式诉讼（*per formulas*）之创造。该原则要求所有诉讼中，对原告给付请求的判罚须以金钱赔偿体现，而不判决直接履行给付。[1] 这为确定附随义务的定位带来特殊问题，即附随义务是否存在，需从判决的赔偿利益中去推断。具体而言，需要在给付行为与判决结果之间对照得出。一些案例中，诉讼请求和判决结果未必一致，源于裁判官对契约义务的整体考虑，义务范围超过了给付本身；超过部分可能涉及违反附随义务的利益，牵涉严法诉讼与诚信诉讼的区别。

严法诉讼向诚信诉讼的过渡表明罗马法去形式主义的过程。诉讼标的估价程序（*litis aestimatio*）的差异导致了两种诉讼在认定损害赔偿上的重大区别：严法诉讼中，裁判官仅能决定原告请求（*intentio*）是否被程式套语包含。该请求既可确定（*certum*），也可不确定（*incertum*），但始终围绕请求内容本身裁判被告责任，作出要么赔偿，要么开释的判决。故最初的给付要求和最后的赔偿一般高度

---

〔1〕 Vgl. Gai. 4, 48.

吻合。[1] 除特殊情形外，附随义务不会出现于严法诉讼。

诚信诉讼，如买卖契约，则给予裁判官更大的裁量权：一方面，不要求原告请求确定；另一方面，将不确定的请求在估价程序中转换成金钱额度；此额度成为下一步裁判审(*in iudicio*)中的诉讼标的。[2] 在确定该额度时，就行为给付标的，往往以"依据诚实信用应当给付之所有利益"(*quidquid dare facere oportet ex bona fide*)为标准；[3] 在衡量买方利益时，则援引"在此情形下的利益"(*id quod interest*)标准，[4] 对损害内容加以展开并确定。有时裁判结果大于给付请求，附随义务的对应利益就得以从中反推出来。

除定位外，如何叙述附随义务也值得推敲。罗马法本身并没有一套学说串联附随义务个案。正如德国学者总结：唯有迟延(*mora*)是罗马法给付障碍中具有技术意义的概念，而其他契约义务个案均未系统化，只能归入所谓不履行或瑕疵履行的范畴(Nicht- und Schlechterfüllung)。[5] 若勉强寻找一条线索的话，几乎所有涉及附随义务的案例都包含了一个共同点，即过错要素。但罗马法上的过错不应仅理解为主观上的过错，即所谓故意(*dolus*)或过失(*culpa*)的主观状态，而应理解为兼有客观侵害行为的责任要件(Haftungstatbestand)，[6] 即故意

---

〔1〕 Vgl. Friedhelm Harting, Die „positiven Vertragsverletzungen" in der neueren deutschen Privatrechtsgeschichte, 1967, S. 21.

〔2〕 Vgl. Max Kaser, Das Römische Privatrecht, Bd. 1, 1955, S. 406; Ludwig Keller, Der Römische Zivilprozess, 6. Aufl. 1966, S. 297 – 298.

〔3〕 Vgl. Heinrich Honsell, Römisches Recht, 7. Aufl. 2010, S. 86.

〔4〕 该术语在拉丁语层面有两种理解方式：一是在其情形下的利益；二是两者相差的利益。之所以出现此种歧义，源于拉丁语词根"*inter-*"的不同解释。其既有"在……之间"的含义，也有"在……之上"的含义。德国学界早期采二者差额的翻译，源于蒙森债法中的差额说(Differenztheorie)，即将受害人的损害认为合同被履行的可得利益与现有利益的差额，以此倒推罗马法上"*id quod interest*"的含义。但后续德国法律史学界意识到，该理解并不符合罗马法原貌。该术语实为诚信诉讼中，法院依据受害人的现实利益状态作出的评价。Vgl. Dieter Medicus, Id Quod Interest, 1962, S. 2.

〔5〕 Vgl. Friedhelm Harting, Die „positiven Vertragsverletzungen" in der neueren deutschen Privatrechtsgeschichte, 1967, S. 22.

〔6〕 Vgl. Friedhelm Harting, Die „positiven Vertragsverletzungen" in der neueren deutschen Privatrechtsgeschichte, 1967, S. 21.

或过失心态下的作为或不作为侵害。[1] 针对不同的过错要素，在损害赔偿中表现出不同的认定标准和义务范围。

在考察过错要素与附随义务的关系时，另有两个方面须考虑：一是严法诉讼与诚信诉讼对过错的不同要求，对应了不同的责任范围；二是各类给付障碍情形对过错的要求也不同，从而对应不同的责任范围。[2] 故本书将过错要素放入给付不能、给付迟延及给付瑕疵三个类型，同时兼顾严法诉讼至诚信诉讼的变化，考察其与附随义务的具体关系。

二、给付不能情形下的过错与附随义务

给付障碍的第一种情形是给付不能。在罗马法上，要让买卖中的标的物转让纠纷在严法诉讼中解决，需将其转化为既有的程式语言，即特定物给付之诉（Klage auf certam rem dare）。[3] 该程式适用的前提，即原告提出一个给付确定物的请求。故最大的问题是标的物已灭失损毁或为法律禁止交易，无法套用程式。该情形即属于给付不能的范畴。罗马法规定，给付不能的事由具有“给付不能不成债”（*impossbilium nulla obligatio*）的效果。[4] 该法谚是对要式口约（*stipulatio*）相关规则的概括。如盖尤斯（Gaius）所述：在以要式口约约定的买卖中，将自由人当成奴隶，将死亡奴隶当成活的奴隶，或将神圣地、神栖地作为私人土地买卖等，均构成无效口约（*inutilis stipulatio*）。[5] 由此可得严法诉讼下给付不能的一般规则：第一，原则上给付不能构成免责事由；出现给付不能的一方无须承担契约义务，契约关系也同时消灭。第二，给付不能的概念有严格限制，一

---

〔1〕 该分类受哈丁就罗马法上过错要素的阐述及史韬布（Hermann Staub）《积极违约》一文的启发。史韬布将合同侵害的给付行为分为三类，即积极行为侵害、不作为侵害及虽履行给付但构成瑕疵三种情况。就附随义务，因涉及的是当事人固有的人身、财产利益，则不存在所谓瑕疵情形，表现为故意或过失心态下的作为或不作为侵害。Vgl. Friedhelm Harting, Die „positiven Vertragsverletzungen“ in der neueren deutschen Privatrechtsgeschichte, 1967, S. 21; Hermann Staub, Die positiven Vertragsverletzungen, 1969, S. 93.

〔2〕 Vgl. Friedhelm Harting, Die „positiven Vertragsverletzungen“ in der neueren deutschen Privatrechtsgeschichte, 1967, S. 13.

〔3〕 Vgl. Max Kaser, Quanti ea res est, 1935, S. 86–87.

〔4〕 Vgl. D. 50. 17. 185. 该原则见于有关要式口约的规定，适用于严法诉讼。

〔5〕 Vgl. Gai. 3, 97.

是仅指客观、绝对不能；[1]二是债务人须对此没有过错。若存在过错，因债务人原因促成给付不能，则构成对免责结果的否定。

(一)“债务持续”与过错

在此基础上，罗马法学家发明了一项名为“债务持续”(*perpetuatio obligationis*)的拟制，即将原有契约关系(此处亦即标的物)视为继续存在，要求被告承担责任。但动用该拟制的前提是债务人有过错。如D.45.1.91.3中保罗(Paulus)所述：若债务人存在过错，债务即持续存在(*quotiens culpa intervenit debitoris, perpetuari obligationem*)。[2] 但就过错具体形式，所指不明。相关文献进一步表明：对于不同的过错形态(故意或过失)，其引发结果也相应不同。

《保罗观点》(*Pauli Sententiae*)载有一段关于积极行为造成给付不能的论述：

Pauli Sententiae 5.7.4	《保罗观点》5.7.4
Cum facto promissoris res in stipulatum deducta intercidit, perinde agi ex stipulatu potest, ac si ea res extaret.[3]	只要要式口约的标的物灭失因允诺人故意的行为造成，那么对方就可提起要式口约之诉，如同标的物依然存在一样。

按其字面含义，应理解为：只要要式口约的标的物，因允诺人的行为(*facto promissoris*)灭失，则标的物就如同依然存在一样，进而对方可提起要式口约之诉。关键是如何理解“*facto promissoris*”的含义？此处，“*facto*”是“*factum*”的夺格(Ablativ)，本意为“以……行为”。但在此语境下的含义需要联系要式口约对故意的要求来理解。在该诉中，只有一方因明确意识到的行为(bewusstes Handeln)所造成的给付不能才会承担责任，故“*facto*”应解读为故意行为。由此

---

〔1〕 所谓客观，是指给付不能非由债务人本人造成，包括了自然原因与法律原因：前者如盖尤斯所称奴隶死亡；后者如买卖自由人、神圣地等。所谓绝对不能，是指该障碍对所有人都构成给付不能，而非仅就债务人一人成立。典型例子是卖方以要式口约出卖为他人所有的奴隶，该口约依然有效。Vgl. D. 19.1.55; Max Kaser, Das Römische Privatrecht, Bd.1, 1955, S.411-412.

〔2〕 Vgl. D.45.1.91.3.

〔3〕 Pauli Sententiae 5.7.4.

可见,债务人的故意是否定债务免责效果的前提。但鉴于该片段为后人摘编集成,证明力稍显不足,可进一步参考 D. 45. 1. 91 pr. 中的论述:

D. 45. 1. 91 pr.

Paulus 17 ad Plautium

Si servum stipulatus fuero et nulla mora intercedente servus decesserit: si quidem occidat eum promissor, expeditum est. sin autem neglegat infirmum, an teneri debeat promissor, considerantibus, utrum, quemadmodum in vindicatione hominis, si neglectus a possessore fuerit, culpae huius nomine tenetur possessor, ita et cum dari promisit, an culpa, quod ad stipulationem attinet, in faciendo accipienda sit, non in non faciendo? quod magis probandum est, quia qui dari promisit, ad dandum, non faciendum tenetur.[1]

D. 45. 1. 91 pr.

保罗:《致波拉提乌斯》(第17卷)

就一名奴隶达成一项要式口约,在导致迟延的问题发生前,奴隶死了,若允诺人杀死了他,该口约就是可诉的。但若允诺人只是在奴隶生病时对其有所忽视,那么允诺人的责任就取决于,允诺人是否应被视为承诺交付的奴隶占有人,正如就奴隶的请求原物返还情形下,占有人应对其忽视奴隶的行径负责;或者取决于要式口约中的疏忽应被限定于作为,而非不作为。后一种观点应更为妥当,因承诺交付者并非对做,而是对给,负有责任。

该片段讨论了如下问题,即以要式口约约定的某个奴隶买卖中,奴隶在未发生迟延的情形下死亡,允诺人是否应承担责任?保罗区分了两种情形:(1)若允诺人自己杀死了奴隶,则债的效力不受影响(*expeditum est*),即他仍要承担责任;(2)若允诺人忽视(*neglegat*)奴隶生病而导致其死亡,是否应承担责任?抑或他的过错(*culpa*)[2]应限于积极作为,而不包括不作为?保罗持后一种意见,

---

〔1〕 D. 45. 1. 91 pr.

〔2〕 此处,"*culpa*"的含义并不是狭义的过失,而是广义上的过错,包括故意的情形。

即忽视奴隶健康状况的行为不足以构成拟制，因买卖奴隶的要式口约以转移标的物权利为内容，允诺人应对权利转移负责，而不应就行为负责（*quia qui dari promisit*, *ad dandum*, *non faciendum tenetur*）。保罗的逻辑须结合严法诉讼理解：要式口约人的义务是实现奴隶所有权转让的结果，而非实施某个具体行为。而忽视奴隶生病，只是过失状态下对标的物的不作为侵害，并不影响履行交付奴隶的义务，故侵害造成的损害并不在程式保护范围内。[1] 由此可知，若要否定给付不能的免责效果，一般须故意充当过错。

（二）“债务持续”与附随义务

接下来的问题是：若动用“债务持续”，责任是否会触及附随义务的对应利益？该拟制形式上重新创造了一个符合诉讼要求的给付标的；实质上则恢复了因丧失给付可能而破坏的债务关系，回归特定物给付之诉，给予原告与标的物价值匹配的赔偿。故就过错造成的给付不能，赔偿即原物价值。[2] 换言之，受制于严法诉讼的性质，附随义务并无出现的余地。正如 D. 45. 1. 91 pr. 中保罗所暗示，过失造成的给付不能之所以免责，恰是因为其对应的义务是某个具体行为，而非程式所要求的标的物交付结果，并不保护侵害本身所产生的损害。

但也有学者认为，在过错支配下，“债务持续”所回复的利益似乎超过原有给付义务，涉及一项被遮蔽的附随义务，即允诺人积极防止给付不能的义务。[3] 但这并非通常意义上的附随义务概念。其并不独立于给付义务存在，故并不提供给付目的之外的其他合同利益。正因如此，即便承认其存在，但在赔偿责任中也没有与之对应的利益。究其本质，更接近为克服程式严苛性所依据的公平（*aequitas*）观念。同时应指出，在严法诉讼中，过错要素并不直接影响赔偿范围。由于严法诉讼的性质，责任范围仅及于标的物实际价值，并未触及对契约双方利益的考量。

（三）诚信诉讼中的给付不能与缔约阶段的行为义务

诚信诉讼中，虽仍有给付不能的现象，但其功能因诚实信用的介入而发生根本改变。由于不再局限于某项特定给付，责任就突破了给付本身；即便无法给

〔1〕 Vgl. Jan Harke, Mora debitoris und mora creditoris im klassischen römischen Recht, 2005, S. 11.

〔2〕 Vgl. Max Kaser, Quanti ea res est, 1935, S. 92.

〔3〕 Vgl. Jan Harke, Römisches Recht, 2. Aufl. 2016, § 7 Rn. 17.

付，契约双方基于信赖仍受债务关系约束。[1] 故给付不能无法自动消灭债务关系，同时丧失免责功能。"债务持续"也就失去了存在的必要。

但买卖契约是个例外，"给付不能不成债"的规定某种程度上得到沿用。相应表述为，"若无可买卖之物，契约对买卖双方皆无效"（*nec emptio nec venditio sine re quae veneat potest intellegi*）。[2] 典型例子如买卖不存在的物、禁止交易的物及已为买方所有之物等。但该特例之所以出现，是因罗马法买卖契约特有的让与特性（Veräußerungscharakter），即契约一经订立，标的物在经济意义上就归买方所有。[3] 故标的物灭失，并非因给付不能，而是因让与不能，才使契约无效。而如何判定责任范围，则需考察过错对造成给付不能扮演何种角色。

第一种情形是买卖已为买方所有之物。此情形下，无论买方知情或不知情，契约一律无效，买方有权请求返还价款。[4] 过错不发生作用，亦不产生其他责任。

第二种情形是买卖不存在的物，即契约订立前，标的物已灭失、损毁。[5] 此情形下，卖方过错对责任范围有何影响？D. 18. 1. 57 中，保罗作了回答。主要涉及两个段落的文献：

D. 18. 1. 57 pr.

Paulus 5 ad plautium

Domum emi, cum eam et ego et venditor combustam ignoraremus. nerva sabinus cassius nihil venisse, quamvis area maneat, pecuniamque

D. 18. 1. 57 pr.

保罗《论普拉兹》（第5卷）

我购买了一所房屋，我和出卖人均不知它已被烧毁。内尔瓦、萨宾和卡西认为，即使房基地仍然存在，买卖的标的物已不存

---

〔1〕 Vgl. Jan Harke, Römisches Recht, 2. Aufl. 2016, §7 Rn. 20.

〔2〕 Vgl. D. 18. 1. 8 pr.

〔3〕 诚信诉讼中的买卖契约具有两个特殊性：（1）买卖契约不能单纯理解为现代民法上的负担行为，其同时具有处分行为的功能，即实现标的物转让（Veräußerung）；（2）这种转让也并非现代民法上严格的标的物所有权转移，而是指双方对标的物的支配地位经契约签订而发生改变，并不需要具体的交付行为（Übergabe）加以确认，即在契约订立后，标的物在经济意义上已进入买方的财产范围。故在诚信诉讼下，虽然标的物灭失造成的给付不能并不影响债的效力，但阻却了买方支配标的物的可能性，故在外观上依然导致了契约无效的结果。Vgl. Jan Harke, Römisches Recht, 2. Aufl. 2016, §8 Rn. 2.

〔4〕 Vgl. D. 18. 1. 16 pr.

〔5〕 Vgl. D. 18. 1. 15 pr.

solutam condici posse aiunt. sed si pars domus maneret, neratius ait hac quaestione multum interesse, quanta pars domus incendio consumpta permaneat, ut, si quidem amplior domus pars exusta est, non compellatur emptor perficere emptionem, sed etiam quod forte solutum ab eo est repetet: sin vero vel dimidia pars vel minor quam dimidia exusta fuerit, tunc coartandus est emptor venditionem adimplere aestimatione viri boni arbitratu habita, ut, quod ex pretio propter incendium decrescere fuerit inventum, ab huius praestatione liberetur.

在了,因此买受人可以请求返还已支付的价款。但是,如果房屋的一部分得以保留,内拉兹认为,在这个问题上,搞清遭受火灾的房屋是否有大部分保留是至关重要的。如果房屋的大部分已被烧毁,买受人不应被强制完成购买行为,相反,他可以请求返还可能已经支付的价款;但是,如果该房屋只有一半或者更小的部分被烧毁,则买受人应被强制完成购买行为:使一名公正的人士对房屋的状况进行评估,对因火灾而使房屋价值减少的部分,买受人可以免除给付义务。

D.18.1.57.1

Paulus 5 ad plautium

Sin autem venditor quidem sciebat domum esse exustam, emptor autem ignorabat, nullam venditionem stare, si tota domus ante venditionem exusta sit: si vero quantacumque pars aedificii remaneat, et stare venditionem et venditorem emptori quod interest restituere.

D.18.1.57.1

保罗《论普拉兹》(第5卷)

但是,如果出卖人知道房屋遭受了火灾,而买受人对此毫不知情,且在买卖发生之前,整所房屋都已被烧毁,那么根本不成立任何买卖。然而,如果房屋的任何部分得以保留,则买卖成立。同时,出卖人应就买受人的应得利益负责。[1]

---

〔1〕 中文译文参见[古罗马]优士丁尼:《学说汇纂:买卖契约》(第18卷),刘家安译,中国政法大学出版社2001年版,第61~62页。

从上述引文可知：如果双方就焚毁的房屋达成买卖契约，在双方均不知房屋焚毁的情形下，契约无效，买方可请求返还已付钱款。[1] 而在卖方明知，买方不知的情形下，契约同样无效，买方可请求返还钱款，卖方并不承担额外责任。但如果卖方明知房屋只有小部分焚毁，契约继续有效；卖方应承担买方损失（*quod interest restituere*）。[2] 可见，就自始不能，过错对卖方责任并无影响。卖方明知房屋灭失而签订契约，属于故意心态下的积极侵害行为。但该行为与契约效力无关，因房屋自始灭失是绝对、客观的给付不能，已构成契约无效及卖方免责。故返还责任并非基于契约，而是对无义务给付（*indebitum solutum*）的请求返还之诉。[3] 而房屋小部分焚毁并不构成标的物的完全灭失，故契约依然成立。此情形下，卖方故意则表现为以蓄意欺骗的方式提供了瑕疵标的物，故应承担相应的责任。

第三种情形是买卖禁止交易的物，如自由人、神圣地或神栖地等。[4] 就此类情形，规则在各时期并不统一。古典时期主流观点认为，只要买方不明知标的物是禁止交易物（如买卖自由人），则契约视为有效。[5] 乌尔比安（Ulpianus）则表达了不同观点：

D. 11. 7. 8. 1	D. 11. 7. 8. 1
Ulpianus 25 ad edictum	乌尔比安《论告示》（第 25 卷）
Si locus religiosus pro puro venisse dicetur, praetor in factum actionem in eum dat ei ad quem ea res pertinet: quae actio et in heredem competit, cum quasi ex empto	如果一块神圣地被当成一块普通土地买卖，那么裁判官应当给予买方以事实诉讼向卖方起诉的权利。这一诉讼也适用于买方的继承人，因该诉类似于一项买

〔1〕 Vgl. D. 18. 1. 57 pr.

〔2〕 Vgl. D. 18. 1. 57. 1.

〔3〕 Vgl. Max Kaser, Das Römische Privatrecht, Bd. 1, 1955, S. 498.

〔4〕 Vgl. Christian Wollschläger, Die Entstehung der Unmöglichkeitslehre: Zur Dogmengeschichte des Rechts der Leistungsstörungen, 1970, S. 12 – 13.

〔5〕 Vgl. D. 18. 1. 4.

actionem contineat.[1]	物之诉。

D.11.7.8.1 中的引语包含了两层含义：第一层含义是，若买卖标的物为神圣地，契约自当无效；第二层含义是，裁判官并非不提供救济措施，而应给予买方提起事实诉讼(*actio in factum*)的权利。但事实诉讼究竟是何种性质？可能的解释是构成合同诉讼，或侵权诉讼，或一项特别的诉讼。后半句话则给出了乌尔比安较有明确倾向性的意见，即该诉讼可适用于买方的继承人，因该诉类似于(*quasi*)一项买物之诉(*actio ex empto*)。罗马法上的继承是典型的概括继承(*per universitatem*)，可以确定，买方的继承人取得的是其债权。[2] 但究竟是何种债权，仍需定性。乌尔比安将事实诉讼理解为诚信契约意义上的合同诉讼。但他的学生莫德斯丁(Modestinus)却有不同的观点，其记录在 D. 18. 1. 62. 1 当中：

D. 18. 1. 62. 1	D. 18. 1. 62. 1
Modestinus 5 regularum	莫德斯丁《论规则》(第 5 卷)
Qui nesciens loca sacra vel religiosa vel publica pro privatis comparavit, licet emptio non teneat, ex empto tamen adversus venditorem experietur, ut consequatur quod interfuit eius, ne deciperetur.[3]	如果由于不知情，某人将神圣地、神栖地或公共地当作私产而购买，则尽管买卖不成立，买受人仍可以对出卖人行使购买权的诉权，以获得如果他不上当，即可获得的利益。

根据以上原文片段，可知莫德斯丁基本同意契约无效的观点，但认为卖方应依据买物之诉，赔偿买方在不受欺骗情形下所拥有的利益(*quod interfuit eius ne deciperetur*)。莫德斯丁的观点有两处关键点：

---

〔1〕 D. 11. 7. 8. 1.

〔2〕 Vgl. Gai. 2, 97.

〔3〕 D. 18. 1. 62. 1.

其一，尽管合同无效，但给予了买方以合同诉讼主张权利的救济。按照现代民法的理解，合同无效情形下即无合同关系，但为何以合同诉讼直接救济？相比之下，乌尔比安尽管认为，事实诉讼具有类似于买物之诉的性质，但仍保留了两者之间的形式区别。而莫德斯丁则将这层窗户纸捅破，将合同诉讼直接延伸至缔约失败的场景中。

其二，明确了该诉讼所给予的利益，即假想了买方不受欺骗的场景下，其可能获得的利益。但该利益究竟如何计算，并未明确。可能的答案有如下三种：一是因为受到卖方欺骗，买方所遭受的现实损失（如支付的费用）；二是买方因信赖可以缔约成功，其丧失的可能与他人缔约的机会成本；三是没有履行合同，其丧失的如果履行合同，可以获得的利益。依据上述文字，无法对该问题给出明确的答案。而值得注意的是，优士丁尼编纂《民法大全》时吸收了该观点，并提供了更多的信息。

Inst. 3. 23. 5	优士丁尼《法学阶梯》3. 23. 5
Loca sacra vel religiosa, item publica, veluti forum basilicam, frustra quis sciens emit, quas tamen si pro privatis vel profanis deceptus a venditore emerit, habebit actionem ex empto, quod non habere ei liceat, ut consequatur, quod sua interest deceptum eum non esse. idem iuris est, si hominem liberum pro servo emerit.[1]	如果某人购买了神圣地或安魂地，甚至公共地，如集议场、教堂，他明知购买无效，但他被出卖人欺骗，把它们作为私人地方或者俗地做了购买，那么他享有买物之诉，虽然不允许他拥有该物，但他将获得如果未受欺骗将获得的利益之价值。同样的规则也适用于把自由人当成奴隶购买的情况。[2]

〔1〕 Inst. 3. 23. 5.

〔2〕 以上翻译参见［古罗马］优士丁尼：《法学阶梯》，徐国栋译，中国政法大学出版社 2000 年版，第 387 页。

由上述原文可知，优士丁尼的《法学阶梯》(*Institutiones*)认为：当买方明知买卖标的物是禁止交易物时，契约无效(*frustra quis sciens emit*)。该规则保留了乌尔比安以来的传统。关键是后半句的理解，即当买方不知情而被卖方欺骗时，其虽不被允许获得该物，但仍可依据买物之诉主张卖方承担其在不受欺骗情形下的利益(*quod sua interest deceptum non esse*)。问题是为何买方一方面不能获得该物，但另一方面又能主张买物之诉？难道是买方依据买物之诉不能要求卖方履行转让土地的义务？非也。"不允许获得该物"(*quod non habere ei liceat*)的表述清楚表明了买卖神圣地、安魂地或公共地违反罗马人的公序良俗，亦为法律所禁止，故评价为无效合同。但就此无效合同，仍可以买物之诉加以救济。其效果与莫德斯丁的观点相同。

综上所述，罗马法上对此类给付不能的认识经过了诸多反复。要理解这种反复，需对比标的物灭失的情形。禁止交易物虽为给付不能，但在物理上是可交付的，只是转让权利受限。故对给付可能性的评价，实际上转化为对买方利益是否应突破法律限制而给予保护的评价。由此，买方明知标的物不可交易，成为重要因素：若买方明知，则买卖双方成为违背诚实信用的共谋，契约无效；若买方不知，即受骗情形下，其利益仍需保护。

但实现手段经历了几个节点的变化：一是罗马法早期认定契约有效，给予买方买物之诉；二是乌尔比安时，转向认定无效，给予事实诉讼；三是莫德斯丁后，同意无效，但仍给予买物之诉。对诉讼的变更暗示了买方利益定性的改变。早期罗马法判定契约成立，买方利益应为契约履行利益。但乌尔比安将其认定无效后，就和契约利益脱钩。事实诉讼的适用前提是该事实在裁判官告示中找不到任何可套用的程式，从而依据案件事实生造出一份程式以供救济。[1] 故在乌尔比安看来，买方此处的利益是当时罗马法既有程式未包含的内容。但莫德斯丁又将其纳入买物之诉的范围，并确定为买方不受骗情形下的利益。

由此产生如下问题，即契约无效情形下，为何仍可主张买物之诉？罗马法文献中并无直接材料佐证，该问题直到 19 世纪仍为德国法学家争论，催生了蒙森的自始不能学说及耶林的缔约过失理论。蒙森认为，买物之诉实为欺诈之诉

---

〔1〕 Vgl. Max Kaser, Das römische Zivilprozessrecht, 1966, S. 253.

(*actio de dolo*)的替代。[1] 故卖方出于故意或重大过失(*culpa lata*)欺骗买方的行为与买方损失间构成直接的因果关系,产生侵权责任。[2] 而之所以用买物之诉替代,仅因其作为诚信诉讼的救济方式,更为罗马人熟悉。[3] 相反,耶林则认为采用买物之诉,是出于契约诉讼的类推适用。卖方过错不体现为故意,而是未告知买方标的物真实属性的过失。[4] 而契约尽管无效,双方仍受到原契约关系的约束,即卖方虽无给付义务,但仍须赔偿买方因受骗而签订契约所受的损失。[5] 抛开分歧,两人都注意到:罗马法上卖方在缔约过程中负有告知买方标的物禁止交易性质的义务。该义务有别于买卖行为本身,故应为独立于给付外的行为义务。违反该义务,即产生损害赔偿责任。但罗马法究竟对这类义务如何定性,须考察完剩余给付障碍类型后,在契约整体义务的层面做更深入的探讨。

三、给付迟延情形下的过错与附随义务

给付障碍的第二种情形是迟延,即债务人在债务届期(在约定期限内或债权人催告后)后未及时给付。[6] 罗马法上可归责的迟延概念本就包含了过错要素,即《学说汇纂》(*Digesta*)中所谓的"是否免责,取决于本人"(*per eum stare, quo minus solvatur*)。[7] 就买卖契约而言,给付迟延处理的问题有两个:一是迟延对给付造成的影响;二是迟延本身产生的损害。[8] 有意思的是,罗马法关于迟延的规则从严法诉讼至诚信诉讼并未发生太大改变,但因在不同诉讼内适用,而导致不同的结果。另因本书主题是附随义务,而只有供货方的迟延才可能出

---

〔1〕 Vgl. Friedrich Mommsen, Unmöglichkeit der Leistung in ihrem Einfluss auf obligatorische Verhältnisse, 1853, S. 122 – 125.

〔2〕 19 世纪德国法学将过错细分为故意、重大过失与轻过失(*culpa levis*)三个类别。蒙森认为,前两者的法律效果相同。Vgl. Friedrich Mommsen, Die Haftung der Contrahenten bei der Abschließung von Schuldverträgen, 1879, S. 196.

〔3〕 Vgl. Friedrich Mommsen, Unmöglichkeit der Leistung in ihrem Einfluss auf obligatorische Verhältnisse, 1853, S. 122 – 125.

〔4〕 Vgl. Rudolf von Jhering, Culpa in contrahendo, 1969, S. 13.

〔5〕 Vgl. Rudolf von Jhering, Culpa in contrahendo, 1969, S. 27 – 28.

〔6〕 Vgl. Jan Harke, Römisches Recht, 2. Aufl. 2016, § 7 Rn. 32 – 33.

〔7〕 Vgl. D. 50. 17. 63; D. 45. 1. 82. 2; Max Kaser, Das Römische Privatrecht, Bd. 1, 1955, S. 430.

〔8〕 Vgl. Franz Dorn, in: Historisch-kritischer Kommentar zum BGB, 2007, § 286 – 292 Rn. 6.

现标的物灭失或瑕疵的问题,故下文限于就卖方迟延进行考察。

(一)严法诉讼中的过错与责任范围

就特定物给付之诉,如标的物在迟延情形下灭失,处理办法是无论卖方过错存在与否,拟制"债务持续"追究其责任。如乌尔比安所述,在一个以要式口约订立的奴隶买卖契约中,若奴隶在允诺人给付迟延后死亡,即便允诺人对奴隶的死亡无过错,也应承担就如他活着一样的责任。[1] 问题是为何这项原本针对给付不能的拟制能运用于迟延?这是由于迟延发生后,风险由买方转移至卖方,因果关系已经满足,即若卖方及时履行,损害就不会发生。[2] 因此,卖方承担所谓的无条件风险责任(unbedingte Zufallshaftung),即便标的物灭失由不可抗力(*vis maior*)或债权人引起,其也无法免责。

那么,责任范围又应如何确定?据严法诉讼中给付标的特定的要求,赔偿范围限于标的物本身价值。但迟延情形下,由于给付时间变量加入,产生新问题,即要回复的究竟是何时的利益?罗马法的答案是迟延发生之时。D. 13. 3. 3 中,乌尔比安阐述了该原则:

D. 13. 3. 3	D. 13. 3. 3
Ulpianus 27 ad edictum	乌尔比安《论告示》(第 27 卷)
In hac actione si quaeratur, res quae petita est cuius temporis aestimationem recipiat, verius est, quod servius ait, condemnationis tempus spectandum: si vero desierit esse in rebus humanis, mortis tempus, sed en platei secundum celsum erit spec	该诉中,产生如下问题:请求物估价应以何时为准?赛尔维的观点更准确:应以判决之时为准。但若(奴隶)已不复存在,根据杰尔苏的观点,应以死亡之时为准,但应从广义上理解。实际上,不应以生命的最后时刻为准,否则

〔1〕 Vgl. D. 45. 1. 82. 1.

〔2〕 也有学者认为,应当将给付迟延视为破坏给付可能性的故意行为,从而违反了避免给付不能的附随义务。因而,在迟延中发生的标的物灭失,同故意灭失、损毁标的物的法律效果是相同的。Vgl. Jan Harke, Mora debitoris und mora creditoris im klassischen römischen Recht, 2005, S. 12.

tandum: non enim debet novissimum vitae tempus aestimari, ne ad exiguum pretium aestimatio redigatur in servo forte mortifere vulnerato. in utroque autem, si post moram deterior res facta sit, Marcellus scribit libro vicensimo habendam aestimationem, quanto deterior res facta sit: et ideo, si quis post moram servum eluscatum dederit, nec liberari eum: quare ad tempus morae in his erit reducenda aestimatio.[1]

一个因意外受伤死亡的奴隶之估价,将被减至非常低。在这两种情况下,履行迟延后物贬损,马尔切勒在第20卷写道:应对贬损进行估价。故此,某人在履行迟延后交付一眼失明的奴隶,他并不能从债中解脱。因此,在此等情形下,估价应以履行迟延开始之时为准。[2]

从以上原始文献可知,就确定标的物(奴隶)价值而言,一般原则是依据判决作出之时(*condemnationis tempus*)的价值计算。但就程式诉讼而言,争议标的,包括当事人之间进行的诉讼(*actio*)以及可能存在的抗辩(*exceptio*),通常在折算程序(*litis aestimatio*)之时就要完全确定。[3] 故如果标的物在诉讼期间并没有发生价值上的波动,则估价的确定时间实际上是争讼程序结束之时。但如果标的物价值在迟延中贬损,如引文中所说的情形,作为标的物的奴隶在迟延开始前还是身体健康的,而在迟延发生之后少了一只眼睛,那么就需要考虑自迟延发生到判决日之间的贬损价值。换言之,如果卖方在迟延中以刺伤的方式故意毁坏了奴隶眼睛,价值估算须回到迟延出现之时。标的物灭失也包含在价值贬损之内。[4]

由此可知,如此计算的初衷是避免买方因标的物灭失或贬损而遭受损失。

---

〔1〕 D. 13. 3. 3.

〔2〕 以上翻译参见[古罗马]优士丁尼:《学说汇纂:要求归还物的诉讼》(第13卷),张长绵译,中国政法大学出版社2016年版,第21页。

〔3〕 [德]马克斯·卡泽尔、[德]罗尔夫·克努特尔:《罗马私法》,田士永译,法律出版社2018年版,第806页。

〔4〕 Vgl. D. 13. 3. 3.

但该计算方式与“债务持续”综合作用，引发了如下额外结果，即通过拟制回复的是没有迟延发生的买卖关系，其包含的利益是从契约订立到迟延发生之前的标的物价值，而迟延后的价值变化一概不在考虑之列。由此，可产生如下两个推论：一是排除标的物可能产生的收益，如买方本应享有该物的孳息或继续买卖该物产生的盈利等；二是排除了卖方的其他责任，其中即包括因附随义务的违反而产生的相应损害。如果卖方未就标的物发生贬损尽到告知或提示义务，即可能额外损害买方原有的财产或人身利益。举例而言，关于一头牲畜的买卖中，在迟延期间，牲畜感染疾病，而后导致买方本有的牲畜受到感染。但这些间接损失并不在裁判范围内。

（二）诚信诉讼中的过错与损害赔偿范围

就严法诉讼中的不特定物给付之诉，“债务持续”及估算标的物在迟延发生时价值的做法得以沿用。但给付价值的判定方式发生改变：裁判官按照“被告应当给付的所有利益”的标准，确定给付内容并裁量标的物价值（*quanti ea res est*）。到诚信诉讼，裁判官裁量余地更大，判断买方在迟延发生时拥有的利益，涵盖给付利益及迟延本身产生的损害。[1] 但利益范围多宽，是否覆盖附随义务？存有争议。

优先考虑的是 D. 19. 1. 1 pr. 中的一般规则：

D. 19. 1. 1 pr.	D. 19. 1. 1 pr.
Ulpianus 28 ad Sabinum	乌尔比安《致萨宾》（第 28 卷）
Si res vendita non tradatur, in id quod interest agitur, hoc est quod rem habere interest emptoris: hoc autem interdum pretium egreditur, si pluris interest, quam res valet vel	如果某物被卖，但未被交付，则诉讼可以及于买方拥有该物的利益。一些情形下，其数额超过合同价款，即其利益高于标的物的价值或为其支付的价格。

[1] Vgl. Jan Harke, Mora debitoris und mora creditoris im klassischen römischen Recht, 2005, S. 33.

empta est.[1]

由上述文字可知,若标的物尚未交付,则买方可主张其拥有该物的利益(*quod rem habere interest emptoris*);[2]若买方在此情形所有之利益高于标的物实际利益或买卖价格(*pluris interest, quam res valet vel empta est*),该利益可超过标的物的市场价格。根据德国学者哈贝尔(Ernst Rabel)的研究,罗马法判断买卖契约中标的物的价值时,遵循"抽象损害计算原则"(*abstrakte Schadensberechnung*),即以标的物的市场价格为准,而不以双方当事人在契约中约定的具体价格为参考,同时也不考虑标的物在转卖时是否会获得更高的价格。[3] 但何谓拥有该物的利益?是否仅指买方获得标的物的所有权,或也包括准时拥有该物的利益?一般认为,迟延落入该原则内,故买方因迟延而损失的利益也纳入其中。以现代损害赔偿法的理解,这部分利益不仅包括买方因迟延支付的费用,也包括因迟延造成的标的物瑕疵损害。[4] 但罗马法上的迟延是否涉及如此宽泛的责任范围,需联系其他条目分析。D. 19. 1. 21. 3 对一般规定进行了限缩。

D. 19. 1. 21. 3

Paulus 33 ad edictum

Cum per venditorem steterit, quo minus rem tradat, omnis utilitas emptoris in aestimationem venit, quae modo circa ipsam rem consistit: neque enim si potuit ex vino puta negotiari et lucrum facere, id aestimandum est, non magis quam si triti-

D. 19. 1. 21. 3

保罗《论告示》(第33卷)

若因卖方原因导致标的物未能交付,买方的所有收益,只要其与该标的物具有紧密关联,即应纳入计算。如果他原本可以完成一笔交易,从酒中获得收益,则该部分不应被计入,其数额不应高于若他买了麦子,但未交付,因而

[1] D. 19. 1. 1 pr.

[2] Vgl. D. 19. 1. 1 pr.

[3] Vgl. Heinrich Honsell, Quod Interest Im Bonae-Fidei-Iudicium, 1965, S. 3.

[4] Vgl. Brox/Walker, Allgemeines Schuldrecht, 39. Aufl. 2015, § 23 Rn. 30 ff.

cum emerit et ob eam rem, quod non sit traditum, familia eius fame laboraverit: nam pretium tritici, non servorum fame necatorum consequitur. nec maior fit obligatio, quod tardius agitur, quamvis crescat, si vinum hodie pluris sit, merito, quia sive datum esset, haberem emptor, sive non, quoniam saltem hodie dandum est quod iam olim dari oportuit.[1]	他的牲畜遭受饥饿所涉的利益;他收到的是庄稼的价款,而非饿死奴隶的价值。若一项债务开展缓慢,其价值就不应随意增加,即便酒可能在今天更值钱,因而债价值有所增加;因为如果酒已被交付,我就如同买方一样,将拥有它;而如果不,则应在过去被交付的酒,即应于现在交付。

此处保罗认为,如果标的物因卖方原因未交付(*quo minus rem tradat*),[2]须将买方所有利益(*omnis utilitas*)折算成赔偿,只要该利益涉及标的物本身。可见赔偿范围并非无远弗届,须围绕标的物本身利益(*utilitas circa ipsam rem*)。他假设了两类情形加以说明:一是粮食买卖契约中,买方奴隶因卖方未交付粮食遭受饥饿,则买方只能主张粮食价值,而非受饿奴隶的价值;二是买方用标的物(如酒)从事经营而获利,卖方义务也不应扩大。即便酒的市场价格增值导致获利,但诉讼为事后提起,不应包括所获利益。为论证以上结论,他引用了迟延案例进行佐证,即酒若迟延交付,赔偿范围也应有限:若标的物如期交付,买方本应所有该物;而当其迟延交付,卖方在诉讼之日应赔偿当时本该给付的价值(*quod iam olim dari oportuit*)。[3] 可见,诚信诉讼中虽不再运用"债务持续",但仍延续

---

〔1〕 D. 19. 1. 21. 3.

〔2〕 此处的"未交付"联系后文保罗所假设的三类情形判断,应作宽泛解释:既包括狭义上未履行交付义务,也包括未准时交付的情形,这样才能解释保罗为何使用酒迟延交付的情形来论证之前的两个推论。另查阅相关文献,该片段被普遍视为罗马法上说明迟延利益的规则,亦得益于欧洲中世纪民法学家对"围绕标的物本身利益"(*utilitas circa ipsam rem*)所作的进一步阐释。Vgl. Franz Dorn, in: Historisch-kritischer Kommentar zum BGB, 2007, § § 286 – 292 Rn. 10; Jan Harke, Römisches Recht, 2. Aufl. 2016, § 7 Rn. 36 – 37.

〔3〕 Vgl. D. 19. 1. 21. 3.

了对卖方迟延情形下的买方利益进行抽象计算的做法。[1]

综合两处引文,可以推断:迟延的赔偿范围大于标的物的自身价值或买卖价格,但不超过买方围绕标的物本身的利益。鉴于"债务持续"的运用排除了迟延后围绕标的物产生的收益或损害,故围绕标的物本身的利益即不考虑迟延情形时该物作为给付标的物具有的价值。因此,受饿奴隶的价值是没有迟延本可避免的损害,而酒的经营获利是没有迟延本可获得的收益,均不在赔偿范围。由此,附随义务所涉及的买方人身、财产利益作为迟延发生之后发生的利益损失,并不包括在裁量范围中。[2] 若标的物在迟延前已因瑕疵造成买方损失,则应归入瑕疵给付的情形。这点将在下文中展开研究。

四、瑕疵给付情形下的过错与附随义务

第三种给付障碍即瑕疵给付。对此,严法诉讼起初并无匹配程式。就卖方故意造成瑕疵给付而言,买方只能提起欺诈之诉。该诉针对恶意侵害(*dolus malus*)原告人身、财产的行为,责任范围即被侵害财产本身的同等价值,不涉及其他责任。[3] 直到尤利安(Julianus)时,严法诉讼才给予原告就瑕疵给付提起特定物给付之诉的权利。如 D. 46. 3. 33. 1 所述:如果一个人在要式口约中允诺转让一个奴隶,故意将其打伤,那么他必须受到判罚。[4] 可见,严法诉讼对瑕疵给付的处理同样强调债务人的故意要素。而具体办法仍是依靠"债务持续"复原一个没有瑕疵给付的债务关系,将原告请求设想为完整标的物的给付,如同瑕疵从未发生一样。[5] 因而,责任范围即填补买方本应拥有无瑕疵标的物的利益,亦即无瑕疵与有瑕疵标的物之间的价值差额。[6] 与给付不能和迟延的情形相同,由于"债务持续"的运用,同样无法将买方的额外损害纳入裁判。故附随义务的对应利益不受保护。

---

〔1〕 Vgl. Jan Harke, Mora debitoris und mora creditoris im klassischen römischen Recht, 2005, S. 35 - 36.

〔2〕 此处的附随义务并非指按时进行给付的义务,而是给付义务之外,对合同相对方的人身、财产进行保护、避免损害的行为义务。

〔3〕 Vgl. Max Kaser, Das Römische Privatrecht, Bd. 1, 1955, S. 524 - 525.

〔4〕 Vgl. D. 46. 3. 33. 1.

〔5〕 Vgl. Max Kaser, Quanti ea res est, 1935, S. 97.

〔6〕 Vgl. Max Kaser, Quanti ea res est, 1935, S. 99.

与之形成鲜明对比的是诚信诉讼。它得以抛开“债务持续”，直接在造成瑕疵的侵害行为和损害赔偿之间建立关联。须注意的是，买卖契约由于“风险归于买方”(*periculum emptoris*)的原则，风险分担在契约订立前后有重大不同。故瑕疵给付须分为标的物瑕疵与瑕疵履行讨论。前者为标的物在契约订立前已有的瑕疵，后者为契约订立后由卖方造成的瑕疵。标的物瑕疵按照中、德现行法的理解可归入缔约过失情形，但按照本书定义，亦属于缔约广义上附随义务的范畴，即合同交易过程中的行为义务。具体而言，其又可分为标的物品质的瑕疵，即物之瑕疵(Sachmangel)，及卖方就标的物所有权的瑕疵，即权利瑕疵(Rechtsmangel)。这两种瑕疵的规则来源不同，应作分别研究。

(一)物之瑕疵情形下的过错与附随义务

就卖方在物之瑕疵情形下的行为义务，罗马法上存在《市政官告示》(*aedilicium edictum*)与市民法的区别。该告示是罗马市政官就市场买卖交易给予的特别救济：买方无须证明卖方过错，只要后者未告知、展示标的物瑕疵，或就其品质做了保证(*promissum*)仍出现瑕疵，买方即可依据解约之诉(*actio redhibitoria*)解除契约，或依据减价之诉(*actio quanti minoris*)就标的物瑕疵主张减价。〔1〕

《市政官告示》针对奴隶、牲畜买卖，具有明显的商业纠纷特征。这决定了其程序简易，故不要求买方证明卖方存在过错。但该告示对卖方在买卖之外的行为义务(尤其是标的物瑕疵的告知义务)提出了明确要求。如 D. 21. 1. 1. 1 所述：出卖奴隶者须向买方公开、准确展示(*palam recte pronuntianto*)奴隶身患何种疾病，具有何种瑕疵，是否具有逃跑倾向或身负侵害责任。〔2〕 然而，联系该告示裁决结果简单的特点，解约或减价的判罚不涉及复杂的利益衡量：解约之诉仅牵涉返还给付标的，而减价之诉仅牵涉瑕疵标的物部分价款的退还。故卖方违反告知义务本身并未产生给付标的外的损害赔偿。因此，该告示对于卖方告知义务的规定更多是充当对其过错(或者违法性)进行评价的客观标准，并未对违反该义务造成的损害独立评估或计算。而达成该效果的，是市民法上的诚信诉讼。

〔1〕 Vgl. Max Kaser, Das Römische Privatrecht, Bd. 1, 1955, S. 466.

〔2〕 Vgl. D. 21. 1. 1. 1.

1. 过错要素与附随义务

关于诚信诉讼就物之瑕疵的处理方式，显著特征是区分积极作为与不作为侵害对赔偿范围的影响。典型例子是 D. 19. 1. 13 pr. 中尤利安的论述。

D. 19. 1. 13 pr.

Ulpianus 32 ad edictum

Iulianus libro quinto decimo inter eum, qui sciens quid aut ignorans vendidit, differentiam facit in condemnatione ex empto: ait enim, qui pecus morbosum aut tignum vitiosum vendidit, si quidem ignorans fecit, id tantum ex empto actione praestaturum, quanto minoris essem empturus, si id ita esse scissem: si vero sciens reticuit et emptorem decepit, omnia detrimenta, quae ex ea emptione emptor traxerit, praestaturum ei: sive igitur aedes vitio tigni corruerunt, aedium aestimationem, sive pecora contagione morbosi pecoris perierunt, quod interfuit idonea venisse erit praestandum.[1]

D. 19. 1. 13 pr.

乌尔比安《论告示》（第 32 卷）

尤利安在其《学说汇纂》的第 15 卷就买物之诉区分了知情与不知情的卖方。其认为，如果他在不明知情形下出卖一个病畜或者有问题的梁木，那么根据买物之诉，他应承担买方若对此知道，就会少支付的差额。但如果他知道，却对此沉默，由此欺骗了买方，他就应当承担买方因为这笔买卖所承担的所有损失。因此，如果一个房屋因为梁木的瑕疵倒塌，他就应赔偿良好房屋的整体价值；如果牲畜因为病畜的传染病遭受感染，他则需承担这一切没有发生情形下的利益。

从上文可知，尤利安认为，卖方提供生病的牲畜或有瑕疵的梁木给买方，须区分知情（*sciens*）、不知情（*ignorans*）。如果卖方明知标的物有缺陷而隐瞒

〔1〕 D. 19. 1. 13 pr.

或欺骗买方，需承担“由契约产生的所有损害”（*omnia detrimenta, quae ex ea emptione emptor traxerit*）；如果卖方不知情，则应承担买方若知道瑕疵，以较少价格就可获得的利益（*quanto minoris essem empturus*）。何谓“由契约产生的所有损害”？尤利安继续说明：如果房屋因梁木的瑕疵倒塌，卖方就应赔偿房屋的价值；如果其他牲畜遭到病畜传染，则卖方应承担“买方在该传染未发生情形下拥有的利益”（*quod interfuit idonea venisse erit praestandum*）。

此处知情与不知情造成的区别，并非单纯由卖方主观状态的差异引起，应联系附随于买卖行为的、对标的物瑕疵的告知义务（Aufklärungspflichten）加以理解：卖方明知瑕疵而向买方隐瞒或谎称瑕疵不存在，应理解为卖方故意以不作为的方式逃避告知义务；当卖方不知情时，则可理解为卖方于过失情形下（对瑕疵应当知道而未知）以不作为方式侵害对方契约利益。而告知义务引发的责任范围受过错影响：在过错呈现故意状态时，赔偿范围包括由合同产生的所有损害，即完好标的物具有的价值与买方支付价款间的差额及瑕疵标的物对买方原有财产（如房屋、牲畜）造成的损害，亦即现代德国法上的瑕疵后果责任（Mangelfolgeschaden）；[1]当过错呈现过失状态时，赔偿范围则局限于给付本身，即合同标的物的现实价值。

该案例中的原则也在多处得到印证：如 D. 18. 1. 45 中，尤利安和彭波尼（Pomponius）[2]讨论了将旧衣服当作新衣服买卖的案例。[3] 他们一致认为：若卖方不知标的物是旧衣服，则只要赔偿标的物本身的价值（*ipsius rei nomine teneri*）；若卖方知情，则需承担由此产生的损失（*damni quod ex eo contigit*）。[4]

---

〔1〕 梅迪库斯认为：此处所谓“一切损害”（*omnia detrimenta*）或者“在此情形下具有的利益”（*id quod interest*）实际上是有范围的，即仅限于该瑕疵标的物在买方个人财产范围内引起的所有损害；而不应将其等同于现代民法上的所谓利益概念，特别是履行利益（Erfüllungsinteresse）所包含的范围。Vgl. Dieter Medicus, Id Quod Interest, 1962, S. 139.

〔2〕 罗马古典时代盛期法学家，生活于哈德良（Hadrianus）至马可·奥勒留（Marcus Aurelius）时期。Vgl. Wolfgang Kunkel, Herkunft und soziale Stellung der römischen Juristen, 1967, S. 170 – 171.

〔3〕 Vgl. D. 18. 1. 45.

〔4〕 “由此产生”中的“由此”应当如何理解？梅迪库斯认为，类似“*etiam damni* (*nomine*) *quod ex eo contingit*”表示的语意并不明确，“*ex eo*”虽然不是指代从标的物（*res*）或从买卖契约（*emptio*），但是否指代瑕疵或者欺骗，从而拟制一个假设状态的财产状态，十分可疑。笔者认为，此处鉴于原文中只有一个从句结构，即“*si sciebat*”，“由此”在此处应解释为卖方明知瑕疵这个事实。Vgl. Dieter Medicus, Id Quod Interest, 1962, S. 139.

又如 D. 19. 1. 13. 1 中,乌尔比安就买卖有逃跑或盗窃倾向奴隶的案件做了讨论。[1] 他认为,若卖方故意出卖有逃跑倾向的奴隶,需承担买方在未受欺骗情形下拥有的利益(*quanti emptoris interfuit non decipi*)。该利益的具体范围在 D. 19. 1. 13. 2 中得以进一步明确,包括如该奴隶伙同其他奴隶逃跑,或他盗窃财物等在内的所有利益。而卖方在未知情形下,需承担买方如了解奴隶有此瑕疵,本可少支付的钱款。[2]

就过错要素与附随义务的关系,以上案例指向一致。但仍有问题值得讨论,即所谓"由契约产生的所有损害"、"由此(故意欺骗)产生的损失"及"买方在未受欺骗情形下拥有的利益"等表述所包含利益是否一致?或用现代民法语言来说,是否包含所谓契约履行的积极利益(positives interesse)?笔者认为,这并不足以得出该结论。正如德国学者梅迪库斯(Dieter Medicus)所分析:若按积极利益理解,至少还应包括买方可得利益的损失、多支付钱款的利息等,以上案例均未提及。[3] 但至少说明,就物之瑕疵,只要卖方有故意侵害契约的行为,赔偿范围则不限于标的物价值,而及于附随义务的对应利益,即瑕疵后果责任。

2. 瑕疵担保责任与附随义务

就物之瑕疵,除过错责任外还存在一种担保责任,即卖方无论过错与否,都要对标的物的品质瑕疵负责。但该责任在多大程度上独立于过错,界限并不明确。关键问题有三:一是卖方对标的物无瑕疵有无声明?二是该声明与过错关系为何?三是违反声明的责任范围有多大?

(1)声明与过错

D. 19. 1. 13. 3 中,乌尔比安就声明与过错的关系做了论述。

D. 19. 1. 13. 3	D. 19. 1. 13. 3
Ulpianus 32 *ad edictum*	乌尔比安《论告示》(第 32 卷)
Quid tamen si ignoravit quidem furem esse, adseveravit autem bonae	但如果他(卖方)不知道奴隶有盗窃倾向,却声明其具有良

[1] Vgl. D. 19. 1. 13. 1.
[2] Vgl. D. 19. 1. 13. 2.
[3] Vgl. Dieter Medicus, Id Quod Interest, 1962, S. 136.

frugi et fidum et caro vendidit? videamus, an ex empto teneatur. et putem teneri. atqui ignoravit: sed non debuit facile quae ignorabat adseverare. inter hunc igitur et qui scit praemonere debuit furem esse, hic non debuit facilis esse ad temerariam indicationem.[1]	好品行,且信赖可靠,他是否基于买物之诉负有责任?我认为他是有责任的。他的确不构成明知,但他不应轻率地声明他本不知道的东西。此人与明知但保持沉默的人之间并无显著差别。明知的人应就奴隶的盗窃倾向加以警示,而前者不应随意做出声明。

就一个买卖有盗窃倾向奴隶的案件,他认为,若卖方不知奴隶有盗窃倾向,但严肃声明(*adseverare*)其品行端正可靠,从而高价卖出,则应承担买物之诉的责任。虽然他不知该瑕疵,但不允许他对其不知的事项做出声明。乌尔比安进一步说道,明知瑕疵但故意隐瞒,与不知瑕疵但声明标的物品质,结果上并无重大差别。卖方若明知瑕疵,就须事先说明(*praemonere*);若不知瑕疵,则不应轻率地声明他本不知道的事情。[2] 乌尔比安之所以不同于尤利安对明知的强调,是因为有卖方对标的物品质的声明。D. 19. 1. 13 pr. 中,卖方未做声明,则契约责任受制于过错;而在他声明后,则将过错要素转嫁给声明行为,即乌尔比安所谓"轻率地声明他本不知道的事情"。故出现瑕疵给付时,不再审查履行过程中是否存在过错,此时故意或过失已无区分必要。因而,声明行为即等同于明知瑕疵但隐瞒的情形。

但 D. 19. 1. 6. 4 中彭波尼的论述又表明:在罗马法古典时代晚期,[3] 似乎出现进一步弱化声明的过错替代功能,将责任往无过错方向推进的倾向。

D. 19. 1. 6. 4	D. 19. 1. 6. 4
Pomponius 9 ad Sabinum	彭波尼《致萨宾》(第 9 卷)
... si vero non id actum sit, ut	然而,如果我们没有迫使你

〔1〕 D. 19. 1. 13. 3.

〔2〕 Vgl. D. 19. 1. 13. 3.

〔3〕 Vgl. Waldstein/Rainer, Römische Rechtsgeschichte, 11. Aufl. 2014, S. 294.

integrum praestes, dolum malum dumtaxat praestare te debere. labeo contra putat et illud solum observandum, ut, nisi in contrarium id actum sit, omnimodo integrum praestari debeat: et est verum. quod et in locatis doliis praestandum sabinum respondisse minicius refert.[1]	要对容器的完好无损负责,(一个法学家)会认为你应当仅对恶意情形负责。拉贝奥持相反的观点:唯一有效的规则是,在任何情形下,(卖方)都应当提供一个完好无损的容器,除非买卖双方另有约定。他的看法是正确的。米尼西乌斯转达了萨宾的意见,即上述标准亦适用于储物罐的出租情形。

此处,彭波尼就卖方提供瑕疵容器的问题,引述了拉贝奥(Labeo)的观点并表示赞同:有人认为,若契约双方未约定卖方必须提供一个完好无损的容器,则卖方只需在故意损坏容器的情形下负责;而拉贝奥则持反对意见,即若没有相反约定,则每个案件中卖方都有义务保证提供完好无损的容器。拉贝奥的观点可概括为:对标的物无瑕疵的担保义务在每个买卖契约默认情形下推定存在;同时,违反该义务并不以故意为必要。换言之,只要卖方提供瑕疵货物,就违反担保,既无须卖方事先声明,也无关过错,须承担责任。这或许不能表明罗马法已发展出类似于现代民法中瑕疵担保责任的观念,但至少说明在古典时代盛期,默认无关过错的瑕疵担保义务这一观点已得到主流法学家的支持。[2]

(2)声明与附随义务

那么,违反该义务涉及的责任范围有多宽?应区分有无声明及过错形态加以分析。如无声明,等同于由过错支配的情形。参考上文分析,即只有故意侵害(如欺骗)才将责任拓宽至附随义务的对应利益;至于过失情形,卖方只需赔偿标的物在无瑕疵状态下的价值。

而当卖方做了声明,规则则有所不同。D. 19. 1. 6. 4 中摘录了彭波尼的另一

[1] D. 19. 1. 6. 4.

[2] Vgl. Waldstein/Rainer, Römische Rechtsgeschichte, 11. Aufl. 2014, S. 295 – 296.

段论述。

D. 19. 1. 6. 4

Pomponius 9 ad Sabinum

Si vas aliquod mihi vendideris et dixeris certam mensuram capere vel certum pondus habere, ex empto tecum agam, si minus praestes. sed si vas mihi vendidieris ita, ut adfirmares integrum, si id integrum non sit, etiam id, quod eo nomine perdiderim, praestabis mihi...[1]

D. 19. 1. 6. 4

彭波尼《致萨宾》(第9卷)

如果你卖给我一个容器,说明其具有特定的容积或特定的重量,而最终的履行没达到上述规格,我可以买物之诉来起诉。但如果你卖给我一个容器,保证它完好无损,但实际上它存在缺陷,那么你就要对我的损失负责。

根据以上原文,彭波尼对比了两种情形:一是如果卖方只说明(*dicere*)容器具有一定的体积和重量,而最终提供的货物不满足该品质,则买方可提起买物之诉;二是如果卖方确认(*adfirmare*)该容器完好无损,就须承担买方因此损失的利益(*id quod eo nomine perdiderim*)。此处应尤其注意说明与声明(确认)的区别。彭波尼虽未指明,但从语句推断,他试图说明如果卖方做了声明,责任范围要大于一般情形下的瑕疵,覆盖所有买方因信任声明而丧失的利益。这一推论的依据在于:就标的物品质的说明并不构成保证,故判断责任应回到过错的一般规则,即卖方在不明知情形下提供瑕疵给付,应赔偿标的物价值。而对无瑕疵声明的违反,依据 D. 19. 1. 13. 3 中的观点,则视为故意替代,责任范围扩大至包括附随义务在内的利益损失。

(二)权利瑕疵与附随义务

1. 诚信诉讼之前的救济方式

权利瑕疵规则的发展之所以不同于物之瑕疵,是因为标的物所有权转让并非罗马法买卖契约的卖方义务。诚信诉讼之前,处理权利瑕疵的方式有两种:一是通

[1] D. 19. 1. 6. 4.

过“合法性保证之诉”(*actio auctoritatis*);二是以要式口约在契约外另作约定。

在罗马法买卖契约中,卖方义务不是转让标的物,而是为买方不受侵扰占有该物提供条件。[1] 故权利瑕疵的问题起初并非由买卖契约解决:就要式物(*res mancipi*)买卖而言,物的所有权转让依赖要式买卖(*mancipatio*),在某种程度上具有无因效果。[2] 而一旦出现权利瑕疵,买方可以依据基于要式买卖产生的“合法性保证之诉”得到救济。根据这一诉讼,若标的物不归卖方合法所有,致使买方受到权利人追夺(*evictio*),则买方可向卖方主张该标的物的双倍价值作为赔偿。[3]

就非要式物(*res nec mancipi*)买卖而言,双方可通过要式口约约定额外罚金。该约定有两种形式:一是以合法性保证之诉为模板,约定标的物的双倍价值为赔偿额度;二是约定赔偿买方标的物在无权利瑕疵情形下的价值(*stipulatio habere licere*)。而这两种情形都不要求卖方存在过错,即只要出现权利瑕疵,买方即可依据要式口约之诉,请求卖方给付利益。[4] 但该口约的赔偿价值如何判断并不明确,能确定的是要么买方取回已付钱款,要么由卖方赔偿买方丧失标的物的损失。但无论哪种情形,都不涉及标的物价值之外利益的赔偿,不覆盖附随义务的对应利益。[5]

2. 诚信诉讼中的救济方式

尤利安进一步改造了要式口约约定的做法。一方面,他将权利瑕疵的额外担保吸收为买卖契约中的一般义务,[6]避免买方或因要式口约失效无法得到救

---

[1] Vgl. Jan Harke, Römisches Recht, 2. Aufl. 2016 Rn. 14.

[2] 此处所称的要式买卖,含义已经脱离了罗马法早期“*mancipatio*”作为一种买卖契约的功能。在罗马法早期,要式买卖作为当场交易的主要形式,具有买卖契约和标的物转让的双重功能。但随着罗马帝国社会经济的复杂化,契约签订和标的物转让逐步分离,要式买卖变成了由法律形式主义确认的,但不依赖原因行为的物权处分。Vgl. Jan Harke, Römisches Recht, 2. Aufl. 2016, § 14 Rn. 21 ff.

[3] Vgl. Pauli Sententiae 2. 17. 3.

[4] Vgl. Jan Harke, Römisches Recht, 2. Aufl. 2016, § 8 Rn. 18 ff.

[5] Vgl. Dieter Medicus, Id Quod Interest, 1962, S. 50.

[6] D. 19. 1. 11. 18 充分展开了尤利安的观点。此处,乌尔比安试图讨论卖方的权利瑕疵担保究竟包含什么内容?早期罗马法学家认为,该担保效力及范围都源于卖方在要式口约中的允诺。卖方的两种允诺,即不得由本人(*per se*)与不得由任何人(*per omnes*)致使标的物有权利瑕疵之间,存在重大不同。若是前者,不用对第三人的追夺负责;若是后者,则对此也要负责。但尤利安认为,卖方仅表明其本人不会妨碍买方无瑕疵占有该物,也要承担第三人追夺的责任,甚至即便卖方在契约里明示约定对追夺不负责,也不能免责。可见,尤利安已将无权利瑕疵的担保视为买卖契约中默认存在,且适用于所有权利瑕疵的一般义务。Vgl. D. 19. 1. 11. 18.

济，或因原因竞合（*concursus causarum*）导致买卖契约关系消灭，口约落空。[1]由此，买方无须要式口约另行约定，可直接依据买物之诉，主张赔偿。

另一方面，他扩展了权利瑕疵的赔偿范围。赔偿不再限于回复买方拥有无瑕疵标的物的利益，而是涵盖其因此受到的损失。D. 19. 1. 30. 1 记录了尤利安的观点。

D. 19. 1. 30. 1

Africanus 8 quaestionum

Si sciens alienam rem ignoranti mihi vendideris, etiam priusquam evincatur utiliter me ex empto acturum putavit in id, quanti mea intersit meam esse factam: quamvis enim alioquin verum sit venditorem hactenus teneri, ut rem emptori habere liceat, non etiam ut eius faciat, quia tamen dolum malum abesse praestare debeat, teneri eum, qui sciens alienam, non suam ignoranti vendidit: id est maxime, si manumissuro vel pignori daturo vendiderit.[2]

D. 19. 1. 30. 1

安福利卡努斯《解答集》（第8卷）

如果你明知标的物属于他人，仍将其卖给我，而我并不知道此事，他（尤利安）认为，我在被他人追夺之前，均可通过买物之诉来主张该物已成为我之所有物的利益。尽管在通常情形下，卖方仅负有使买方和平地占有该物，而非获得其所有权的义务，但如果某人将属于他人的、而非其本人之物卖给不知情的买方，他仍然要负有责任；因为他负有避免故意侵害的义务，该规则尤其适用于将由买方释放或租赁的奴隶买卖中。

从上述片段中可知，尤利安的逻辑如下：如果卖方在明知情形下将他人之物卖与不知情的买方，在该物被第三人追夺前，买方就可提起买物之诉，主张其在

〔1〕 如买卖双方约定将卖方遗产中的一个奴隶卖与买方，而后买方得知该奴隶遗赠自己，买卖关系自然归于消灭。Vgl. D. 30. 84. 5.

〔2〕 D. 19. 1. 30. 1.

持有该物即所有该物情形下拥有的利益（*quanti mea intersit meam esse factam*）。尽管卖方确实只须负责买方不受侵扰占有该物（*ut rem emptori habere liceat*），而不用确保其获得所有权（*ut eius faciat*），但因其有义务避免故意侵害（*dolum malum abesse praestare*），故仍要承担责任。

由此可知：第一，赔偿范围的扩张不是无条件的，要求卖方故意。该故意并非卖方故意造成瑕疵，而是在明知瑕疵时蓄意侵害买方契约利益。这一要求在其他案例中得到印证。如 D. 19. 1. 1. 1 中，乌尔比安认为，在土地买卖中，卖方若明知土地的权利瑕疵（第三人拥有地役权）而未告诉买方，则负有买物之诉的责任。只要瑕疵存在且卖方明知，更确切地说，卖方基于瑕疵以违背善良风俗的方式行为（*improbato more versatus sit*），就应负责。[1]

这一观点同样受到莫德斯丁的赞同。他进一步提到：如果买方就权利瑕疵提起买物之诉，卖方不能以虽知道瑕疵但已经明示排除（*excepere*）抗辩，而只能以不知瑕疵而无法告知买方抗辩。[2] 换言之，只要卖方明知瑕疵存在，就有告知买方的义务；若是未知瑕疵的过失，则可免责。D. 19. 1. 13. 6 叙述了同样的原则。该案涉及标的物的税负瑕疵：卖方明知土地上负担多个城市的税款，但一方面在合同书上写明土地只负担一个城市的税款，另一方面又加入约定，若有相关罗马人税负、城市税款需给付，一律由买方负责。乌尔比安认为，卖方如此行为构成故意欺骗买方，应承担买物之诉中的责任。[3]

第二，尤利安就卖方明知权利瑕疵的情形，给予买方“在持有该物即所有该物情形下拥有的利益”，而该利益超过“不受侵扰占有该物”所包含的利益。后者实际上等同于买方为无瑕疵标的物所支付的价款。那么高于价款的利益是什么？是否涉及附随义务的对应利益？关键在于如何理解卖方获得标的物所有权与占有之间的区别。可以设想：当买方进一步转让（买卖、租赁）标的物时，唯拥有该物所有权，才能确保后续利益。但赔偿范围是否及于买方后续收益，并无文献材料可直接佐证。有学者认为，在故意要素参与下，责任范围除标的物价值外，还包括买方因此受到的间接损害，如 D. 19. 1. 30. 1 中买方因标的物被追夺

〔1〕 Vgl. D. 19. 1. 1. 1.

〔2〕 Vgl. D. 19. 1. 39.

〔3〕 Vgl. D. 19. 1. 13. 6.

而丧失释放奴隶或继续租赁标的物所带来的利益。[1] 细究原文，其实并未明示这种可能；即便假定该说法成立，牵涉的利益也应归入可得利益范畴，并不涉及违反给付义务外的其他行为义务产生的责任。

相比之下，梅迪库斯的分析更经得起推敲。他认为，要判定责任范围有如下难点：一是难以判定瑕疵带来的标的物权利不确定状态维持多久，即何时受到追夺；二是买方就标的物后续用途可能说谎，如谎称买奴隶是为了释放或租赁等。[2] 为避免这些问题，责任范围的确定必然不会依据由买方主观情况产生的利益，而只能依据第三人追夺对该物价值造成的贬损。例如，面临追夺风险的奴隶，价格显然低于一般奴隶；有地役权负担的土地，价格必然低于普通土地。因此，卖方赔偿应补足买方拥有无瑕疵标的物的差额价值，[3] 并不牵涉附随义务的对应利益。

（三）瑕疵履行与附随义务

1. 风险分配与过错要素

除标的物瑕疵外，还存在瑕疵履行的情形，即标的物在买卖契约签订时完好，但在履行中灭失或损毁，导致瑕疵给付。契约履行中的责任牵涉“危险归于买方”原则及卖方过错责任与看管责任（*custodia-Haftung*）间的平衡。D. 18. 6. 8 中载明：从买卖契约成立（*emptio perfecta*）之始，风险由买方承担。[4] 之所以有此规定，是因为罗马法上的买卖契约混同了负担和处分性质，进而契约一经成立，买方已成标的物在经济意义上的所有人，故对标的物可能发生的灭失或贬损负责，亦不得因此免除付款义务。[5] 但风险仅涉及不可归责于买卖双方的事由。如果卖方在履行过程中，因其过错导致标的物灭失或贬损，则仍须承担责任。此外，罗马法又发展出卖方看管责任，正如 D. 18. 6. 3 所述：“卖方在交付标的物前须负责看管标的物，就如同他借用该物一样（*hi quibus res commodata*

---

〔1〕 Vgl. Jan Harke, Römisches Recht, 2. Aufl. 2016, § 8 Rn. 21.

〔2〕 Vgl. Dieter Medicus, Id Quod Interest, 1962, S. 78.

〔3〕 Vgl. Dieter Medicus, Id Quod Interest, 1962, S. 79 – 80.

〔4〕 Vgl. D. 18. 6. 8.

〔5〕 Vgl. Martin Bauer, Periculum Emptoris: Eine dogmengeschichtliche Untersuchung zur Gefahrtragung beim Kauf, 1998, S. 62.

est)。"[1]看管责任指向合同客观责任,即使债务人无过错也需承担给付不能的责任。[2] 由此,三个原则之间形成竞争关系。履行过程中发生的标的物灭失或贬损,究竟应由谁承担责任?若由卖方承担,责任范围又有多大?需结合原始文献进一步分析。

D. 19. 1. 23 中记录了尤利安和马切罗(Marcellus)[3]就履行中标的物灭失的讨论。

D. 19. 1. 23	D. 19. 1. 23
Iulianus 13 Digestorum	尤利安《学说汇纂》(第13卷)
Si quis servum, quem cum peculio vendiderat, manumiserit, non solum peculii nomine, quod servus habuit tempore quo manumittebatur, sed et eorum, quae postea adquirit, tenetur et praeterea cavere debet, quidquid ex hereditate liberti ad eum pervenerit, restitutu iri. Marcellus notat: illa praestare venditor ex empto debet, quae haberet emptor, si homo manumissus non esset: non	如果一个人出卖一名奴隶连同其特有产,但随后又在交付前释放了他,他所承担的责任不仅限于奴隶在被释放时所拥有的特有产,而且包括他在释放后所得的利益;并且,他必须通过一项要式口约做出允诺:他从该被释放的奴隶处继承的任何财产均应被返还。马切罗作了补充:在买物之诉中,卖方应当提供如果奴隶没有被释放,买方本可获得的利

[1] D. 18. 6. 3.

[2] 须指出的是,看管责任指向合同客观责任,但并不完全是无过错责任,即只要有不可归责于买方的事由导致标的物损毁、灭失,卖方就必须要承担责任。无过错责任在由不可抗力(*vis maior*)产生的标的物损毁、灭失的情形中有所体现。但在更一般层面上,即所谓的低风险(*casus minor*)情形下,看管责任仍体现为过错责任,即由于卖方看管不善导致标的物损毁、灭失,其需要负责。且越到罗马法后期,看管责任越往过错化的方向发展,即要求卖方尽到足够谨慎(*diligentia*)的义务。未尽者即须承担相应责任。故本书将看管责任理解为"风险归于买方"原则的例外。Vgl. Max Kaser, Das Römische Privatrecht, Bd. 1, 1955, S. 425; Max Kaser, Das Römische Privatrecht, Bd. 2, 1959, S. 254 – 255; Kaser/Knütel/Losse, Römisches Privatrecht, 21. Aufl. 2017, § 36 Rn. 16 – 17.

[3] 罗马法古典时代盛期法学家,生活于公元2世纪中期,曾任罗马皇帝安敦宁·毕尤(Antoninus Pius)与马可·奥勒留的顾问团成员。Vgl. Wolfgang Kunkel, Herkunft und soziale Stellung der römischen Juristen, 1967, S. 213 – 214.

continebuntur igitur, quae, si manumissus non fuit, adquisiturus non esset.[1]	益;而那些如果没有释放,他就不能获得的利益,就不被包括在内。

根据以上原文,罗马法学家讨论如下案例:双方就一个有特有产(*peculium*)的奴隶达成买卖契约后,卖方释放了奴隶,未交付买方。尤利安认为,卖方赔偿不仅包括奴隶被释放时拥有的私产利益,还包括奴隶在释放后获得的利益(*quae postea adquirit*)。而马切罗则认为,卖方须赔偿若奴隶未释放,买方应有的利益(*quae haberet emptor, si homo manumissus non esset*),并不涉及卖方若不释放奴隶,就得不到的利益(*quae, si manumissus non fuit, adquisiturus non esset*)。[2]

卖方擅自释放奴隶,可视为故意使标的物灭失。马切罗认为,不同于自始灭失时责任确定与过错无关,正由于卖方故意,买方应获奴隶未被释放情形下所拥有的利益。该利益包含什么内容?从两人对卖方因释放奴隶所获利益的不同观点中推断:马切罗倾向于买方应获得奴隶的实际价值,[3]而尤利安则倾向于买方应获得超过奴隶价值的可得利益。尤利安的逻辑是:将卖方释放奴隶所获利益,视为买方因奴隶释放所受损失,因买方若事后释放奴隶,亦可取得同等利益。依该理解,买方利益已接近现代民法中的期待利益。该案虽未提及附随义务的违反问题,但若存在,依据尤利安的理论,应计算在内。

D. 18. 6. 16 则记载了盖尤斯就履行时出现标的物瑕疵的讨论。

D. 18. 6. 16	D. 18. 6. 16
Gaius 2 cottidianarum rerum	盖尤斯《论日常事务》(第2卷)
Si vina quae in doliis erunt venierint eaque, antequam ab emptore tollerentur, sua natura corrupta fu	出卖装在桶中的葡萄酒,在买受人取走前,这些葡萄酒由于其自身的性质而变质。如果出卖

〔1〕 D. 19. 1. 23.

〔2〕 Vgl. D. 19. 1. 23.

〔3〕 Vgl. Dieter Medicus, Id Quod Interest, 1962, S. 43.

erint, si quidem de bonitate eorum adfirmavit venditor, tenebitur emptori: quod si nihil adfirmavit, emptoris erit periculum, quia sive non degustavit sive degustando male probavit, de se queri debet. plane si, cum intellegeret venditor non duraturam bonitatem eorum usque ad in eum diem quo tolli deberent, non admonuit emptorem, tenebitur ei, quanti eius interesset admonitum fuisse.[1]	人已向买受人保证它们具有优良的品质,则他须对买受人负责;相反,如果他未作这样的保证,则风险应由买受人承担。因为如果买受人未品尝葡萄酒,或品尝后作出错误的判断,则他自己应承担损失。当然,如果出卖人知道葡萄酒的优良品质不会持续到买受人应该取走它们之日,但未通知买受人,则出卖人须向买受人就后者如果接获通知即可获得的利益承担责任。[2]

该案中,双方签订了葡萄酒买卖契约。买方取酒前,酒变质。盖尤斯认为,卖方如果对酒的品质做过确认,则需承担责任;如果未做确认,则风险归于买方。但如果卖方明知酒的品质无法保持到买方取货之日而仍未告知(*admonere*),则卖方须承担买方在告知情形下拥有的利益(*quanti eius interesset admonitum fuisse*)。[3]

该案涉及契约成立后的标的物瑕疵。其与合同订立时就存在的瑕疵相比,不同在于风险分配。就后者,无论卖方是否明知都须承担责任,区别在于责任范围。如前文所述,在卖方明知但未尽告知义务或事先对标的物品质做出声明时,责任范围除标的物价值外还包括瑕疵后果责任;而在卖方不明知且未做声明时,须赔偿标的物价值。而此处,若卖方不明知且未做声明,则风险归于买方,卖方不再承担责任。而在卖方明知情形下,卖方则有告知义务,违反该义务,须承担买方在告知情形下拥有的利益,即买方未被欺骗的利益。可见,如果卖方明知,

〔1〕 D. 18. 6. 16.

〔2〕 以上翻译参见[古罗马]优士丁尼:《学说汇纂:买卖契约》(第18卷),刘家安译,中国政法大学出版社2001年版,第187页。

〔3〕 Vgl. D. 18. 6. 16.

规则同自始存在瑕疵的情形一致。此处虽未提及责任范围,但已点明附随义务(告知义务)的存在。依据同理,对该义务的违反应被计入赔偿范围。

2. 恶意欺诈的估算与附随义务

以上案例都指向契约履行中的过错要素(尤其是故意)对赔偿范围产生的影响。那么,诚信诉讼中是否存在一种观念,即契约本身的给付义务与过错造成的义务之间有所区分?这点可在 D. 19. 1. 6. 8 中得到印证。

D. 19. 1. 6. 8	D. 19. 1. 6. 8
Pomponius 9 ad Sabinum	彭波尼《致萨宾》(第 9 卷)
Si dolo malo aliquid fecit venditor in re vendita, ex empto eo nomine actio emptori competit: nam et dolum malum eo iudicio aestimari oportet, ut id, quod praestaturum se esse pollicitus sit venditor emptori, praestari oporteat.[1]	如果卖方买卖的标的物存在恶意欺诈,买方可以提起买物之诉。该恶意欺诈须在诉讼中被估算,进而对其允诺负责之事承担责任。

由此可知,彭波尼的核心观点在于,卖方对买卖的标的物存在恶意欺诈时,买方可以通过买物之诉实现救济。而在诉讼中,该恶意欺诈将由裁判官进一步估算(*aestrimari*)成金钱赔偿,[2] 以便卖方对其允诺负责的事项承担责任。可见,恶意欺诈所造成的损害,应独立于给付标的物的价值额外计算。但是,这一赔偿又不脱离合同关系,体现为卖方对违反其允诺事项(*pollicitus sit*)的对应责

〔1〕 D. 19. 1. 6. 8.

〔2〕 "*Aestimare*"及名词形式"*Aestimatio*"均包含了两个含义:一是作为法律术语的含义,即将诉讼标的折算成金钱赔偿;二是常用词义,即裁量、评估。如果仅将其解释为评估,不涉及赔偿范围,那么 D. 19. 1. 13 pr. 及 D. 19. 1. 13. 1 等片段中,即便卖方存在故意欺骗及隐瞒情形,其赔偿范围也应仅限于标的物本身的价值。该推论与尤利安的观点不符。此处,彭波尼强调对卖方恶意欺诈的估算,是为了(*ut*)使其对允诺之事负责(*quod praestaturum se esse pollicitus sit*)。若该责任仅限于标的物本身的价值,则无论以严法诉讼中的要式口约之诉,或特定物给付之诉,或卖方过失情形下提起的买物之诉,均足以解决。故对允诺之事负责该表述中的责任应同恶意欺诈的行为相对应,而不仅仅是标的物价值本身。Vgl. Emil Seckel (Hrsg.), Heumanns Handlexikon zu den Quellen des römischen Rechts, 2. Aufl. 1926, S. 23.

任。但问题也随之而来:故意要素何以需特别对待?

彭波尼在D. 19. 1. 6. 9中更深入地讨论了该问题。

D. 19. 1. 6. 9	D. 19. 1. 6. 9
Pomponius 9 *ad Sabinum*	彭波尼《致萨宾》(第9卷)
Si venditor sciens obligatum aut alienum vendidisset et adiectum sit neve eo nomine quid praestaret, aestimari oportet dolum malum eius, quem semper abesse oportet in iudicio empti, quod bonae fidei sit.[1]	如果卖方明知土地已被抵押或为第三人所有,而在合同书上加入该条款:"他对任何情况都不负责。"那么,该恶意欺诈必须被估算成金钱赔偿,因买物之诉中,被告方受到诚实信用原则的支配,须排除故意。

这一片段中,彭波尼以一个土地买卖契约为例说明,对于合同书相关条款的欺诈也应当在诉讼程序上被估算成具体的赔偿份额,进而让卖方承担相应的责任。实际上,恶意欺诈是卖方故意侵害的极端类型。之所以将恶意欺诈纳入赔偿范围,依彭波尼的理解,源于诚信诉讼本身的一项特点,即对恶意欺诈,裁判官可依据职权提起欺诈抗辩(*exceptio doli*)。故诚信诉讼所保护的利益状态,即没有恶意欺诈时买方本应得的利益,自然包括由侵害造成的标的物及其之外的利益损失。如果他的观点在当时已成为主流学说而为优士丁尼采纳,则说明就买卖契约中的瑕疵履行问题,罗马法已将契约义务明确扩展到给付之外。[2] 但这种扩充不是无条件的,而以故意为必要。

但须注意的是,恶意欺诈与附随义务的违反之间并非一一对应的关系。如上文所述:缔约阶段的恶意欺诈体现为故意违反与给付无关的义务(如卖方对于标的物自始不能的告知义务);而在履约阶段的恶意欺诈,既可能体现为对给

〔1〕 D. 19. 1. 6. 9.

〔2〕 德国法律史学家卡泽尔认为,诚信诉讼的债务关系内容包含了所有在具体情景中、履行地范围内及一般交易习惯中被认为有效力的东西。这些在契约给付中体现不了的义务,恰成为损害裁量时力图考虑的利益。Vgl. Max Kaser, Das Römische Privatrecht, Bd. 1, S. 407.

付义务的违反(如卖方故意隐瞒标的物的权利瑕疵),也可能体现为违反与给付无关的义务(如卖方在交付前未告知标的物存在品质瑕疵,而引发瑕疵结果责任)。换言之,存在恶意欺诈的行为并不必然转化为损害赔偿。但反过来说,赔偿结果中超过给付利益的部分,却是源于对恶意欺诈引发损害的计算。所以,关键在于判断恶意欺诈是否造成了给付外的损害?如是,其将被诚信诉讼转换为额外赔偿。此为诚信诉讼的独有机制,由此将违反附随义务造成的损害纳入裁判官的裁量范围。

3. 欺诈之诉与欺诈抗辩

就诉讼法的技术层面而言,欺诈抗辩在诚信诉讼中得以适用,与欺诈之诉构成了微妙的对应及竞合关系。后者作为罗马法上兜底条款性质的诉讼,对契约及侵权案件均有救济。那么,这是否在一定程度上说明,诚信诉讼实际上保护了一部分侵权法利益?进一步,是否说明就附随义务对应利益的保护,脱胎于罗马法的侵权责任呢?回答以上问题,须继续考察欺诈之诉与欺诈抗辩间的联系。

欺诈之诉,全称恶意欺诈之诉(*actio de dolo malo*),是由罗马共和国晚期的法学家阿奎流斯·伽鲁斯(Aquilius Gallus)任裁判官时创制的程式,[1]起初仅针对侵害人明知状态的欺诈侵害。D.4.3.1.1记录了该裁判官告示的内容:

D.4.3.1.1	D.4.3.1.1
Ulpianus 11 *ad edictum*	乌尔比安《论告示》(第11卷)
Verba autem edicti talia sunt: quae dolo malo facta esse dicentur, si de his rebus alia actio non erit et iusta causa esse videbitur, iudicium dabo.[2]	告示的文字如此写道:"如有恶意欺诈发生,在无其他诉讼提供且有正当理由的情形下,我给予裁判。"

可见,提起该诉讼有两个条件:一是恶意欺诈行为的存在;二是无其他诉讼可用(*si alia actio non erit*),这点又称为该诉的从属性(Subsidiarität)。从后者

[1] Vgl. Alan Watson, Actio de dolo and actiones in factum, ZRG 78 (1961), S. 392.
[2] D.4.3.1.1.

看,裁判官在创设该诉讼之始,就有意图将其作为兜底条款。而该诉讼在后续发展中也确实不断扩张管辖范围。

"恶意欺诈"用语的含义变化与该诉讼的扩张相关。创制该程式之始,伽鲁斯赋予该词的本义是"骗一套,做一套"(*aliud simulatum, aliud actum*)。[1] 故欺诈行为是词义核心。该含义对应买卖契约案件,即"卡尼乌斯诉皮提乌斯案"(Canius *v.* Pythius)。该案中,前者向后者购买叙拉古(Syracus)房产,招待友人。但后者在缔约时欺骗前者,假装邀请渔夫造成了众人垂钓的盛况。契约签订后,卡尼乌斯才知受骗。由此,伽鲁斯创制欺诈之诉,排除缔约中的所有诓骗行为(*tollendum est igitur ex rebus contrahendis omne mendacium*)。[2] 该定义沿用至罗马共和国末期。如鲁弗斯(Servius Sulpicius Rufus)将其定义为欺诈他人的诡计,表现为伪装行为(*machinationem quandam alterius decipiendi causa, cum aliud simulatur et aliud agitur*),实质与伽鲁斯同。[3]

但拉贝奥改造了词义,更强调恶意要素。他认为:一方面,侵害人即使没有欺骗也能获利;另一方面,若无恶意,为保护自己或他人利益而欺骗是可接受的。由此,他将定义改为任何诓骗他人、使他人陷入错误、诈欺他人的狡诈、欺诈或诡计行为(*dolum malum esse omnem calliditatem fallaciam machinationem ad circumveniendum fallendum decipiendum alterum adhibitam*),并不需要达成欺骗效果的伪装行为。[4] 由此,该词义核心实际上从欺诈转换为恶意侵害。同时,他也对无其他诉讼可用的要件松绑,即只要对其他诉讼是否可用存有怀疑(*si dubitetur an alia sit*),就可适用该诉。[5]

在此基础上,拉贝奥将欺诈之诉适用于原被告不存在交易关系的案件:如D.4.3.19中记录了一个以要式口约约定的担保契约,担保人在债务届期前故意

---

〔1〕 Vgl. Cicero, De Officiis 3, 60.

〔2〕 Vgl. Cicero, De Officiis 3, 58 -61.

〔3〕 Vgl. D.4.3.2.1.

〔4〕 Vgl. D.4.3.1.2.

〔5〕 如拉贝奥认为:在买卖关系或要式口约中,卖方承诺提供一个奴隶,但在交付前就给奴隶下毒;或卖方承诺提供一块土地,但在交付前为土地设置地役权负担或损毁土地上的房屋或树木,尽管要式口约之诉能否适用存疑,卖方仍应受欺诈之诉的管辖。Vgl. D.4.3.7.3.

将作为担保物的牲畜杀死，尤利安及内拉蒂(Neratius Priscus)[1]认为担保人应受到欺诈之诉的管辖。[2] 又如 D. 4. 3. 18. 3 中，特雷巴图斯(Gaius Trebatius Testa)[3]认为，在一个秤砣借用契约中，如果出借人故意将假秤砣出借，使卖方在交易中获利，那么该出借人须受欺诈之诉的管辖。再如 D. 4. 3. 7. 6 中，若因被告恶意，致使第三人所有的牲畜造成原告损失，则被告应受欺诈之诉的管辖。[4] 从以上案例可见，欺诈之诉的适用情形逐步从契约缔约时卖方的欺诈，扩张至交易关系中的第三人或间接相关人，直至不存在交易关系的情形。相应地，恶意的含义也逐步脱离欺诈行为，更贴近一般意义上违背信赖(Treuwidrigkeit)的含义。[5] 然而，尽管经过扩张，欺诈之诉对买卖契约缔约问题的救济一直保持到罗马法古典时代晚期。D. 4. 3. 37 中乌尔比安的观点提供了证明。他认为，卖方单纯的叫卖内容(*quod venditor ut commendet dicit*)通常不被视为对标的物品质的声明或允诺。但若是为了欺骗买方，则视同如下情形，即违反该声明或允诺，而无诉讼可用时，仍可提起欺诈之诉。[6]

相比之下，欺诈抗辩的起源并不明确，大致有两种说法：一说是伽鲁斯同时创制了欺诈之诉及欺诈抗辩；[7]另一说是源于穆奇乌斯(Q. Mucius)公元前 99 年在小亚细亚任总督时设置的一种抗辩程式。[8] 若采信前者，则欺诈之诉与欺诈抗辩同根同源，不过体现为法律保护的进攻和防御两个角度；若采信后者，则可确定其最初含义为：除非交易如此达成，否则依据诚实信用不负责任(*extra quam si ita negotium gestum est, ut eo stari non oporteat ex fide bona*)。[9] 故欺

---

〔1〕 古典盛期法学家，曾任罗马皇帝哈德良及图拉真(Trajan)的顾问。Vgl. Wolfgang Kunkel, Herkunft und soziale Stellung der römischen Juristen, 1967, S. 144 – 145.

〔2〕 Vgl. D. 4. 3. 19.

〔3〕 罗马共和国末期至帝制初期的法学家，为西塞罗(Cicero)好友，任凯撒(Caesar)及奥古斯都(Augustus)的法律顾问。Vgl. Wolfgang Kunkel, Herkunft und soziale Stellung der römischen Juristen, 1967, S. 28.

〔4〕 Vgl. D. 4. 3. 7. 6.

〔5〕 Vgl. Max Kaser, Das Römische Privatrecht, Bd. 1, 1955, S. 524.

〔6〕 Vgl. D. 4. 3. 37.

〔7〕 Vgl. Ulrich von Lübtow, Die Ursprungsgeschichte der exceptio doli und der actio de dolo molo, in: Georgii S. Maridakis (Hrsg.), Eranion in honorem Georgii S. Maridakis, Bd. 1, 1963, S. 193 – 194.

〔8〕 Vgl. Ulrich von Lübtow, Die Ursprungsgeschichte der exceptio doli und der actio de dolo molo, in: Georgii S. Maridakis (Hrsg.), Eranion in honorem Georgii S. Maridakis, Bd. 1, 1963, S. 193.

〔9〕 Vgl. Cicero, Epistulae ad Atticum 6, 1, 15.

诈抗辩的核心不是欺诈,而是违反诚实信用(信赖),与欺诈之诉的发展既不同源,也不同步。

但该抗辩的具体内容是明确的。盖尤斯在《法学阶梯》中指明:

Gai. 4, 119	盖尤斯《法学阶梯》(第4卷)第119段
Omnes autem exceptiones in contrarium concipiuntur, quam adfirmat is, cum quo agitur. nam si verbi gratia reus dolo malo aliquid actorem facere dicat, qui forte pecuniam petit, quam non numeravit, sic exceptio concipitur: si in ea re nihil dolo malo auli agerii factum sit neque fiat…[1]	所有的抗辩都同被抗辩人提出的主张相反。比如,如果被告认为原告施行了欺诈,所要求的钱款并没有支付,那么他的抗辩程式应该是这样的,"是否对此A. 阿杰里已经实施了欺诈或正在实施欺诈"……[2]

若此案中原告未曾实施或未正在实施恶意欺诈(*si in ea re nihil dolo malo Auli Agerii factum sit neque fiat*),则被告须承担责任。故抗辩事项包括两种情形:一是原告在提起诉讼前所处法律关系中存在恶意行径(*factum sit*),典型例子即买卖契约缔约阶段的欺诈;二是将原告提起诉讼视为恶意或违反信赖的行为(*fiat*),即包含了契约履行过程中的恶意。[3] 由此,欺诈之诉中针对缔约时卖方欺诈买方提供的救济,实际上为欺诈抗辩包含。但欺诈抗辩在严法诉讼时代并非诉讼程式的组成部分,只能由被告主动提出。该抗辩内置于诚信诉讼观念(*exceptio doli bonae fidei iudiciis inest*),是后古典时代的产物。其间,程序概念

---

〔1〕 Gai. 4, 119.

〔2〕 中文译文参见[古罗马]盖尤斯:《法学阶梯》,黄风译,中国政法大学出版社1996年版,第344页。

〔3〕 Vgl. Ulrich von Lübtow, Die Ursprungsgeschichte der exceptio doli und der actio de dolo molo, in: Georgii S. Maridakis (Hrsg.), Eranion in honorem Georgii S. Maridakis, Bd. 1, 1963, S. 192; Wolfgang Kunkel, Römisches Privatrecht, 3. Aufl. 1949, S. 261.

逐步实体法化，诉兼具原告实体权利的含义，抗辩则指向该权利的阻却。[1] 在此观念下，欺诈抗辩内化为诚信诉讼的组成部分，故在衡量原告利益时，买卖双方的欺诈均须顾及。

由此，欺诈抗辩影响下的买物之诉与欺诈之诉的联系可概括为：(1)就契约缔约阶段的欺诈，存在买物之诉与欺诈之诉的竞合。但考虑到后者的从属性，前者的适用应处优先地位。(2)从整体看，两者所涉范围并不相同。欺诈之诉肇始于缔约时卖方欺诈的救济，但逐步脱离具体交易关系，进入现代民法中所谓侵权或类侵权的领域；而因欺诈抗辩影响，买物之诉得以涵盖贯穿缔约及履行过程中的所有欺诈情形。对这些欺诈的避免则形成了卖方在买卖交易过程中的一系列行为义务，其具体形式体现为：(1)在缔约阶段，就标的物是否为法律禁止交易、是否具有瑕疵负有告知义务；(2)在履约过程中，负有除给付外，避免恶意侵害、损害买方契约利益的其他行为义务。

故就违约问题，买物之诉包含范围更广泛的情形，并在一定程度上替代了欺诈之诉的部分功能。但所谓替代，不能简单认为买物之诉实现了侵权诉讼的功能。原因在于欺诈之诉救济范围宽泛，很难说是严格意义上的侵权诉讼。买物之诉替代的部分仅限于欺诈之诉对卖方在缔约时欺诈问题的救济，并不涉及无交易关系的情形。因而，蒙森所称买物之诉替代欺诈之诉，实现侵权诉讼功能的说法不够准确。但须承认，缔约领域虽不能确定为罗马法上的侵权领域，却仍可与一般契约诉讼中的履行阶段有所区别。故买物之诉通过欺诈抗辩的适用，打通了缔约与履行阶段，拓宽了卖方的义务范围。

从诉讼性质及责任范围上对比，两个诉讼的差异更为明显：欺诈之诉保护的是被侵害标的物本身的价值，罗马法规定其为标的物的 1 倍价值(*simplum*)。[2] 而它的适用虽有扩张，但本质上仍是严法诉讼无法救济情形下的权宜之计。而欺诈抗辩，作为诚信诉讼中裁判官自动适用的规则，则意在对契约履行中故意侵害所造成的损害进行裁判。故其虽为欺诈之诉的对照物，但诚信诉讼并未因该抗辩的引入，将买物之诉变为标的物给付诉讼与欺诈之诉的叠加，而因欺诈抗辩的自动适用，扩宽了其保护的利益范围，囊括了附随义务的对应利益。

---

〔1〕 Vgl. Max Kaser, Das Römische Privatrecht, Bd. 2, S. 242.

〔2〕 Vgl. Max Kaser, Das Römische Privatrecht, Bd. 1, 1955, S. 524.

五、结语

罗马买卖法就附随义务问题的解决模式可总结为：在过错要素支配下，结合具体诉讼及给付障碍类型所形成的松散系统。若忽略罗马法上的形式主义及个案决疑色彩，可进一步归纳罗马法模式的关键特点，回应绪论提出的三个问题：

1. 在附随义务对应利益的救济依赖对契约义务的整体判断上，不存在给付义务与附随义务的绝对区分。这点源于诚信诉讼中对不特定给付标的的灵活判断及确认赔偿责任时对买方利益的适宜裁量。

2. 衡量契约责任范围是否涉及附随义务，原则上受过错（尤其是故意侵害）支配。这点表现在三个方面：缔约过程中，卖方有告知买方标的物为禁止交易物的义务；违反该义务，须赔偿其不受骗情形下的利益。瑕疵给付中，在物之瑕疵情形下，明知瑕疵故意侵害，责任涉及附随义务的对应利益，即瑕疵后果责任；若卖方对标的物的品质做出声明，则替代故意，责任与故意侵害相同。而瑕疵履行中，过错构成风险归于买方原则的例外。当卖方故意造成标的物灭失或贬损时，责任范围及于违反附随义务的对应利益。

3. 将故意侵害造成的损害折算成赔偿的观念源于欺诈抗辩。其作为裁判官自动适用的规则，将本由欺诈之诉保护的利益（卖方在缔约阶段的恶意欺诈造成的买方损失）内化为契约责任的组成部分，并将卖方在履约阶段的行为义务扩宽至给付之外，从而涵盖了附随义务的对应利益，塑造了整合缔约与履约阶段的、宽泛的行为义务。

以上特点与现行德国法中的附随义务规制模式相比，存在很大区别。对照之下，自然产生以下疑问：

1. 德国法为何没有继续沿用罗马法上整体判断契约义务的做法？尤其比照现行法上给付义务与附随义务的构造，德国法实际上将本来统一的契约义务概念进行了人为分割。这一分割起源于何处？其目的又是什么？此外，现行德国法上又何以产生从附随义务到保护义务的变迁，该发展路径是否与德国法放弃罗马法的传统有关？

2. 对比罗马法上兼具主、客观要素的过错概念，尤其违约赔偿责任的范围受到过错程度影响的特点，现今德国法上合同义务的违反已近似客观归责。《德国民法典》第 280 条第 1 款第 2 句规定：义务范围应当归责于债务人的，不适用此种规定。这表明义务违反本身一般被推定为过错。另外，义务违反所对应的损害赔偿依据经典的债务转型论，其内容应当为合同给付义务的等价利益，即所谓替代给付的损害赔偿（Schadensersatz statt der Leistung）。与此相适应，违反附随义务所引发的损害赔偿能否对应给付之外的利益，在法典体系中并未明确规定，法理上也并没有充分说明。由此产生疑问：罗马法上过错的教义学功能何以在德国法上发生了重大改变？

3. 罗马法模式以欺诈抗辩扩张契约诉讼的适用范围，进而解决缔约与履约阶段的附随义务问题，而现行德国法模式则将保护义务与契约关系尽可能地分立，尤其在卡纳里斯的倡导下，意图构建“统一法定保护关系”，形成独立于合同、侵权的第三条道路。由此产生疑问，如此巨大的反差，究竟从何而来？从包容缔约、履约阶段义务违反问题的合同责任，何以转变为德国法上严格区分的先合同与违约责任？

以上三个问题均指向 19 世纪德国潘德克顿法学继受罗马法时进行的关键改造，将在下一章中进一步展开。

第二章　19 世纪德国法中附随义务问题的解决模式

一、概述

这一章中，笔者试图阐明德国法上之所以出现附随义务学说，或给付外其他行为义务学说的历史根源。这直接诉诸德国债法体系的建构过程。为达成此目标，须详尽考察德国法与罗马法之间的内在继承关系，尤其着重梳理两者之间的共性与区别。按照主流见解，由历史法学开启的 19 世纪德国法学被视为继受罗马法的学术产物。然而，该继受并非旨在还原罗马法的本来面目，而是根据其既有法律制度与概念，重建一套区别于 18 世纪自然法的新教义学。[1] 故附随义务的提出并不完全基于罗马法的原始文献，还归因于对其上位概念（包括债与给付的基本定义）的演绎。由此，本章作业将结合罗马法上带有个案决疑色彩的原始文本与德国法教义学的抽象建构展开。

服务于此目的，本章论述不应局限于买卖法。但鉴于罗马法中买卖法规则通常具有债法一般规范的意义，本章中涉及买卖法的论述应视为具有建构债法总则意义的个案素材，同时将放弃以时间为线索描述德国债法的发展，而是围绕德国债法结构及其理论的演进、变化脉络，精确刻画德国法对附随义务问题的认知变迁。基于这一考虑，首先，笔者将考察萨维尼对于债和给付概念的根本性理解，其为整个 19 世纪德国民法的基础。其次，在此基础上，进一步研究蒙森的给付不能理论对给付障碍法造成的影响，以及耶林的缔约过失理论对合同义务扩张造成的结构性影响。最后，对上述理论对 1900 年《德国民法典》教义学结构

---

〔1〕 Vgl. Franz Wieacker, Privatrechtsgeschichte der Neuzeit: unter besonderer Berücksichtigung der deutschen Entwicklung, 1967, S. 416; Maximilian Herberger, Dogmatik. Zur Geschichte von Begriff und Methode in Medizin und Jurisprudenz, 1981, S. 375.

的建构与塑造产生的作用进行详尽评析。

而本章的所有内容将与罗马法的考察形成对照，旨在解答如下三个问题：一是为何德国法的债法体系源于罗马法，却抛弃了其整体性合同义务的传统，最终走向了给付义务与附随义务的二分法？二是为何过错要素的功能在债法中发生了巨变，从能够决定赔偿责任大小及其范围的决定性要素，转化为仅能触发损害赔偿的归责条件？三是与罗马法上履约、缔约阶段的相关责任纳入统一的合同诉讼不同，为何德国法上出现了明确的先契约与契约阶段，并出现了前者趋近侵权责任，脱离契约属性的特点？

二、给付概念与附随义务

始于历史法学的 19 世纪德国法学继受罗马法，并非求其原貌，而意在利用既有规则，创设一套不同于自然法时期的教义学。[1] 故附随义务的提出不完全源于罗马法文本的归纳，而源于上位教义学的概念演绎。其对应给付义务，二者从属于债务关系。故对其概念的把握，须始于对债与给付基本认识的考察。

（一）萨维尼理论中的债与给付概念

萨维尼对债的理解，奠定了 19 世纪德国法学后续发展的起点。要理解其理论，须把握两个基础：一是主观权利（subjektives Recht）学说；二是有机体学说（Organismus）。

1. 主观权利视野下债的内容

如德国法律史学家赫尔姆特·科因（Helmut Coing）所说，主观权利观念继承了自然法时代的遗产。[2] 换言之，其非罗马法本有。罗马法上，实体权利同诉权相互捆绑，故债（*obligatio*）与诉一体两面，互换使用。[3] 萨维尼试图从主体出发，重构人和债的关系。在《当代罗马法体系》（System des heutigen römischen Rechts）中，他写道："对每个人都存在一种权力（Macht），即由个人意志支配，且获得我们许可支配的领域。该权力称为主观意义上的权利。"[4] 故所谓主观权

---

〔1〕 Vgl. Franz Wieacker, Privatrechtsgeschichte der Neuzeit: unter besonderer Berücksichtigung der deutschen Entwicklung, 2. neubearb. Aufl. 1967, S. 416.

〔2〕 Vgl. Helmut Coing, Zur Geschichte des Privatrechtssystems, 1962, S. 48.

〔3〕 Vgl. Max Kaser, Das Römische Privatrecht, Bd. 1, 1955, S. 401.

〔4〕 Carl von Savigny, System des heutigen römischen Rechts, Bd. 1, 1840, S. 7.

利，即个人意志对外部事物支配的权利。

而在法律上认可该支配关系就成了法律关系，包括债。[1] 在《债法作为当代罗马法的部分》(Obligationenrecht als Theil des heutigen römischen Rechts)中，萨维尼表明，债存在于对他人的支配之中。但该支配非及于全部人身，而限于单个行为，将本属对方的自由置于我方意志之下。[2] 由此，债权人自由边界扩张，获得对债务人行为的支配力；而债务人自由边界受限，处于不自由状态。进而，双方处于对立地位并承担不同活动：债务人承担给付(Leistung)义务；债权人获得强制(Zwang)权利，即诉权。两相比较，债务人的活动(给付)更为重要，为债的本质，即标的(Gegenstand)。可见所谓给付，是债权人对债务人的支配关系内，后者负有的行为义务。该行为是债的唯一内容。

就给付的具体形态，萨维尼认为履行是其另一种表述：给付为债务人活动，即行为；履行则是债实现的状态。[3] 而在马尔堡潘德克顿讲稿中，他进一步区分了主、从义务(Haupt-und Nebenverbindlichkeiten)：前者即给付义务；后者被称为债的偶然内容，即依据债务的具体情形实现给付的方式，又被称为给付情态(Modalität)，包括地点与时间因素。[4] 无论是区分给付与履行，还是主从义务，都并未实质拓宽给付边界。其本质仍是支配关系下的行为义务。

上述理论极大地影响了19世纪的法学家对债和给付的基础认识，可以说大多数潘德克顿法学家，如早期的普赫塔(Georg Friedrich Puchta)、中期的温沙伊德(Bernhard Windscheid)、晚期的邓恩伯格(Heinrich Dernburg)等的债法理论均建立于萨维尼主观权利学说的基础之上：如普赫塔认为契约义务包括债的内容及其特性，违反契约义务表现为使给付变为不能(Unmöglichmachung)及对给付情态(如时间)的违反；温沙伊德则表明债的本质是使他人意志服从(Unterwerfung fremden Willens)，故给付义务是债的唯一内容；邓恩伯格则直接

---

[1] Vgl. Carl von Savigny, System des heutigen römischen Rechts, Bd. 1, 1840, S. 7–8.

[2] Vgl. Carl von Savigny, Obligationenrecht als Teil des heutigen römischen Rechts, Bd. 1, 1851, S. 4–5.

[3] Vgl. Carl von Savigny, Obligationenrecht als Teil des heutigen römischen Rechts, Bd. 1, 1851, S. 9.

[4] Vgl. Carl von Savigny, Pandekten, Buch Ⅲ, Obligationenrecht, A. Allgemeiner Theil, Manuskript seiner Vorselung, UB Marburg (Ms 925/37 Ⅱ; M19), S. 253, 268.

将债定义为债务人有义务向债权人行使给付的法律关系，给付义务是实现债目的的工具。[1] 由此，直接影响了 1900 年《德国民法典》对债的基本认识。

2. 有机体视野下债的转化机理

主观权利学说构建债的静态方面，而有机体学说则提供动态视角。法律关系具有有机体性质：既体现于内部成分支持且制约的相互关系，[2] 又体现于持续发展中；[3] 既包括其当下有效的状态，又包括其产生与消灭，发展与变化，及受损后所生后果。[4] 在有机体观念支配下，债表现为自洽、封闭的系统；从其产生到消灭，任何变化都包含于自身内部，无须在外另建法律关系。[5] 而能引发内容（给付）改变的因素则称为法律事实（juristische Thatsache），包括过错、迟延、风险等。[6] 其引发给付发生转化（Modifikation），而债务关系则继续存在。[7] 由此，债的两层关系得以重构：一是债内部的过错、给付与赔偿责任诸要素间的关系；二是债与外部法律关系（尤其是侵权）间的关系。

就内部，罗马法上过错要素兼具主客观属性的特点（既表示侵害行为，又表示主观状态）被打破。[8] 同时，过错与赔偿责任的直接联系也被切断：因给付是债的唯一内容，赔偿作为债的转化，只同给付发生直接关联，而过错只充当转化条件。该观点由普赫塔推演，将责任要件（Haftungstatbestände）拆分为主客观两方面：一是客观上由债产生的义务受到侵害；二是过错或过失的主观归责（Zurechnung）。[9]

---

〔1〕 Vgl. Georg Friedrich Puchta, Vorlesungen über das heutige römische Recht, hrsg. von Adolf August Friedrich Rudorff, 1847, § § 264 – 267; Bernhard Windscheid, Lehrbuch des Pandektenrechts, Bd. 2, 1873, § § 250 – 252; Heinrich Dernburg, Pandekten, Bd. 2, 1900, § § 1 – 2.

〔2〕 笔者认为，萨维尼指的是债权人与债务人的对立关系。

〔3〕 Vgl. Carl von Savigny, System des heutigen römischen Rechts, Bd. 1, 1840, S. 7 – 8.

〔4〕 Vgl. Carl von Savigny, System des heutigen römischen Rechts, Bd. 1, 1840, S. 393.

〔5〕 Vgl. Carl von Savigny, System des heutigen römischen Rechts, Bd. 1, 1840, S. 393.

〔6〕 Vgl. Carl von Savigny, System des heutigen Römischen Rechts, Bd. 3, 1840, S. 4.

〔7〕 Vgl. Carl von Savigny, System des heutigen Römischen Rechts, Bd. 3, 1840, S. 4 – 5; Carl von Savigny, Obligationenrecht als Teil des heutigen römischen Rechts, Bd. 1, 1851, S. 294.

〔8〕 罗马法上的过错不应理解为现代民法上的主观过错，即所谓故意或过失的主观状态，而应理解为兼有客观侵害行为的责任要件。侵害行为根据相应的主观状态，可分为故意心态下积极作为的侵害（*facere*）以及过失心态下不作为的侵害（*non facere*）。Vgl. Friedhelm Harting, Die „positiven Vertragsverletzungen“ in der neueren deutschen Privatrechtsgeschichte, 1967, S. 21.

〔9〕 Vgl. Georg Friedrich Puchta, Lehrbuch der Pandekten, 1. Aufl. 1838, § 264.

就外部,契约与侵权的界限被拉开。一方面,违反契约义务的损害赔偿仍是契约的延续。另一方面,赔偿则为契约双方提供法律保护,使其事实状态得以回复,去除一方本不应得的支配,即“非法所有”(rechtswidriges Haben),而侵权则成为例外的独立债,与主观权利所生的支配关系无关。[1] 由此,债务人不履行或瑕疵履行导致的损害赔偿一律落入契约内部,本可引发侵权责任的侵害因归于契约关系,亦被排除给予侵权救济的可能。

在主观权利与有机体学说作用下,附随义务并无存在空间:首先,债权人的主观权利为要求债务人给付的请求权,其反面即给付义务;而附随义务(尤其是独立于给付的其他行为义务)因不构成请求标的,不予考虑。其次,债务人因履行债务发生的侵害(包括对债权人固有利益的侵害)也应在债内部解决。故附随义务被排除在法律保护之外。

(二)附随义务概念的提出

即便如此,萨维尼的学生科勒(Ludwig Keller)仍提出了具有附随义务功能的类似概念。但其并非基于债内部结构的推导,而是外部侵权法的类推。他认为,侵权法内存在普遍的市民义务(Bürgerpflicht),即人们除不应故意侵害他人财产外,还须尽到理智、谨慎且负责的人应有的审慎(Sorgfalt),以免因过失造成侵害。[2] 同理,契约中也应有类似义务,即当事人应对故意造成的、过失引发的或意外发生的损害以特定方式负责或赔偿。该义务通常由给付外债本身一般或特殊的性质所决定。与市民义务相比,其表现得更为积极:就前者,当事人只负有防止以侵权方式侵害对方利益的消极义务;[3] 就后者,则须基于债给定的条件就对方利益负有一定的审慎照顾义务。科勒并未对此种义务专门命名,但“谨慎照顾义务”的说法,足以体现其与萨维尼理论框架中的给付义务拉开了距离,或者更准确地说,开启了另一个理解债务关系的角度。

但该观点因与萨维尼理论并不兼容,未得到同时代学者的普遍接受。其中,科恩菲尔特(Richard Cohnfeldt)的批判较有代表性:一方面,他区分了损害赔偿

---

〔1〕 Vgl. Carl von Savigny, Obligationenrecht als Teil des heutigen römischen Rechts, Bd. 1, 1851, S. 294 - 295.

〔2〕 Vgl. Ludwig Keller, Pandekten, Vorlesungen, hrsg. von Emil Friedberg, 1861, S. 488 - 489.

〔3〕 Vgl. Ludwig Keller, Pandekten, Vorlesungen, hrsg. von Emil Friedberg, 1861, S. 489.

与利益给付(Interesseleistung)的表述,前者赔偿针对侵害结果,后者则是不履行或瑕疵履行对契约利益的转化。而契约的唯一利益是其客体(给付),[1]故利益给付的本质是对给付的替代。科勒则错将损害赔偿视为利益给付,突破了债的范围。另一方面,因过错无法产生利益给付,故以过失构建契约义务无法律根据。[2] 正因如此,主流的潘德克顿法学家均未支持该观点。直到耶林,才第二次提出契约关系下的其他行为义务,但理路完全不同。[3] 那么,虽在债与给付的架构上,附随义务未被接受;但在给付向损害赔偿的转化过程中,是否涉及对附随义务的对应利益?要回答该问,须着重考察潘德克顿法学家对罗马法给付不能与瑕疵给付制度的改造。[4] 关键之一是蒙森就给付不能理论的创建。

三、给付不能理论的构建与附随义务

蒙森理论基于罗马法,但非简单继承,而是以此为蓝本的体系性重建。简要回顾罗马法上的给付不能制度,其有两个特征:一是该规则始于严法诉讼中的特定物给付之诉。该诉要求请求标的确定,故标的物灭失、损毁才导致诉讼落空,债务人免责。而诚信诉讼中,裁判官于折算程序(*litis aestimatio*)中可依诚信原则裁量原告的具体利益。即便出现给付不能,也不影响给付利益的实现。买卖契约(*venditio emptio*)保留该规则是一个特例,源于其独有的让与性质,即契约订立后,标的物在经济意义上归属卖方;标的物丧失构成让与不能,契约无效。故罗马法后期,给付不能已丧失债法上的一般意义,只是买卖的特殊规则。二是概念狭窄。唯契约订立前的标的物绝对、客观不能引发契约无效,债务人才免责;若该给付不能的情形仅就债务人成立或由其过错导致,则其无法免责。若是

---

〔1〕 Vgl. Richard Cohnfeldt, Die Lehre vom Interesse nach Römischem Recht, 1865, S. 27.

〔2〕 Vgl. Richard Cohnfeldt, Die Lehre vom Interesse nach Römischem Recht, 1865, S. 28 – 29.

〔3〕 详见本章第四节“缔约过失理论与附随义务”的论述。

〔4〕 本书不展开讨论给付迟延与附随义务的关系。在主观权利学说的支配下,迟延仅涉及围绕给付产生的利益。按蒙森分类,包括:(1)债之标的(给付)及其价值变动,如标的完全或部分灭失、价格与给付地点的变化;(2)因标的变动产生的义务,如孳息、利益等。可见,并不涉及固有利益的损害。该观点为潘德克顿法学家广为接受,也为《德国民法典》吸收,故德国法上债务人迟延产生两类损害赔偿:一是不履行损害赔偿;二是迟延损害(Verzugsschaden)赔偿。因而,即便涉及附随义务问题,也转换为不履行问题,回到给付不能与瑕疵给付的范畴进行处理。Vgl. Mommsen, Die Lehre von der mora nebst Beiträge zur Lehre von der culpa, 1855, S. 182; § 286 a. F. BGB.

严法诉讼中的特定物买卖，则可动用“债务持续”的拟制，复原债务关系，追究卖方责任。

蒙森刻意忽略了罗马法由严法诉讼向诚信诉讼的演化，以前者制度构建债法一般规则，并不符合19世纪默认债具有诚信(*bona fides*)属性的普遍观念。[1] 如此操作，源于改进萨维尼转换理论的目的，后者虽提出过错、风险使原始给付转化为利益，但以何条件转化，利益与原给付关系为何，仍不明确。蒙森从反面入手，加入不履行概念(不给付)，将其分为不愿履行(nicht erfüllen wollen)与不能履行(nicht erfüllen können)。[2] 后者作为责任转换枢纽，一面通向责任免除，一面通向责任承担。[3] 与此相适应，他扩张了给付不能的含义，将罗马法中给付客观可能性的丧失置换为给付能力的丧失(Unvermögen)。[4] 故债务人所有无力给付的情形都被归入给付不能。接着，又以多种标准细分这一概念，并赋予每一类别以特定功能。[5] 最重要的分类是以契约订立为分界点，区别既有不能(sogleich vorhandene Unmöglichkeit)与嗣后不能(nachfolgende Unmöglichkeit)。[6] 同时，他还界定了一种理想型作为参照，即所谓真正不能(wahre Unmöglichkeit)，其同时满足罗马法上“给付不能不成债”及“无人须承担风险”(*casus a nullo praestantur*)的规则，具有消灭债务关系，免除义务的效果。[7]

---

[1] Vgl. Franz Wieacker, Leistungshandlung und Leistungserfolg im bürgerlichen Schuldrecht, in: Dietz/Hübner (Hrsg.), Festschrift für Hans Carl Nipperdey zum 70. Geburtstag, 1965, S. 800.

[2] Vgl. Friedrich Mommsen, Die Lehre von der mora nebst Beiträge zur Lehre von der culpa, 1855, S. 17 – 18.

[3] Vgl. Friedrich Mommsen, Unmöglichkeit der Leistung in ihrem Einfluss auf obligatorische Verhältnisse, 1853, S. 3 – 7.

[4] Vgl. Franz Wieacker, Leistungshandlung und Leistungserfolg im bürgerlichen Schuldrecht, in: Dietz/Hübner (Hrsg.), Festschrift für Hans Carl Nipperdey zum 70. Geburtstag, 1965, S. 802.

[5] 蒙森将给付不能分为既有不能与嗣后不能，自然不能与法律不能，绝对不能与相对不能，客观不能与主观不能，持续不能与暂时不能，完全不能与部分不能。Vgl. Friedrich Mommsen, Unmöglichkeit der Leistung in ihrem Einfluss auf obligatorische Verhältnisse, 1853, S. 3 – 7.

[6] Vgl. Friedrich Mommsen, Unmöglichkeit der Leistung in ihrem Einfluss auf obligatorische Verhältnisse, 1853, S. 3.

[7] 罗马法上，“给付不能不成债”与“无人须承担风险”实际上分属契约订立前后的不同领域。前者针对契约订立前标的物灭失致使给付无法完成，后者则针对契约履行中的意外致使给付免除。但因蒙森的给付不能突破了罗马法的原有范围，将其扩张为贯穿缔约前后的一般规则，故后者亦被视为真正不能的必要条件。Vgl. Friedrich Mommsen, Die Lehre von der mora nebst Beiträge zur Lehre von der culpa, 1855, S. 18 – 20.

(一)既有不能与附随义务

1. 客观不能与主观不能

就既有不能,蒙森区分客观不能与主观不能。前者因非债务人原因所致,包括罗马法上的两类常见情形,即标的物灭失与禁止交易物(*res extra commercium*)。[1] 罗马法上,如本书第一章所述,明确构成免责的仅有前者,后者效果存有争议。但蒙森认为两类都是真正不能,因罗马法就后者提供损害赔偿;他试图将其扩张为客观不能的一般规定。

若给付不能是主观的(由债务人造成),则不应免责。其分为两类情形:一是债务人缺乏完成给付所需权利,如卖方出卖他人之物;二是缺乏对标的物的实际支配,如土地买卖中标的物附有第三人地役权。[2] 两者在罗马法上并不属于给付不能,而是标的物权利瑕疵。具体而言,在罗马法诚信诉讼中,标的物的权利瑕疵并不导致买卖契约无效,因当时卖方义务限于为买方所有该物提供条件,无须实现标的物所有权及占有的转移。而在蒙森时代,后者已成为卖方的主给付义务,故标的物权利瑕疵可导致给付不能。在此意义上,蒙森表面上保留了罗马法的原始规则,但将其装入了给付不能理论的"新瓶",即主观不能不落入真正不能,债仍有效,债务人负有给付义务。[3]

2. 消极利益与履行利益

两种给付不能各自对应何种责任?责任涉及利益的赔偿,但利益的具体内容如何确定,则极为困难。蒙森试图在罗马法的原始材料中归纳、总结出抽象的利益概念,但无法得到满意的答案。

严格而言,罗马法上确无现代民法表示利益的术语,但有涉及该含义的表述。较典型的有:"*pretium*"表示标的物的交易价值;"*utilitas*"既可表示标的物的交易价值,也可表示基于标的物所得的好处;"*quanti ea res est*"(该物有多少)则用于严法诉讼中的不特定物给付之诉,以确定请求标的的内容;"*id quod*

〔1〕 Vgl. Friedrich Mommsen, Unmöglichkeit der Leistung in ihrem Einfluss auf obligatorische Verhältnisse, 1853, S. 11.

〔2〕 Vgl. Friedrich Mommsen, Unmöglichkeit der Leistung in ihrem Einfluss auf obligatorische Verhältnisse, 1853, S. 12 – 15.

〔3〕 Vgl. Friedrich Mommsen, Unmöglichkeit der Leistung in ihrem Einfluss auf obligatorische Verhältnisse, 1853, S. 17.

interest”（此情形下所拥有的）则用于诚信诉讼中原告具体利益的衡量。[1]

由此，蒙森放弃了上述路径，转而在抽象的层面重新界定利益概念。具体而言，以契约效力区分两种利益，即履行利益与消极利益：契约有效时，赔偿应为债务人已允诺但无法实现的给付；换言之，债权人应获障碍未发生时通过交易可得的利益，即履行利益。[2] 而契约无效时，卖方须赔偿买方因交易所受损害，即在卖方未隐瞒给付状况情形下，买方拥有的利益。后者有别于前者，因其并非源于卖方不履行契约义务，而源于买方就标的物真实状况受骗，订立无法给付的契约。[3] 由此，主观不能引发履行利益赔偿；而客观不能引发消极利益赔偿。就责任性质，前者当然是契约责任。但后者为何？

罗马法上，卖方在给付不能免除给付义务后，只需返还所获价款，并无损害赔偿要求。[4] 故蒙森实质上构建了一种新责任，但仍以罗马法为基础，试图证明其早已存在。他依据的是《学说汇纂》中有关禁止交易物买卖的两处文本：一处是 D.11.7.8.1 中乌尔比安的观点，即如果买卖标的物为神圣地，裁判官应给予买方提起事实诉讼的权利。该诉讼应适用于买方继承人，因其可比照买物之诉。另一处则是 D.18.1.62.1 中莫德斯丁的观点，即如果买方在不知情的情形下买得神圣地或公共地，以为其是私有土地，即便契约无效，其仍可以买物之诉主张其在未受欺骗情形下的利益。[5] 两人虽都同意契约无效，[6] 但就给予事实诉讼，还是买物之诉，存在分歧。

而蒙森认为，其实分歧并不存在：事实诉讼并非比照契约诉讼（买物之诉）所得；选择适用该诉，恰好证明买方利益与契约履行无关，卖方责任仅限于致使买方签订无效契约造成的损失；而莫德斯丁所谓“未受欺骗情形下的利益”也不

---

〔1〕 Vgl. Friedrich Mommsen, Zur Lehre von Interesse, 1855, S. 41 - 46; Medicus, Id Quod Interest, 1962, S. 2.

〔2〕 Vgl. Friedrich Mommsen, Unmöglichkeit der Leistung in ihrem Einfluss auf obligatorische Verhältnisse, 1853, S. 107.

〔3〕 Vgl. Friedrich Mommsen, Unmöglichkeit der Leistung in ihrem Einfluss auf obligatorische Verhältnisse, 1853, S. 107.

〔4〕 卖方返还所获价款的义务与原先契约无关，是出于不当得利返还（*condictio indebiti*）的需要。Vgl. D. 18. 1. 22 - 24.

〔5〕 Vgl. D. 18. 1. 62. 1.

〔6〕 Vgl. Max Kaser, Das römische Zivilprozessrecht, 1966, S. 253.

同于买物之诉通常保护的契约履行利益,其内核与事实诉讼相同。之所以使用买物之诉,只因该诉作为诚信诉讼的救济方式更为人熟悉,功能上却是对恶意侵害之诉(*actio doli*)的替代。[1] 后者为罗马裁判官在无其他诉讼可用时提供的侵权诉讼。[2] 出于以上理解,蒙森将消极利益赔偿责任的主观要件设定为卖方故意或重大过失,同恶意侵害之诉对故意的要求保持一致。可见,蒙森将此赔偿视为侵权责任。

3. 附随义务的定位

既有不能中是否涉及附随义务?就主观不能造成的履行利益赔偿,涉及契约有效情形下给付向利益的转化,将在嗣后不能一节中合并讨论;而就客观不能造成的消极利益赔偿,要求卖方具有故意或重大过失,即卖方明知该物禁止交易或应知而未知,结合行为,即卖方故意不告知或本应告知而未告知,构成莫德斯丁所谓欺骗。故卖方确实存在有别于买卖的行为义务,即告知义务。但据蒙森理论,客观不能导致契约无效,故切断了以契约成立为前提的给付义务与告知义务间的联系。后者不再被视为由契约产生的义务,而以独立行为义务归入侵权项下。若承认侵权法上有此项义务,则须假定存在针对不告知(不作为)侵害的法律。但这同恶意侵害之诉故意(积极作为)的要求相冲突。故蒙森将未告知视为重大过失,效果等同于故意。即便如此,将损害赔偿视为侵权责任并不符合罗马法原貌。

严法诉讼中,就债务人过错引发的给付不能,如卖方故意损毁标的物(杀死奴隶或损毁房屋等),尽管构成债的消灭,但可通过"债务持续"的拟制恢复法律关系,给予买方就标的物的赔偿。这表明,就客观不能的赔偿并非诉诸恶意侵害之诉,反而依赖契约关系的拟制。而诚信诉讼中,乌尔比安和莫德斯丁的论述须做历史解读:古典时期的彭波尼认为,只要买方不明知标的物是禁止交易物,则契约视为有效。[3] 但略晚于他的乌尔比安已认定契约无效,并给予事实诉讼;而莫德斯丁虽同意契约无效,但认为应给予买物之诉;最终,优士丁尼将规则修

[1] Vgl. Friedrich Mommsen, Unmöglichkeit der Leistung in ihrem Einfluss auf obligatorische Verhältnisse, 1853, S. 122 - 125.

[2] Vgl. Max Kaser, Das Römische Privatrecht, Bd. 1, 1955, S. 524 - 525.

[3] Vgl. D. 18. 1. 4.

正为：唯有买方明知，契约才无效，当买方不知情，则合同有效，卖方需承担其在不受欺骗情形下的利益（*quod sua interest deceptum non esse*）。[1]

引文间的矛盾可如此理解：第一，从历史流变看，古典罗马法的主流观点认定契约有效；古典盛期则出现相反意见，带来界定责任性质的难题，故出现事实诉讼或买物之诉的分歧。优士丁尼又回归认定契约有效的传统，尤其在买方不知情时，出于对其的保护，更倾向判定契约有效，以买物之诉救济，从而将给付不能转化为瑕疵给付问题，即卖方故意向买方提供有权利瑕疵的标的物，需承担买方若未受骗应有的利益。

第二，事实诉讼是何性质，须联系罗马法各诉讼间的关系才能确定。恶意侵害之诉有兜底条款的性质，适用前提是：(1)恶意侵害行为的存在；(2)无其他诉讼可用。[2] 乌尔比安之所以适用事实诉讼，而非恶意侵害之诉，是因买卖禁止交易物的行为并不能认定为恶意侵害，而仅表现为过失；又因断定契约无效，排除了买物之诉。但该做法在罗马法后续发展中受到否定，实质是以扩张契约诉讼解决了该问题。[3] 显然，蒙森未从历史角度解读上述文本，单独提取乌尔比安及莫德斯丁的观点认定契约无效，服务于其构建客观不能情形损害赔偿理论的目的。

（二）嗣后不能与附随义务

1. 无过错不能与过错不能

区别于既有不能，嗣后不能无法适用“给付不能不成债”。若能够适用该规则，则债的存续将由债务人决定，违反主观权利学说，即债务人自由限于债权人支配。[4] 蒙森以债务人过错为标准，将其细分为无过错与过错不能，该分类前提是过错。他认为，债务履行过程中不仅要求债务人不得故意阻碍实现给付，且要求其尽到注意（Vorsicht）及谨慎（Sorgfalt）义务，以避免给付因其意志外的因素受到阻碍或变为不能。故过错既包括故意，也包括过失。而与过失对应的注

---

〔1〕 Vgl. Inst. 3. 23. 5.

〔2〕 Vgl. D. 4. 3. 1. 1.

〔3〕 Vgl. Karl Heldrich, Das Verschulden beim Vertragsabschluss im klassischen römischen Recht und in der späteren Rechtsentwicklung, 1924, S. 40.

〔4〕 Vgl. Friedrich Mommsen, Unmöglichkeit der Leistung in ihrem Einfluss auf obligatorische Verhältnisse, 1853, S. 228.

意强度则取决于每个交易的具体性质。就大多数债而言,债务人须达到善良家父的审慎(*diligens pater familias*),[1]未满足者即过错。可见,就履约阶段,实际上构建起普遍的过失责任。该观点虽与科勒类似,但并未得出给付外的其他行为义务,因契约中的过错无法改变债的内容。

无过错不能的概念比照"无人须承担风险"的规则创设,又称风险不能(casuelle Unmöglichkeit)。罗马法上的风险有两个特点:(1)范围限于主观意志外的自然事件,如不可抗力;(2)风险一旦发生,无须顾及债务人的过错因素。[2]蒙森认为,该理论仅顾及导致给付不能有关事件的自然属性,未触及债务人是否应当负责的判断。故他将风险从客观概念改造为主观概念,即非因债务人过错导致嗣后不能的一切事件。[3]

以此为基础,蒙森比照既有客观不能,赋予它免除债务人给付义务的效果。[4] 但区别在于:既有客观不能引发契约无效,给付义务与其说得以免除,不如说随债消灭;而无过错不能未影响契约效力,免除给付义务的依据又是什么?蒙森并未明确回答,但他引用了 D. 46. 3. 107 中的片段,即在要式口约中,如标的物非因允诺人的过错灭失,债务也视为以自然方式清偿(*resolvere*)。[5] 可见,他将风险不能视为债务清偿的替代。换言之,本来存续的债因风险不能而转向消灭,当事人双方重新进入无债约束的状态。因不存在过错,该状态等同于既有客观不能,只产生不当得利的返还问题。

与之相对的是过错不能,蒙森给出相反规则:若给付不能因债务人过错引起,则无法免除其给付义务。[6] 该规则须在萨维尼理论中把握:过错虽导致给付不能,但不能改变债之标的(给付),改变的是其存在形式,即从实际给付转向

---

〔1〕 Vgl. Friedrich Mommsen, Unmöglichkeit der Leistung in ihrem Einfluss auf obligatorische Verhältnisse, 1853, S. 229.

〔2〕 Vgl. Friedrich Mommsen, Unmöglichkeit der Leistung in ihrem Einfluss auf obligatorische Verhältnisse, 1853, S. 241 – 245.

〔3〕 Vgl. Friedrich Mommsen, Unmöglichkeit der Leistung in ihrem Einfluss auf obligatorische Verhältnisse, 1853, S. 232.

〔4〕 Vgl. Friedrich Mommsen, Unmöglichkeit der Leistung in ihrem Einfluss auf obligatorische Verhältnisse, 1853, S. 232.

〔5〕 Vgl. D. 46. 3. 107.

〔6〕 Vgl. Friedrich Mommsen, Unmöglichkeit der Leistung in ihrem Einfluss auf obligatorische Verhältnisse, 1853, S. 229.

金钱等价物(Geldäquivalent)的利益给付。后者所含内容应是债权人在债务人避免给付不能情形下本可获得的利益,即履行利益。由此,问题转换为履行利益究竟包含什么内容?该问题涉及蒙森对给付与利益关系的理解。

2. 给付转化与附随义务

就给付,蒙森承继了萨维尼学说。他认为,债务人权利仅限于债的履行。侵害该权利表现为不履行,及于全部或部分债之标的(给付)或其特定情态(时间或地点)。[1] 若不履行归入真正不能,免除给付义务;就其余情形,则应视为债务人仍可给付;若给付义务未完成,则转化为利益赔偿。

就利益,按其与债标的之联系,分为两类:一类作为原始标的;另一类作为后续标的。前者通常基于法律规定,将行为人义务与特定行为(包括不作为)相连。若该行为造成他人损害,行为人须承担受害人在侵害未发生时的利益。由此,该利益充当侵权或准侵权之标的。而契约关系中,给付是原始标的。过错不能情形下,给付无法完成,但契约继续有效,故转化为后续标的(利益)。两者关系为何?因给付是债的唯一内容,转化结果不应大于给付本身,故后续标的是原始标的的全部或部分替代。所谓部分替代,针对部分不能,亦包括未满足给付具体情态的情形。[2] 在此理论下,利益范围无法超过原有给付。

蒙森将以上理解完全投射于对罗马法买卖契约的认识。他认为,买物之诉通常保护第二种利益,即卖方在无法履行给付义务时,须赔偿其等价利益。[3] 特殊情形下,则实现第一种利益:最常见的是恶意侵害之诉中侵害行为造成的损害赔偿,但这并非该诉的本有属性。[4] 由此,消极利益与履行利益同给付的关系也得以明确:消极利益与契约给付无关,为侵权之债的原始标的,即对损害结果的赔偿;而履行利益则是契约给付转化后的后续标的,即给付利益的金钱替代。

---

〔1〕 Vgl. Friedrich Mommsen, Die Lehre von der mora nebst Beiträge zur Lehre von der culpa, 1855, S. 16.

〔2〕 蒙森将债的原始标的细分为主给付(Hauptleistung)及从给付(Nebenleistung)。后者即萨维尼所称的给付情态(关于给付时间与给付地点的约定)。Vgl. Friedrich Mommsen, Zur Lehre von Interesse, 1855, S. 9.

〔3〕 Vgl. Friedrich Mommsen, Zur Lehre von Interesse, 1855, S. 77.

〔4〕 Vgl. Friedrich Mommsen, Zur Lehre von Interesse, 1855, S. 74.

故就嗣后不能，蒙森并未考虑附随义务：(1)其对债与给付关系的理解与萨维尼相同，故给付仍是由支配关系产生的行为义务；(2)过错不能情形下，尽管原始标的转化为后续标的，但转化内容限于给付本身，排除了其他行为义务；(3)过错并不产生契约义务，只充当给付形态的转化原因。故过错对应的侵害行为并不构成契约义务违反，而与损害直接构成侵权之债。以此推论：若债务人在契约履行时，因给付外的其他行为造成债权人固有利益的损失，则只能归入侵权范畴。这在下文中可得验证。

(三)涉标的物品质不能与附随义务

1. 给付不能理论中的标的物品质瑕疵

上述分类外，蒙森又以给付不能所涉对象是给付本身或其情态，区分完全不能与部分不能。他认为，尽管给付情态多种多样，最重要的两类是标的物品质及给付时间。[1] 仅前者与附随义务相关，故此处只讨论涉标的物品质不能。[2]

罗马法上，标的物品质瑕疵是独立的瑕疵类型，并不属于给付不能。将其视为后者，完全是概念演绎的结果。但将其归入既有不能，显示蒙森严格区分障碍出现于缔约或履约阶段。值得注意的是，契约履行中的部分不能问题在其理论中并未提及。如此处理的原因可能在于：契约订立后的利益赔偿只是债原始标的(给付)的转化。即便出现部分不能，也并不影响债务人主张给付的全部内容。而标的物的瑕疵发生在契约订立之前，可能影响原始标的本身的确定及随后的利益赔偿问题。基于上述理解，他构建了如下规则：(1)就特定物买卖，当卖方就标的物品质做出保证但出现瑕疵时，买方可选择解除契约(Wandlung)或主张减价(Minderung)；[3] (2)当卖方故意(或因重大过失)隐瞒标的物瑕疵时，买方可在解除契约之外，请求赔偿给付利益。[4]

---

[1] Vgl. Friedrich Mommsen, Unmöglichkeit der Leistung in ihrem Einfluss auf obligatorische Verhältnisse, 1853, S. 153.

[2] 另一类部分不能为涉时间不能，即在缔约阶段已存在障碍使给付无法准时完成，区别于给付迟延概念(本可准时给付而未准时)。Vgl. Friedrich Mommsen, Unmöglichkeit der Leistung in ihrem Einfluss auf obligatorische Verhältnisse, 1853, S. 212.

[3] Vgl. Friedrich Mommsen, Unmöglichkeit der Leistung in ihrem Einfluss auf obligatorische Verhältnisse, 1853, S. 203 ff., 209.

[4] Vgl. Friedrich Mommsen, Unmöglichkeit der Leistung in ihrem Einfluss auf obligatorische Verhältnisse, 1853, S. 209 ff.

但要理解上述规则，不能仅在概念中寻找依据，其本质是给付不能概念与罗马法制度的杂糅：

规则一源于《市政官告示》中的解除之诉（*actio redhibitoria*）和减价之诉（*actio quanti minoris*）。该告示是罗马市政官就市场买卖交易所给予的特别救济：买方无须证明卖方过错，只要后者未告知、展示标的物瑕疵，或就其品质做了保证（*promissum*）后仍出现瑕疵，买方即可解除契约，要求返还价款，或就标的物瑕疵主张减价。[1]《市政官告示》针对奴隶、牲畜买卖，具有明显的商业交易特征。这决定了其程序简易，故不要求卖方过错；且裁决结果简单，解约或减价的判罚不涉及复杂的利益衡量。但须注意，蒙森修改了二者的适用条件，即剔除了卖方未尽瑕疵告知义务，仅保留了其保证行为。如此处理源于主观权利观念的影响，即卖方告知实际上是给付外的行为义务，故该行为与给付无关，无法成为债之标的。进而，未尽该义务并不影响契约关系。[2] 相反，对标的物品质的保证才直接构成给付内容的确定。

规则二源于市民法上买物之诉有关标的物瑕疵的救济。相对告示，该规则适用于买卖的普遍情形。买物之诉侧重衡量买方在标的物瑕疵情形下的实际利益，并更强调卖方过错。典型例子是 D. 19. 1. 13 pr. 中尤利安的论述。他认为，卖方提供患病牲畜或瑕疵梁木给买方，须区分知情或不知情。如果卖方明知缺陷而隐瞒或欺骗，则需承担由契约产生的所有损害；如果卖方不知情，则应承担买方若知道瑕疵，以较少价格就可获得的利益。何谓由契约产生的所有损害？若房屋因梁木瑕疵倒塌，卖方就应赔偿房屋价值；若其他牲畜遭到病畜传染，则卖方应承担买方在该传染未发生情形下拥有的利益。

但显然，蒙森试图将告示中的解约制度与买物之诉中的利益赔偿相拼接；但从概念角度，该规则又是完全不能情形下损害赔偿的类推，即解除契约后，买方可要求赔偿其在标的物无瑕疵情形下本可得到的利益。但该利益是否仍为消极利益？根据蒙森理论，部分不能通常不引起契约无效；就可能部分，契约仍成立，

---

〔1〕 Vgl. Max Kaser, Das Römische Privatrecht, Bd. 1, 1955, S. 466.

〔2〕 Vgl. Friedrich Mommsen, Unmöglichkeit der Leistung in ihrem Einfluss auf obligatorische Verhältnisse, 1853, S. 197.

引发履行利益的赔偿。[1] 这同完全不能下的规则矛盾。为解决该问题,蒙森回到了既有思路,即此处给予履行利益的诉讼仍是对恶意侵害之诉或事实诉讼的替代。换言之,是以买物之诉来保护消极利益。但为何如此?蒙森坦白:"我不知如何解释其内在原因。"[2]

2. 买物之诉的误读与附随义务的忽略

蒙森的困扰源于对买物之诉的误读:其一,对给付不能进行既有与嗣后的区分,导致标的物瑕疵被视为缔约问题,隔断与履约的联系;而买物之诉中,标的物瑕疵包含于瑕疵履行内;前者所涉利益自然属于契约履行利益,不存在消极利益或履行利益的对立。

其二,未注意买物之诉对附随义务(卖方就标的物瑕疵的告知义务)提供了特别救济。上文所引 D. 19. 1. 13 pr. 中,卖方明知瑕疵而隐瞒或欺骗,应理解为卖方故意以积极作为方式逃避告知义务;卖方不知情,则是卖方于过失情形下以不作为方式侵害对方契约利益。而该义务引发的责任范围受过错影响:卖方故意时,赔偿范围包括由合同产生的所有损害,即完好标的物具有的价值及瑕疵标的物对买方原有财产(如房屋、牲畜)造成的损害,亦即瑕疵后果责任(Mangelfolgeschaden);当过错呈现过失时,赔偿范围则限于标的物的现实价值。相对地,因主观权利观念的影响,蒙森不承认给付外的行为义务,但又无法回避卖方故意与瑕疵结果责任间的关联,故认为:真正产生责任的非卖方故意隐瞒瑕疵的行为,而是由其故意引发的损害。[3] 故卖方欺骗行为与标的物产生的损害间构成因果关系,直接产生侵权之债,即恶意侵害之诉,与契约履行无关。

但若假定买物之诉替代恶意侵害之诉的观点正确,则买物之诉就成了严法诉讼下特定物给付之诉与恶意侵害之诉的叠加,显然与其诚信诉讼的功能不符。这归结于对诚信诉讼中欺诈抗辩的忽略。欺诈抗辩作为诚信诉讼中裁判官自动适用的规则,意在对契约履行中故意侵害所造成的损害进行裁判。[4] 故其虽源

[1] Vgl. Friedrich Mommsen, Unmöglichkeit der Leistung in ihrem Einfluss auf obligatorische Verhältnisse, 1853, S. 201 ff., 209.

[2] Friedrich Mommsen, Die Haftung der Contrahenten bei der Abschließung von Schuldverträgen, 1879, S. 167 Fn. 3.

[3] Vgl. Friedrich Mommsen, Zur Lehre von Interesse, 1855, S. 62.

[4] Vgl. Max Kaser, Das Römische Privatrecht, Bd. 1, 1955, S. 423.

于恶意侵害之诉,但并非简单拿来,将买物之诉成为标的物给付诉讼与恶意侵害之诉的叠加,而是对故意要素特别对待,从而扩宽契约诉讼保护的利益范围,囊括附随义务的对应利益。

四、缔约过失理论与附随义务

(一)标的物瑕疵的重构与缔约过失理论

如上所述,就标的物品质瑕疵的损害赔偿,蒙森陷入难以自圆其说的困境,即罗马法究竟为何以契约诉讼替代恶意侵害之诉?耶林对此作出回应,试图用缔约过失解释。其观点如下:就买卖缔约阶段,卖方并非仅对故意侵害负责,满足过失即可;损害赔偿责任非源于恶意侵害之诉,而是买物之诉的类推适用。

得出该结论,有赖于罗马法上有关标的物瑕疵的案例。但罗马法上仅有品质瑕疵及权利瑕疵的独立规则,构建一般意义上的瑕疵概念是耶林的创造。在此基础上,他得出了不同于蒙森的结论。禁止交易物不再被视为给付不能,而是标的物的法律瑕疵。故上文所引 D. 11. 7. 1. 8 与 D. 18. 1. 62. 1 中禁止流通物导致契约无效的观点,成为标的物瑕疵引发契约无效的论据。[1] 而就 D. 11. 7. 1. 8 中乌尔比安的论述,耶林更强调后半句表述,即事实诉讼可比照买物之诉。故他认为事实诉讼的性质源于契约诉讼,进而将莫德斯丁由买物之诉提供损害赔偿的结论类推于该诉,即卖方须赔偿买方未受欺骗情形下的利益。

但这仍未解决老问题,即契约无效情形下,为何以买物之诉救济?耶林排除了替代恶意侵害之诉,因他认为卖方缔约阶段的过失不应视同故意,其只会导致恶意侵害之诉的肆意扩张。由此,他改造了买方不受欺骗(*deciperetur*)的含义:该表述只表明受骗结果,而非欺骗行为,即卖方可以过失不作为造成欺骗效果。由此,必然存在一类卖方缔约时存在过失的案件,落于恶意侵害之诉与买物之诉的中间地带,此类案件责任应从契约本身的性质中寻找。

由此,问题变为:契约无效与有效区别为何?尽管耶林同样认为:无效对应消极利益,有效对应履行利益。但就无效性质理解不同,即无效不代表契约效力完全丧失。有效时,因契约目的是履行(实现给付),故由履行形成契约拘束力;

---

[1] Vgl. Rudolf von Jhering, Culpa in contrahendo, 1969, S. 13.

而无效时,履行虽落空,但契约仍可以其他方式产生拘束力,如返还已给付的标的物与定金,或对损害进行赔偿等。故禁止交易物作为瑕疵,仅在法律上排除履行可能,但并不否认双方已达成合意。合意之下,仍产生不以给付为目的的义务。[1] 即便契约无效,该义务仍得保留。

进而,卖方的主观过失与客观违反契约义务相连,即卖方本应知道标的物瑕疵,故不应缔结契约;而正因其对瑕疵不知情,才导致买方受损。[2] 可见,尽管耶林认为契约无效对应消极利益,但未在卖方过错与损害结果间建立直接联系,而只认可卖方过失造成丧失履行功能的契约关系。在这一特殊契约关系中,买方所受给付外的损害应由卖方承担。由此,消极利益牢牢限于契约内部,未落入侵权。以上正是缔约过失的核心含义。

(二)告知义务与附随义务

就附随义务问题,耶林并未展开。基于对无效性质的重新界定,他发现了契约关系中给付外的其他义务。以此推论:契约有效时,应同样包含此义务。但他未指明该义务的具体表现形式。相反,他意图通过其对应损害赔偿的一致性,间接表明义务的同质性,即契约有效时,违反该义务的结果应与无效相同。换言之,违反契约义务造成的赔偿不仅包括实现给付利益,还包括消极利益。由此,他将契约有效与无效情形下涉标的物品质瑕疵的案例整合起来。典型例子是 D. 19. 1. 13. 1 及 D. 21. 1. 31pr. 的对照。

D. 19. 1. 13. 1 涉及买卖有逃跑或盗窃倾向奴隶的案件。乌尔比安认为,如果卖方故意出卖有该瑕疵的奴隶,需承担买方在未受欺骗情形下拥有的利益(*quanti emptoris interfuit non decipi*)。[3] 该利益范围包括如该奴隶伙同其他奴隶逃跑,或他盗窃财物等在内的所有利益。以上针对契约有效情形,D. 21. 1. 31pr. 则是尤利安就契约解除情形的论述:如果买卖契约中作为标的物的奴隶存在瑕疵,买方主张解除契约而卖方不同意,则应给予其因这些奴隶所受损失的赔偿(*quae propter servum damna sensit*)及留置奴隶的权利。[4]

---

〔1〕 Vgl. Rudolf von Jhering, Culpa in contrahendo, 1969, S. 27 – 28.

〔2〕 Vgl. Rudolf von Jhering, Culpa in contrahendo, 1969, S. 31.

〔3〕 Vgl. D. 19. 1. 13. 1.

〔4〕 Vgl. D. 21. 1. 31 pr.

按耶林理解，解除之诉与买物之诉一样给予买方因奴隶瑕疵受损的赔偿。[1] 由此，无论契约有效或无效，标的物瑕疵所致买方固有利益的损害都得到救济。由此追问：两种状态下是否存在共同的行为义务？如前文所述，《市政官告示》尽管不要求卖方主观过错，但对具体行为有明确要求。如 D. 21. 1. 1. 1 所述：出卖奴隶者须向买方公开、准确展示（*palam recte pronuntianto*）奴隶身患何种疾病，具有何种瑕疵，是否具有逃跑倾向或身负侵害责任。[2] 故卖方的告知行为是法定义务。而买物之诉中，卖方明知标的物品质瑕疵而欺骗或隐瞒，也可理解为以积极方式逃避告知义务。可见，卖方告知即共有的行为义务，若契约解除，违反该义务即缔约阶段的过失；若在履约阶段，就成为给付外的其他行为义务。故耶林实际上触及了附随义务问题，并展现了其与缔约时行为义务的同质性。但他并未试图统一二者，而将其限于解决无效契约缔约阶段的损害赔偿。然而，这也从侧面提示了给付外其他行为义务的存在，为附随义务的理论发展打开了窗口。

（三）缔约过失理论对罗马法模式的改造

须指出的是，耶林对解除之诉项下损害赔偿的解读，服务于论证缔约与履约阶段义务同质性的目的，但并不符合罗马法原貌：D. 21. 1. 31pr. 中尽管强调对买方因奴隶受损的赔偿，但总额不得超过合同价款（*non in maiorem summam, quam in pretium ei condemnandum*），即他为无瑕疵标的物所付的价格。[3] 换言之，解除之诉的赔偿限于给付价值的返还。买方因奴隶受损的表述应理解为买方因奴隶瑕疵而多支付的价款，而非给付外其他利益的损害。结合《学说汇纂》中的其他片段，可得更充分印证：D. 21. 1. 23. 1 表明买卖双方不得通过相互返还获得超过契约未订立情形的利益（*ut nihil amplius consequatur, quam heberet, si venditio facta non esset*）；[4] D. 21. 1. 59 pr. 则表明被卖奴隶存在瑕疵，契约须被解除情形下，卖方仅须退还已收钱款。[5]

耶林对史料的穿凿源于更深层的原因，即基于萨维尼债与给付概念的进一

[1] Vgl. Rudolf von Jhering, Culpa in contrahendo, 1969, S. 18, Fn. 18.

[2] Vgl. D. 21. 1. 1. 1.

[3] Vgl. D. 21. 1. 31 pr.

[4] Vgl. D. 21. 1. 23. 1.

[5] Vgl. D. 21. 1. 59 pr.

步理论建构注定与罗马法水土不服。关键有二：一是罗马法上的给付义务非主观权利的对应物，而是诉讼产物，故合同义务的范围受诉讼性质影响。诚信诉讼要求对不特定给付标的灵活判断，并在判定赔偿责任时，对买方利益适宜裁量。由此形成整体性的契约责任，涵盖给付与其他行为义务所涉利益。同时，既无严苛的给付概念，自然也无必要区分缔约与履约阶段：在潘德克顿法学看来，缔约关乎确定给付，履约关乎实现给付；而在诚信诉讼看来，任何违反契约义务的行为都属于不履行或瑕疵履行，所谓缔约阶段的问题包含于更宽泛的契约关系中。

二是罗马法上的契约诉讼本就带有一定侵权诉讼的性质：诚信诉讼中，契约责任范围受过错要素影响，尤其体现于标的物品质瑕疵的案件中。将恶意侵害之诉纳入诚信诉讼后形成的欺诈抗辩，使卖方故意违反告知义务可构成独立于赔偿标的物价值的瑕疵结果责任，由此突破了给付对应利益的范围，弱化了契约与侵权的严格边界，也造就了契约诉讼的复合功能。耶林面对的是潘德克顿法学严格区分缔约与履约、契约与侵权的现状。在不推翻概念框架的前提下，他试图用罗马法材料尽可能地修正严苛概念导致的问题，即对给付外其他行为义务的忽视。故他开启的路径与罗马法就附随义务的调整模式并不相同，但就意图构建包含更广泛义务的契约关系本身，可谓对罗马法精神的回归。

五、1900 年《德国民法典》买卖契约中的附随义务问题

19 世纪德国法学收尾于《德国民法典》的制定。该法典是否规定了买卖契约中的附随义务问题？要回答此问，须考察与买卖契约相关的给付障碍法体系。就此，法典沿袭了温沙伊德《潘德克顿教科书》的体例，[1] 即在债法总则部分以给付不能与迟延为给付障碍类别，而在买卖契约的分则部分设置了标的物瑕疵规定。该分类带有很深的蒙森痕迹。但法典是否在其基础上作了修正，须进一步分析。而就缔约过失理论，法典未明文采纳，但并不表示立法丝毫不受影响。

（一）给付不能体系与附随义务

1. 自始不能中的附随义务问题

1900 年《德国民法典》第 306 条、第 307 条规定了自始不能（anfängliche

---

〔1〕 Vgl. Bernhard Windscheid, Lehrbuch des Pandektenrechts, Bd. 2, 1873, § 264, § 273, § 391.

Unmöglichkeit)及其损害赔偿。第306条外观上是“给付不能不成债”规则的翻版，即就不能之给付所立契约无效。[1] 内容上则是蒙森既有不能理论的全部继承：一是将引发契约无效的不能情形限缩于客观不能，主观不能并不影响契约效力；二是就客观不能，如蒙森一样分为自然与法律不能，且就两类情形同等对待。[2]

法典区别于蒙森之处在于对损害赔偿的理解：根据其第307条第1款，就不能之给付缔约的双方当事人，若对该给付不能知道或应当知道，则须向对方赔偿其由于信赖契约有效所受损失，但不得超过其在契约有效情形下所获利益；[3] 该条第2款则规定，以上规则类推适用于部分不能。[4] 尽管该条名为消极利益，但较蒙森理论已有改动。确切地说，是给付不能框架与缔约过失内容的雌雄同体(Zwittergebilde)。[5] 关键变化有如下几点：

(1)放宽了卖方过错要求。从讨论记录看，立法者放弃了将故意或重大过失视为主观要件的做法，一定程度上接受了缔约过失理论。其认为：卖方就不能之给付所做允诺中暗含一项给付可以实现的默示保证(stillschweigende Garantie)。[6] 其理论依据源于耶林的一项表述，即做出允诺的一方不应发生认识错误，就该错误，他应自行负责，而不能以对方损失为代价。[7] 条文中“知道或应当知道”的表述仍应视为过错推定，但足以表明其与故意的要求松绑了。

(2)过错的放宽同就损害赔偿性质的认识转变有关。尽管立法者在《德国民法典第一草案》的立法理由中坦承，消极利益属于侵权或契约责任悬而未决，但行文中“消极契约利益”(negatives Vertragsinteresse)的表述仍难掩其倾向，即

---

[1] Vgl. § 306 a. F. BGB.

[2] Vgl. Mot. Ⅱ, S. 177, in: Mugdan, Die gesammten Materialien zum Bürgerlichen Gesetzbuch für das Deutsche Reich, Bd. 2, 1899, S. 97.

[3] Vgl. § 307 Ⅰ a. F. BGB.

[4] Vgl. § 307 Ⅱ a. F. BGB.

[5] Vgl. Christian Wollschläger, Die Entstehung der Unmöglichkeitslehre: Zur Dogmengeschichte des Rechts der Leistungsstörungen, 1970, S. 172.

[6] Vgl. Prot., S. 911, in: Mugdan, Die gesammten Materialien zum Bürgerlichen Gesetzbuch für das Deutsche Reich, Bd. 2, 1899, S. 616.

[7] Vgl. Rudolf von Jhering, Culpa in contrahendo, 1969, S. 35.

消极利益性质上与契约责任更为亲近。[1] 承认这一点，才能理解立法者的两个推论：一是损害赔偿不再局限于卖方，而成为买卖双方作为对待给付主体所负的共同责任；二是双方须在缔约过程中尽到谨慎与关注义务（Sorgfalt-und Aufmerksamkeitspflicht）。[2]

由上所述，法典中的自始不能规定具有复合性质：一方面，继承了蒙森的概念体系，故损害赔偿的依据无法完全脱离过错要件；另一方面，就损害赔偿内核，立法者受到了缔约过失理论的极大影响。过错不再被理解为某一特定主观状态，而被视为对前设契约义务的违反。该契约义务即买卖之外的其他行为义务，即所谓谨慎与注意义务。该义务由于出现在契约无效情形下，故与给付义务的联系实际上被切断了。那么，法典就契约履行中是否考虑到附随义务问题，须结合嗣后不能分析。

2. 嗣后不能中的附随义务问题

嗣后不能情形牵涉两个问题：一是未出现给付不能情形时，契约义务包含什么内容？二是嗣后不能出现后，损害赔偿包含什么内容？

问题一牵涉法典对债与给付的理解。其中，给付概念较潘德克顿法学是否有所放宽？仅据法典第241条债权人得依债务关系请求给付（包括作为与不作为）的表述，不足以回答该问题。[3] 参见立法文献可知，从《德国民法典第一草案》开始，立法者就将给付视为债的唯一标的。[4] 讨论记录更明确表示：债的效力取决于债权人在给付上具有的利益，进而债权人的财产利益（Vermögensinteresse）并不属于债的本质。[5] 可见，法典对债与给付的理解仍基于主观权利学说。故债务人义务仍限于债所生支配关系下的行为义务，即给付义务。除此之外的其他行为义务非债之内容。

---

〔1〕 Vgl. Mot. Ⅱ, S. 179, in: Mugdan, Die gesammten Materialien zum Bürgerlichen Gesetzbuch für das Deutsche Reich, Bd. 2, 1899, S. 98.

〔2〕 Vgl. Prot., S. 910, in: Mugdan, Die gesammten Materialien zum Bürgerlichen Gesetzbuch für das Deutsche Reich, Bd. 2, 1899, S. 616.

〔3〕 Vgl. § 241 a. F. BGB.

〔4〕 Vgl. Mot. Ⅱ, S. 6, in: Mugdan, Die gesammten Materialien zum Bürgerlichen Gesetzbuch für das Deutsche Reich, Bd. 2, 1899, S. 1.

〔5〕 Vgl. Prot. Ⅰ, S. 466, in: Jakobs/Schubert, Die Beratung des Bürgerlichen Gesetzbuchs in systematischer Zusammenstellung der unveröffentlichten Quellen, 1978, S. 40.

但作为补充,法典第242条规定债务人须依诚实信用原则顾及交易习惯之要求完成给付。[1] 该条前身为《德国民法典第一草案》中的第224条,规定债务人须全面实现给付。[2] 何谓全面?立法者认为,债的内容唯有考察给付的所有方面(包括次要方面)才得以认识,并在具体情境下就法律与行为进行解释,才予以明确。[3] 但《德国民法典第二草案》认为全面给付的用语过于狭窄,代以诚实信用的表述,原因在于早先规定限于给付方式,并不包含债的所有内容,后者是其所有义务的来源。[4] 可见,引入诚信原则的目的是修补主观权利观下的给付概念。此处虽未提及附随义务,但应承认立法者考虑到了契约中存在给付外其他义务的可能。

就问题二,据法典第280条第1款,只要归责于债务人的情形致使给付不能,则债权人可就不履行所生损害主张赔偿;[5] 据该条第2款,就部分不能(包括质或量的不能),当剩余给付对债权人无利益时,其可拒绝履行剩余部分,就全部不履行的损害主张赔偿。[6] 可见,法典基本继承了蒙森过错不能的框架。但损害赔偿中是否涉及附随义务的对应利益,须考察给付与损害赔偿的关系。立法者声称既未采纳罗马法上"债务持续"的拟制,也未采纳萨维尼以来债务转化的观念:否定前者,是因损害赔偿所涉标的本质上不同于原始给付;否定后者,是因原始标的转化的表述造成原债消灭、新债产生的错觉。[7] 由此判断,法典所持的实际上仍为有机体学说下的债务转换观念,即损害赔偿落入原债关系中,不成为独立的侵权责任。而就如何转化,立法者认为:债务人的赔偿责任应以债权人的主观权利损害计算,其过错直接表现为针对债权人的主观不法(subjektive Widerrechtlichkeit)。可见,损害赔偿所涉内容限于债权人无法实现的主观权利;

---

〔1〕 Vgl. § 242 a. F. BGB.

〔2〕 Vgl. § 224 Ent I BGB.

〔3〕 Vgl. Mot. Ⅱ, S. 26, in: Mugdan, Die gesammten Materialien zum Bürgerlichen Gesetzbuch für das Deutsche Reich, Bd. 2, 1899, S. 14.

〔4〕 Vgl. Prot., S. 1250, in: Mugdan, Die gesammten Materialien zum Bürgerlichen Gesetzbuch für das Deutsche Reich, Bd. 2, 1899, S. 521.

〔5〕 Vgl. § 280 Ⅰ a. F. BGB.

〔6〕 Vgl. § 280 Ⅱ a. F. BGB.

〔7〕 Vgl. Mot. Ⅱ, S. 50, in: Mugdan, Die gesammten Materialien zum Bürgerlichen Gesetzbuch für das Deutsche Reich, Bd. 2, 1899, S. 27.

与此相对应的,即债务人未履行的给付义务。附随义务并不落入此范围。

由上所述,法典就债之内容及损害赔偿范围的规定不完全一致:一方面,法典对债的理解仍在萨维尼开创的理论框架内,故给付义务与主观权利一体两面,而附随义务并非债的内容;另一方面,法典第 242 条的诚信原则从理论上拓宽了债所生义务的范围。但在不履行情形下,法典又继承了蒙森嗣后不能的学说体系,导致损害赔偿限于给付义务的转化,故并未涵盖附随义务的保护。该矛盾导致了相关问题寻找请求权基础的困难,从而引发了此后积极违约理论的发展。[1]

(二)标的物品质瑕疵与附随义务

标的物品质瑕疵的问题规定于具体债务关系的买卖、互易一节。据法典第 462 条,若标的物于转让前出现瑕疵,买方可主张解除契约或相应减价;[2] 而据法典第 463 条,若卖方在订立契约时对标的物品质做了担保或对该瑕疵恶意隐瞒(arglistig verschweigen),且买方不主张解除契约或减价,则买方可代之以请求损害赔偿。[3] 外观上,以上条文几乎照搬蒙森就涉标的物品质不能的规则,唯一区别是将卖方保证等同于故意情形。该规定是否涉及附随义务,须判断三个问题:法典是否以契约订立为标准,区分缔约与履约阶段?若是,该损害赔偿的性质如何界定?是否考虑到该阶段的行为义务?

就问题一,法典区分缔约与履约的标志是就各自阶段的损害赔偿,对卖方提出不同的过错要求:就前者,须故意或事先保证;就后者,满足过失即可。[4] 该区别是蒙森给付不能理论的投影,即嗣后不能被视为履行(给付)障碍,而标的物品质瑕疵则作为契约外的问题。

由此引发问题二,即法典是否与蒙森一样将该损害赔偿界定为侵权责任?

---

〔1〕 在《德国民法典》颁布后,就瑕疵履行的请求权基础主要有三种观点:一是援引法典第 280 条,即将给付不能扩张解释为包括更广泛给付情态的概念,从而将瑕疵履行视为其情形之一;二是援引法典第 276 条,将过错要件作为责任要件直接适用;三是史韬布所倡导的积极违约理论,主张类推适用法典第 286 条,给予债权人等同于债务人给付迟延情形的损害赔偿。Vgl. Hermann Staub, Die positiven Vertragsverletzungen, 1969, S. 95 – 97.

〔2〕 Vgl. § 462 a. F. BGB.

〔3〕 Vgl. § 463 a. F. BGB.

〔4〕 Vgl. § 276 a. F. BGB. bzw. § 224 I 2 Ent I BGB.

立法者认为：尽管卖方故意直接构成责任的原因（*dolus causam dans*），[1]带有侵权性质，本对应消极利益，但依现行法须给予积极的履行利益赔偿，因后者要求对如此不正直的卖方，须从交易动态安全利益出发，以其感受得到的损失给予威慑。[2] "现行法"的用语实为法政策的替代表述。可见，立法者实际上采取了权宜之计，即一方面，将其定性为侵权责任；另一方面，出于法政策考量，给予其履行利益的赔偿。该做法虽绕开了蒙森理论的冲突，但也模糊了损害赔偿的定性。

从另一角度看，该损害赔偿的性质又介于蒙森与耶林之间：一方面，将卖方过错限于故意；另一方面，又给予相当于就嗣后过错不能的赔偿。要自圆其说，唯有将卖方故意隐瞒瑕疵视为违反契约义务，即瑕疵告知义务，且契约未解除时，违反该义务涉及契约整体利益的损害，包括履行利益的丧失。但即便承认该义务存在，也仍不能调和缔约与履约阶段过错的差异：一旦否认缔约为契约关系外的独立领域，其与履约阶段的过错要求就应统一为过失。该矛盾由蒙森误读罗马法所致，最终在法典中保留，并成为积极违约理论改造的对象。[3]

六、结语

现可回答本章开头的三个问题：

1. 德国法将罗马法上本为整体的契约义务拆分为给付义务与附随义务，源其 19 世纪法学对后者的遗漏：主观权利学说下，给付被视为债的唯一标的；有机体学说下，损害赔偿被视为债之原始标的（给付）的转换，而非侵害契约义务的结果。蒙森的给付不能理论加固了该倾向，而耶林从缔约过失的侧面提示了给付外其他义务的存在。《德国民法典》形式上继承了萨维尼、蒙森的概念体系，

---

〔1〕 欧洲中世纪法学家将故意分为直接构成责任原因的故意（*dolus causam dans*）以及伴随的故意（*dolus incidens*）。前者指在无契约关系情形下，行为人的故意侵害直接引发责任；后者指在契约关系内，当事人虽有故意，但并不直接引发责任，只违反契约义务。See Zimmermann, *The Law of Obligations: Roman Foundations of the Civilian Tradition*, Juta Press, 1990, p. 670 .

〔2〕 Vgl. Mot. Ⅱ, S. 229, in: Mugdan, Die gesammten Materialien zum Bürgerlichen Gesetzbuch für das Deutsche Reich, Bd. 2, 1899, S. 126.

〔3〕 积极违约，是指除给付不能与迟延外，债务人以积极方式违反本应不作为的义务或完成了瑕疵给付。由此将卖方于缔约时的告知义务与因标的物品质问题产生的瑕疵履行重新统一，消解了蒙森理论的困境。Vgl. Hermann Staub, Die positiven Vertragsverletzungen, 1969, S. 93.

未顾及附随义务问题,但立法材料则显示概念所涉理论具有亲近耶林的倾向,为附随义务的发展留下了空间。

2. 罗马法上过错决定赔偿范围的传统被打破:一方面,过错的客观方面(侵害行为)被剥离,成为主观归责要件;另一方面,契约关系内的过错成为导致给付转化的原因,不再直接影响赔偿。由此,罗马法上故意要素扩大契约责任的现象,被解释为以契约诉讼为外表的侵权诉讼。耶林修正了该做法,一定程度上回复了罗马法传统,将缔约阶段的损害赔偿重新纳入契约关系。但罗马法上的故意要求也被修正为普遍适用于契约履行阶段的过失。而《德国民法典》就标的物品质瑕疵的规定则仍保留了故意要件,体现了蒙森理论的痕迹。

3. 罗马法上契约诉讼融合侵权诉讼的特征不复存在。在有机体理论影响下,契约与侵权界限趋于严格。体现于买卖契约中,则是缔约与履约阶段的划分。蒙森就既有与嗣后不能的区分视前者为侵权关系,后者为契约关系,不仅固化两者界限,更造成自身的悖论。耶林虽试图将缔约阶段重新纳入契约关系,但仍未改变契约与侵权泾渭分明的格局。而《德国民法典》也未能解决该问题,仅以法政策考量为由搁置了争议。

以上三点解释了《德国民法典》后附随义务理论何以兴起及其发展为保护义务的历史原因。

第三章　德国现代法上附随义务的产生与演变

一、概述

上述两章已阐明,德国法在改造罗马法的过程中忽略了附随义务问题,直接导致瑕疵履行问题在以给付不能与迟延为主要类型的既有给付障碍法中无法解决。尽管如此,德国法并未回归罗马法传统,而是沿着自身的教义学路径,发展出了新的解决办法。该过程的关键是缔约与履约阶段相关行为义务的互动与关联。就此,本章核心聚焦如下问题:现代德国法上的附随义务学说何以提出,为何演化为保护义务,以及是否妥当填补了潘德克顿法学的漏洞?

史韬布将积极违约视为给付不能与迟延之外的第三类给付障碍,该理论被视为德国法学上的"发现"(Entdeckung),引发了关于履约阶段行为义务的广泛讨论。在此背景下,希尔伯(Heinrich Siber)率先提出了谨慎义务(Diligenzpflichten),其独立于给付存在,对应于单独的损害赔偿。在此基础上,艾内克鲁斯(Ludwig Enneccerus)构造出附随义务概念,将其视为诚信原则的引申产物。但克里斯(Hugo Kreß)从债权(Forderung)视角出发,进一步发现存在旨在保护契约性法益(Güter)的保护请求权(Schutzansprüche),而施托尔(Heinrich Stoll)从相反的义务视角来理解债务关系,构建了给付义务与保护义务之间的区分。

对称出现的是先合同阶段相关行为义务的发展。莱昂哈德(Franz Leonhard)在耶林的基础上,试图通过类推履约阶段的积极违约,为有效合同缔约阶段的过错寻找依据。与此相反,施托尔则为强调缔约阶段相对履约阶段的独立性,将先合同法律关系视为有机体。由此,缔约过失越发被视为独立的债务关系,即特殊联结(Sonderverbindung)。该趋势的顶点表现为丢勒(Hans Dölle)的"法外义务"(außergesetzliche Schuldpflichten)说,即特殊联结只需通过社会联系就可建立。该理论的步伐迈得过大，以至于未被学界普遍接受，但导致了缔约过失责任性质进一步的法定化。

在此背景下，出现了勾连乃至统合缔约过失与积极违约中行为义务的努力。值得一提的是，拉伦茨提出了“无主给付义务的法定债务”说（gesetzliche Schuldverhältnisse ohne primäre Leistungspflicht），强调各种行为义务可被囊括在动态的合同关系中。该理论启发卡纳里斯提出了“统一法定保护义务”说（einhetiliches gesetzliches Schutzverhältnis），试图将上述行为义务归入统一的特定债务关系，从而与合同中的给付关系脱钩。

买卖合同领域内，则主要体现为债法总则层面的法律发展。关键点即为瑕疵担保规则（Gewährleistungsrecht）与一般给付障碍法之间的关系重构。由此，相关文献及司法裁判通过区分瑕疵损害与瑕疵结果损害（Mangel-und Mangelforgeschaden）确立了《德国民法典》第 463 条（旧）、缔约过失与积极违约之间的边界。但该方案最终为采纳安保义务所替代。

最后，本章将考察保护义务学说在德国新债法（尤其是买卖法）中的处理情况。作为百年法律发展的最终成果，新债法提供了一个机会去审视《德国民法典》是否及在多大程度上引入了保护义务，并解决了法典中的既有问题。在此基础上，笔者将从历史角度对德国法的现行体系进行评估与批判，以回答现代德国法上附随义务的三个关键问题：给付义务与附随/保护义务之间的关系应如何理解，以及妥当安排？过错要素与附随义务及其违反后对应的损害赔偿之间呈现何种关系？合同与合同外债务关系的联系发生了何种变化？

二、履约阶段行为义务理论之发展

（一）积极违约理论对给付障碍类型的突破

旧《德国民法典》中债法体系的建构基于给付概念，并未顾及给付外的行为义务。围绕给付情态，在给付障碍法中仅设置了给付不能与迟延两类情形。该问题最终暴露于法律实务。律师史韬布首先提出，在现有给付障碍法中存在漏洞，即对当事人以积极行为违约，或以积极行为违反不作为义务，或虽完成给付，但负有瑕疵等情形,无条文可予救济。[1] 例如,一商人负有提供账簿义务,但在约定期限届满时,仅提供错误账簿,影响对方决策。[2] 此类案例无法归入给付不能或迟延,构成第三类给付障碍,即所谓积极违约(positive Vertragsverletzung)。他认为,构成积极违约者,应负赔偿责任。但请求权基础何在?

就该问,当时有两种观点:一是将《德国民法典》第276条(旧)作为请求权基础,即只要一方因过错侵害他人利益,即负赔偿责任。但该观点违反了普赫塔以来广为认可的责任要件公式,即客观上须有义务违反,主观上须有过错。故史韬布认为,《德国民法典》第276条(旧)仅规定了归责的范围和内容,即责任要件的主观方面,无法作为请求权基础。[3]

二是给付不能说。一种意见认为,积极违约实为部分不能。因在履行期限届满后,给付无法再次成就。[4] 故商人无法在约定期限内提交正确账簿,应视为一时不能。但在史韬布看来,该理论仅是逻辑游戏:除非契约履行限定固定日期,否则即便履行期限届满,商人仍能履行,[5] 所谓一时不能实为迟延。[6] 另一种意见则认为,积极违约实为不作为义务的违反。当给付义务以不作为形式存在时,可因积极方式违反,变为不能。但史韬布认为,民法典中的给付不能仅指无法履行的债之标的,即标的不能(gegenständliche Unmöglichkeit)。而不作为义务的违反不可视为不能,因违反义务造成的损害已无法回复至未发生的状态。

史韬布与两者的区别在于:后者试图突破法典结构,重构给付不能概念;而他则严守法典本意,在原框架不变的前提下,引入积极违约理论。实质上,两者皆意在扩宽违约范围。但积极违约最终成为通说,为德国法院所采纳。鉴于该

[1] Vgl. Hermann Staub, Die positive Vertragsverletzungen, 1969, S. 93.

[2] Vgl. Hermann Staub, Die positive Vertragsverletzungen, 1969, S. 97.

[3] Vgl. Hermann Staub, Die positive Vertragsverletzungen, 1969, S. 95.

[4] Vgl. Hermann Staub, Die positive Vertragsverletzungen, 1969, S. 96.

[5] Vgl. Hermann Staub, Die positive Vertragsverletzungen, 1969, S. 99.

[6] 《德国民法典》的给付不能与迟延概念均来自蒙森的构造。在其理论框架内,部分不能仅针对自始不能,分为涉标的物品质不能和涉时间不能两类。后者是指缔约阶段已存在障碍使给付无法准时完成,区别于迟延概念(本可准时给付而未准时)。故所谓一时不能的概念对于民法典来说是陌生的,其本质上仍是迟延的一种情形。Vgl. Friedrich Mommsen, Unmöglichkeit der Leistung in ihrem Einfluss auf obligatorische Verhältnisse, 1853, S. 212.

理论在法典中并无依据,史韬布试图类推《德国民法典》第 286 条(旧)项下的债务人迟延条款。在他看来,积极违约所涉均为可以给付,但造成瑕疵结果的情形,故其法律后果与迟延相似。两者区别仅在于干扰给付的方式:迟延是时间维度上的瑕疵给付,而积极违约则是时间维度外的瑕疵给付。因其同样造成契约目的落空,故应比照过错情形下的迟延处理。概括而言,积极违约的理论意义不在于提出了一个清晰的概念,而在于"发现"法典漏洞,开启了对债法义务群的反思,为附随义务学说的先声。

(二)附随义务理论与给付外行为义务的建构

1. 谨慎义务理论对给付义务的补充

积极违约理论虽限于改造给付障碍法,但提示了给付外存在额外行为义务的可能。为此,希尔伯提出了谨慎义务。他从传统给付概念中分离出两层含义:一是给付结果(Leistungserfolg);二是达成该结果的行为。[1] 这从根本上改变了法典对债的固有理解,即债务人义务限于实现给付结果,不涉及具体行为。

同时他意识到:法典中,债务人过错仅在给付转化中扮演次要角色,即债务人的谨慎(Sorgfalt)要求仅针对最初给付内容,作为赔偿责任的转化条件存在。[2] 由此,他不再将谨慎要求视为主观过错(过失)的对应物,而认为:未尽谨慎,即须赔偿。[3] 换言之,可赔偿之谨慎才是谨慎义务。由此,违反该义务,可造成独立于给付义务的额外赔偿。故谨慎义务不再充当给付转化赔偿的条件,而是给付内容的本有特征。[4]

由此,债的本质得以改变:法典采纳了潘德克顿法学通说,即债产生于债权人意志对债务人意志的支配关系。而希尔伯认为,债务关系并非必然表现为债务人的意志活动,也可视为债权人所得,即除通过债务人意志外,可以其他方式

---

〔1〕 Vgl. Heinrich Siber, Der Rechtszwang im Schuldverhältnis nach deutschem Reichsrecht, 1903, S. 171.

〔2〕 Vgl. Heinrich Siber, Der Rechtszwang im Schuldverhältnis nach deutschem Reichsrecht, 1903, S. 180.

〔3〕 Vgl. Heinrich Siber, Der Rechtszwang im Schuldverhältnis nach deutschem Reichsrecht, 1903, S. 173.

〔4〕 Vgl. Heinrich Siber, Der Rechtszwang im Schuldverhältnis nach deutschem Reichsrecht, 1903, S. 172.

实现的法律效果。[1] 故债的内容不仅包括债务人应给付之利益,也包括债权人应获之利益。换言之,债不再是针对债务人的法律强制,而是以此强制保障债权人就合同履行可期待的法律效果。[2]

但他并未将谨慎义务视为给付内容本身,因其仍未放弃法典的理论基础,即债之目的为实现给付结果。故为实现给付而准备、辅助的行为被排除于给付义务外。由此产生如下困境:其一,法典采潘德克顿法学观点,将损害赔偿视为给付结果的等价利益(Äquivalentsinteresse);其二,希尔伯又将谨慎义务排除于债的内容外,则其对应的损害赔偿何以产生? 对此,他未作回答。故谨慎义务与给付义务的关系须进一步明确。由此产生了艾内克鲁斯更为系统的附随义务理论。

2. 独立、非独立附随义务与给付义务关系的调整

艾内克鲁斯认为,根据诚信原则,债务人负有附随于给付的特殊行为义务,即向债权人展示或告知重要事项或维护其法益。[3] 该附随义务可分为非独立的附随义务和独立的附随义务两类:前者无独立目的,仅保障履行给付义务。其对应不作为义务,包括为准备或实施给付行为产生的义务,如卖方在交付前保有、看管标的物的义务,或承运人避免货物受损的义务等。后者则带有特定的附随目的,即确保全面实现债之结果,[4] 如履行给付义务时的通知及协作义务。[5]

区分两者的意义在于:非独立的附随义务因缺乏自身目的而无法独立请求履行(nicht einklagbar),只能主张违反该义务产生的损害赔偿。因该义务不涉及给付内容,故无法视为部分不能。而独立的附随义务则可独立请求履行(einklagbar),因其包含于给付义务,故视同部分不能,就给付不能、迟延及积极违约的规则均可适用。[6] 同时,他进一步认为,在缔约时也存在此类行为义务,

[1] Vgl. Gottlieb Planck, Planck's Kommentar zum Bürgerlichen Gesetzbuch, 4 Aufl. 1914, Vorbemerkung vor §241 Ⅲ A2.

[2] Vgl. Gottlieb Planck, Planck's Kommentar zum Bürgerlichen Gesetzbuch, 4 Aufl. 1914, Vorbemerkung vor §241 Ⅲ A2.

[3] Vgl. Ludwig Enneccerus, Lehrbuch des bürgerlichen Rechts, Bd. 2, 1930, S. 13.

[4] Vgl. Enneccerus/Lehmann, Recht der Schuldverhältnisse, 1950, S. 19 – 20.

[5] Vgl. Enneccerus/Lehmann, Recht der Schuldverhältnisse, 1950, S. 20.

[6] Vgl. Enneccerus/Lehmann, Recht der Schuldverhältnisse, 1950, S. 20.

如买卖契约签订时,卖方负有告知标的物瑕疵的义务。[1]

可见,艾内克鲁斯试图通过诚信原则将附随义务纳入债的内容,并通过独立与非独立的区分,理顺其与给付义务的远近联系:前者实为辅助给付产生的行为义务,而后者则是脱离给付目的的行为义务。而就两者可否独立请求履行的划分,则表明其仍依赖将损害赔偿视为给付义务等价利益的传统理论及蒙森的给付不能概念:前者虽非给付内容,但因类似于给付,得类推适用原债法中用于给付的规则;后者异于给付,故仅产生损害赔偿。由此,以给付为主体的债法框架仍得以保留,附随义务从属于给付概念存在。

综上,艾内克鲁斯的附随义务学说是对谨慎义务与给付不能理论的一种调和。一方面,《德国民法典》第 276 条(旧)将过错独立于债法义务之外,强行将过错解释为义务违反,与德国债法上区分客观法益与主观可归责性的传统并不一致。由此,艾内克鲁斯将附随义务的源头切换为诚信原则。这意味着,他试图扩充债法义务的内容,进而在给付之外解释出其他契约性的义务。另一方面,该额外的债法义务亦需受制于给付不能规则的调整,否则即无法处理义务履行与损害赔偿之间的关系。但以此逻辑延伸,即出现了附随义务与给付不能理论之间的不协调。只能将附随义务概念进行拆解,划分为近似给付的部分,以及异于给付的部分。就后者,艾氏理论其实并未进行妥当解释,即仍未能解决希尔伯的问题,即给付无关的行为义务何以产生独立的损害赔偿。由此,进一步催生保护义务理论的尝试。

(三)保护义务理论的兴起与债法义务体系的严苛化

1. 不完全保护请求权理论与保护义务的独立化

以给付为中心构建义务群,导致了附随义务定性的困难。保护义务理论的出现,可视为对附随义务性质的再探索。通常认为,施托尔是该理论的提出者,但给付关系与保护关系的区分则源于克里斯。他另辟蹊径,从请求权视角理解债的性质,即债不仅是由债权人主观权利产生的支配关系,而且涉及交往中获得及维持利益的法律关系。[2] 此处所谓利益,即实施债所产生的利益。[3] 故契

---

〔1〕 Vgl. Enneccerus/Lehmann, Recht der Schuldverhältnisse, 1950, S. 20.

〔2〕 Vgl. Hugo Kreß, Lehrbuch des allgemeinen Schuldrechts, 1929, S. 1.

〔3〕 Vgl. Hugo Kreß, Lehrbuch des allgemeinen Schuldrechts, 1929, S. 582.

约内容不仅牵涉给付结果的利益，还包括债权人的人身、财产利益。由此产生获得及保护请求权（Erwerb-und Schutzansprüche）：前者涉及契约利益的获得，源于法律允许，对应给付义务；后者则指向其保护，即法律禁止侵入他人利益空间，对应保护义务。[1] 但给付义务与保护义务究竟是何种关系？

就此，他将保护请求权分为约定与未约定两类。若保护请求权已约定，则自然属于契约内容；但若未约定，则可通过契约解释或诚信原则加以确定。[2] 原则上，债务人须以无损债权人利益的方式实现给付。[3] 换言之，履行过程中，债务人须禁止任何违背约定给付方式的行为，尤其因契约关系有权使用标的物或有处分权利而进入对方财产范围时，须禁止越权入侵行为。[4] 由此，保护义务不限于保护债权人的固有利益，也涵盖给付相关的附随义务。[5] 故其与给付义务并非泾渭分明。因其标的为由债所生的利益，不仅涉及财产的静态利益，也包括其流转的动态利益，故保护义务实为给付外行为义务的总和。

且该理论并不限于契约，也适用于一般债法，故区分了绝对与相对保护请求权：前者针对所有人，后者限于债务关系中的特定人。[6] 由此，保护请求权贯穿契约、侵权关系。此外，又区分了完全与不完全保护请求权，前者针对利益受损后的赔偿。但强调赔偿并不符合履行优先原则，故充当对债务人的威吓，避免其损害他人利益，而债权人则被授予支配债务人行为的权利，即未完全保护请求权。[7] 唯当义务违反时，保护请求权才从未完全形态转化为完全形态。故前者实为义务履行，后者则为其对应的损害赔偿。

保护义务通常仅要求债务人不侵入他人受保护的利益（不作为），但在契约关系中，须辅助给付和照顾人身、财产利益，亦涉及积极行为义务。[8] 由此，积极违约为不完全保护请求权所包含：前者限于不作为义务的违反，而后者在特定

---

〔1〕 Vgl. Hugo Kreß, Lehrbuch des allgemeinen Schuldrechts, 1929, S. 2 – 3.
〔2〕 Vgl. Hugo Kreß, Lehrbuch des allgemeinen Schuldrechts, 1929, S. 579 – 580.
〔3〕 Vgl. Hugo Kreß, Lehrbuch des allgemeinen Schuldrechts, 1929, S. 580.
〔4〕 Vgl. Hugo Kreß, Lehrbuch des allgemeinen Schuldrechts, 1929, S. 581.
〔5〕 Vgl. Franz Dorn, in: Historisch-kritischer Kommentar zum BGB, 2007, § 241 Rn. 99.
〔6〕 Vgl. Hugo Kreß, Lehrbuch des allgemeinen Schuldrechts, 1929, S. 4.
〔7〕 Vgl. Hugo Kreß, Lehrbuch des allgemeinen Schuldrechts, 1929, S. 5.
〔8〕 Vgl. Hugo Kreß, Lehrbuch des allgemeinen Schuldrechts, 1929, S. 5 – 6.

情形下亦涵盖以积极行为方可履行的义务。[1] 此外，缔约过失同样囊括在内。克里斯认为，保护义务的存在并不以契约成立为前提：违反该义务的损害赔偿于缔约时就已存在，并不因契约成立而消灭，[2]故缔约过失亦为相对、不完全保护请求权。

由此可见，保护请求权理论有两大目的：一是克服希尔伯的理论困境，即通过不完全与完全请求权的构造为谨慎义务找到法律依据；二是以绝对与相对请求权的构造尽可能将积极违约与缔约过失纳入同一理论。但以上目的未完全实现，因存在两个难点：一是保护请求权标的虽为实施债所生利益，但该利益究竟应如何理解？二是保护请求权虽有绝对、相对之分，但两者关系为何？若将前者视为侵权责任，则其性质为何在进入具体债务关系后改变？进言之，积极违约与缔约过失虽均可视为相对、不完全保护请求权，但就此忽略两者性质差异，是否恰当？以上问题涉及履约与缔约，契约与侵权间的划分，须进一步明确保护义务的性质。由此出现了施托尔的独立保护义务理论。

2. 独立保护义务理论与债务关系的分层

施托尔尝试将积极违约类型化。他认为，该名称并不准确，[3]至少可细分为违反不作为义务、瑕疵履行、损害契约目的、债务人拒不履行等。[4] 以上类型对应不同的法律结果，应根据契约双方的利益状态重组。[5] 就此，须以利益法学重新认识债的性质。首先，债权人利益以债务人利益为代价得以增加。为实现该目的，出现了给付及其未履行情形下的责任。给付旨在实现债权人利益，而

---

〔1〕 Vgl. Hugo Kreß, Lehrbuch des allgemeinen Schuldrechts, 1929, S. 590.

〔2〕 Vgl. Hugo Kreß, Lehrbuch des allgemeinen Schuldrechts, 1929, S. 584.

〔3〕 施托尔认为，积极违约的用语不仅有误导性，而且有语病：误导性，是指“违约”一词无法概括多种类型的义务违反；有语病，是指多种违反行为，如克里斯所述，既可以是积极行为，也可以消极不作为的方式成就。Vgl. Heinrich Stoll, Abschied von der Lehre von der positiven Vertragsverletzung-Betrachtungen zum dreißigjährigen Bestand der Lehre, AcP (1936), S. 314 – 315.

〔4〕 Vgl. Heinrich Stoll, Abschied von der Lehre von der positiven Vertragsverletzung-Betrachtungen zum dreißigjährigen Bestand der Lehre, AcP (1936), S. 262 – 265.

〔5〕 依据以上义务列举，施托尔总结：积极违约的案例无法统一于一个名称。故他尝试舍弃该术语，而以债权人与债务人间的利益格局为标准，重新划分所涉债法义务。Vgl. Heinrich Stoll, Abschied von der Lehre von der positiven Vertragsverletzung-Betrachtungen zum dreißigjährigen Bestand der Lehre, AcP (1936), S. 286.

责任则作为嗣后强制，用以保障给付履行。[1] 由此产生履行义务，以实现债权人利益，即债之积极目的。[2] 其次，在债的另一层面存在与给付无关，直接源于诚信原则的特殊联结，即信赖关系。鉴于信赖关系加大了对方人身、财产的损害可能，故双方均有义务保护对方免遭损害。[3] 此即保护义务，为债的消极目的。

在此基础上，他进一步区分给付利益与保护利益。[4] 两者虽对应各自义务，但彼此关系仍不明确。故施托尔借用纳粹时期的人民共同体思想，引入共同体说(Gemeinschaftsgedanke)。[5] 他将其解释为协作式联结，[6] 以此为债法的伦理基础。由此产生基础性的信赖义务(Treupflichten)，[7] 即债的当事人皆从属于社会共同体，故不能只顾及自身利益，也应致力于社会整体福祉(Gemeinwohl)。换言之，债务人义务不再是债权人主观权利的对应物，而给付利益与保护利益分享共同源头。

值得注意的是，施托尔从两方面理解给付关系与信赖关系间的联系，一方面，信赖关系独立于给付关系。前者早于后者出现，始于双方为契约目的相向而立之时，而晚于后者结束，止于给付关系的最终效果消灭之时。[8] 另一方面，信赖关系则服务于实现给付关系之目的。[9] 该两面性源于给付义务与保护义务

---

〔1〕 Vgl. Heinrich Stoll, Abschied von der Lehre von der positiven Vertragsverletzung-Betrachtungen zum dreißigjährigen Bestand der Lehre, AcP (1936), S. 287.

〔2〕 Vgl. Heinrich Stoll, Abschied von der Lehre von der positiven Vertragsverletzung-Betrachtungen zum dreißigjährigen Bestand der Lehre, AcP (1936), S. 287.

〔3〕 Vgl. Heinrich Stoll, Abschied von der Lehre von der positiven Vertragsverletzung-Betrachtungen zum dreißigjährigen Bestand der Lehre, AcP (1936), S. 288.

〔4〕 Vgl. Heinrich Stoll, Abschied von der Lehre von der positiven Vertragsverletzung-Betrachtungen zum dreißigjährigen Bestand der Lehre, AcP (1936), S. 290.

〔5〕 Vgl. Heinrich Stoll, Die Lehre von den Leistungsstörungen, 1936, S. 10; Martin Schermaier, Was schuldet der Schuldner? Die „Pflicht zur Anstrengung“ im modernisierten Schuldrecht, in: Harrer/Honsell/Mader (Hrsg.), Gedächtnisschrift für Theo Mayer-Maly zum 80. Geburtstag, 2011, S. 413.

〔6〕 Vgl. Heinrich Stoll, Die Lehre von den Leistungsstörungen, 1936, S. 26.

〔7〕 信赖义务的概念首先出现于《告别积极违约学说》一文。根据施托尔的观点，信赖义务可视为谨慎义务(Sorgfaltspflichten)，产生于债之当事人的合作关系及其步入的特定信赖关系。在随后出版的《给付障碍理论》一书中，他认为该义务从属于共同体说及由其产生的信赖关系。Vgl. Heinrich Stoll, Abschied von der Lehre von der positiven Vertragsverletzung-Betrachtungen zum dreißigjährigen Bestand der Lehre, AcP (1936), S. 264; Heinrich Stoll, Die Lehre von den Leistungsstörungen, 1936, S. 25–26.

〔8〕 Vgl. Heinrich Stoll, Die Lehre von den Leistungsstörungen, 1936, S. 27.

〔9〕 抛开此两面性，至少能确定如下两点：一是基于共同体说，债务关系被分割为给付关系与信赖关系；二是信赖关系原则上平行于债务关系独立存在。

的性质差异。由此，施托尔引入交换说与信赖说加以解释。依据交换说，给付利益存在于恰当的交换关系中，旨在实现给付结果。[1] 故违反该义务的方式包括阻碍（Vereitelung）、破坏或威胁。而依据信赖说，保护义务与给付无关，要求当事人为实现契约目的相互合作，并保护对方固有利益。故其独立于给付，违反方式限于破坏或威胁，不包括阻碍。由此，给付、保护利益间的界限趋于严格。

概括而言，施托尔将债重构为三个层次：一是共同体说，构成债法的伦理背景；二是具体债务关系，细分为原民法典中的给付关系与基于共同体说构建的信赖关系；三是相应义务体系，即给付义务与保护义务。相较克里斯，其修正了两点：一是在前者看来所有保护义务同源，仅因处于具体债务关系内、外，有相对、绝对之分。但在施托尔看来，保护义务基于信赖关系，产生于同债务关系无关的特殊联结。二是信赖说的引入，使给付义务与保护义务间的界限绝对化：即便保护义务仍服务于给付结果的实现，但仅限于排除对方固有利益的损害。故与给付相关的，即服务于实现给付结果的附随义务，不再落于保护义务范畴。但仍有疑问，即信赖关系下的特殊联结虽被视为保护义务的来源，但从何而来？施托尔虽提及了信赖关系早于给付关系出现，但未深究缔约中保护义务的存在方式。这同缔约过失理论的发展紧密关联。

三、先契约阶段行为义务理论之发展

履约与缔约阶段的行为义务互为对照，故缔约过失与附随义务理论的发展形成呼应。在契约义务的整体格局内理解两者的互动关系（尤其是保护义务的发展路径），方能把握德国法附随义务理论的全貌。

（一）积极违约的类推适用与缔约过失的扩张

耶林虽提出缔约过失，但限于无效或被撤销契约。为扩张其适用范围，莱昂哈德主张将积极违约类推适用于缔约阶段。该观点源于他对《德国民法典》第463条（旧）的直观评价，即买卖缔约时出现标的物品质瑕疵，买方仅在卖方恶意欺骗或违反明示担保时才可请求损害赔偿，极不公正。[2] 在他看来，每个交易

---

〔1〕 Vgl. Heinrich Stoll, Die Lehre von den Leistungsstörungen, 1936, S. 27.

〔2〕 Vgl. Franz Leonhard, Verschulden beim Vertragsschlusse, 1910, S. 1.

的参与者理所当然应对缔约时的过失负责。[1] 问题在于如何从法学上论证。

首先,他对罗马法做了重新解读,将诚信理解为认真负责的行为。故违反诚信不仅包括恶意情形,也包括过失违反契约义务。[2] 耶林虽就此亦有论证,但限于无效契约的案例。莱昂哈德则进一步援引契约有效,但卖方于缔约时存有过失的案例。由此,卖方明知不等于故意,而代表对一切违反诚信行为的知晓。[3] 他认为,缔约过失的法律依据须植根于履约的相关规则。将此观念投射于罗马法,即得出以下结论:无论缔约,还是履约时的责任,罗马法均诉诸诚信原则,而非具体行为义务。[4] 因诚信原则适用前提即契约成立,故可视其为契约履行阶段相关规则的概括,得以类推于缔约阶段。须注意,该解释实为以现行法倒推罗马法,并不符合历史原貌。对此,本书第一章已有明确结论,罗马法是以一个合同诉讼囊括缔约及履约中的义务违反救济,无须类推手法。

其次,基于以上认识,他认为,法典就缔约责任存在与积极违约相对应的漏洞,须类推该理论于缔约情形,即债务人若对履约时的过错负责,则同样须对缔约时的过错负责。[5] 由此,他列举了如下类推要件:(1)契约有效,存在类推积极违约理论的可能。(2)债务人违反义务时具有过错。[6] 由此,缔约与履约阶段的责任得以保持一致的过失归责。(3)须存在义务违反。莱昂哈德认为,任何损害对方利益的行为均包含义务违反,故所谓谨慎义务并非只限于履约阶段,缔约时同样存在[7],如卖方并非直到交付时才有告知标的物品质的义务,而在缔约时就已应告知。因缔约到履约为连续且相互联系的过程,故缔约双方应如履约时一样关注约定内容,尽所有必要的行为义务。[8]

总体而言,该理论并无太多革新。尽管他强调与耶林本质不同,[9] 但实为后者逻辑的延续,因两者内核一致,均将缔约视为契约关系的特殊阶段。该观念

---

[1] Vgl. Franz Leonhard, Verschulden beim Vertragsschlusse, 1910, S. 1.
[2] Vgl. Franz Leonhard, Verschulden beim Vertragsschlusse, 1910, S. 5.
[3] Vgl. Franz Leonhard, Verschulden beim Vertragsschlusse, 1910, S. 5.
[4] Vgl. Franz Leonhard, Verschulden beim Vertragsschlusse, 1910, S. 44.
[5] Vgl. Franz Leonhard, Verschulden beim Vertragsschlusse, 1910, S. 42.
[6] Vgl. Franz Leonhard, Verschulden beim Vertragsschlusse, 1910, S. 63.
[7] Vgl. Franz Leonhard, Verschulden beim Vertragsschlusse, 1910, S. 60.
[8] Vgl. Franz Leonhard, Verschulden beim Vertragsschlusse, 1910, S. 27.
[9] Vgl. Franz Leonhard, Verschulden beim Vertragsschlusse, 1910, S. 58.

在契约有效情形下亦可适用。若从法律效果上将缔约、履约同等视之,则自然可类推适用积极违约。该理论虽逻辑自洽,但不符合生活常识,即人们总是先磋商,再缔约,后履约的。以后阶段规则类推前阶段,颠倒了交易过程。由此须深究缔约过失本身的性质。

(二)有机体说与先契约阶段的孤立化

以上理论使缔约过失扩张适用于有效契约。但若双方尚未缔约,仅准备磋商,一方因对方行为受损,责任应如何确定?原先将责任归于嗣后契约成立的理论无法适用。故帝国法院认为:源于诚信原则与交易习惯的要求,缔约前就已存在特殊行为义务。[1] 但施托尔追问:若此处无法律关系,如何能援引诚信原则?法院解释:此为嗣后缔约所生信赖关系。[2] 施托尔认为:这实为循环论证的说辞,仅是缔约前谨慎义务的拟制。[3]

由此,他尝试将磋商阶段所涉利益与契约利益剥离,指出前者仅涉两类利益:一是由缔约产生的利益,其仅当契约未订立或虽订立但撤销时受损;二是与契约无关的利益,如保持人身完整性的利益。[4] 两者均与履约无关,限于信赖利益或消极利益。这表明:缔约过程不再被视为隶属契约关系的特殊阶段。但该阶段的法律性质为何?施托尔同意其是债务关系,但非源于双方合意,而是单方法律行为,即一方发出的缔约邀约或开始磋商的请求。[5] 由此,缔约与履约虽判然有别,但限于同一债务关系的不同表现形式(Erscheinungsform),即债如有机体(Organismus)一样产生、变化,故内核保持一致,但外部形式可任意改变。准确地说,债由一方当事人发出邀请而产生;[6] 当契约最终订立,仅外部形态消灭时,内容随之变更,但缔约已有的法律关系仍得保留。故先契约关系虽变更为

---

〔1〕 Vgl. Heinrich Stoll, Haftung für das Verhalten während der Vertragsverhandlungen, LZ (1923), S. 540.

〔2〕 Vgl. JW. 1912,743.

〔3〕 Vgl. Franz Stoll, Haftung für das Verhalten während der Vertragsverhandlungen, LZ (1923), S. 540 – 541.

〔4〕 Vgl. Franz Stoll, Haftung für das Verhalten während der Vertragsverhandlungen, LZ (1923), S. 542 – 543.

〔5〕 Vgl. Franz Stoll, Haftung für das Verhalten während der Vertragsverhandlungen, LZ (1923), S. 544.

〔6〕 Vgl. Franz Stoll, Haftung für das Verhalten während der Vertragsverhandlungen, LZ (1923), S. 544 – 545.

契约,但违反缔约时行为义务产生的损害赔偿则持续存在。[1]

有机体说的源头可溯至萨维尼。但施托尔将债的成立时间前提至缔约,即邀约发出之时,则缔约过失的法律依据不再源于积极违约的类推,而转向契约磋商时行为义务的违反。而债为有机体实为比喻,意在达成两个目的:既要切断缔约阶段对履约阶段的依赖性,又要维持两阶段在法律上的联系。施托尔部分调和了两者矛盾,但同时强调了缔约过程的独立性。尽管缔约、履约置于同一债务关系,但两者内容各为信赖利益与履行利益,性质仍有本质区别。[2] 故该理论实际上促成了缔约过失责任的实体化。

值得一提的是,施托尔的论文《契约磋商阶段的行为责任》(Haftung für das Verhalten während der Vertragsverhandlungen)写于 1923 年,远早于他在《给付障碍理论》(Die Lehre der Leistungsstörungen)中对保护义务的论述。比较两者,并不能发现早期研究对后期研究的影响。但该文中缔约阶段利益与契约无关的观点符合他对保护利益的理解,即其同样独立于债权人的给付利益。就契约利益及与契约无关利益的区分一定程度上促成了拉伦茨及卡纳里斯就缔约、履约阶段统一保护义务的构建。

(三)法外义务说与缔约过失责任的法定化

施托尔的理论核心是将缔约时的行为义务归于单方法律行为,以此作为契约磋商开始的标志。但丢勒认为,其与实际不符:即便某人发出邀约或请求开始磋商,也未必有保护对方人身、财产利益的意思。[3] 由此,他提出了法外义务说,即义务并不源于缔约或类契约关系,而源于社会接触(sozialer Kontakt),[4] 亦即缔约当事人为实现社会接触之目的,进入他人法律场域(Rechtsspäre),[5]

---

〔1〕 Vgl. Heinrich Stoll, Haftung für das Verhalten während der Vertragsverhandlungen, LZ (1923), S. 546.

〔2〕 Vgl. Heinrich Stoll, Haftung für das Verhalten während der Vertragsverhandlungen, LZ (1923), S. 542 – 543.

〔3〕 Vgl. Hans Dölle, Außergesetzliche Schuldpflichten, ZstW 103(1943), S. 71.

〔4〕 Vgl. Hans Dölle, Außergesetzliche Schuldpflichten, ZstW 103(1943), S. 73.

〔5〕 按丢勒理解,所谓法律场域,仅指归属法律主体的生活范围。其大小和存在方式取决于法律主体的控制范围和交往的具体需要,故通常与其意志相关。Vgl. Hans Dölle, Außergesetzliche Schuldpflichten, ZstW 103(1943), S. 77.

从而对方被置于特殊信赖地位，须保护、照顾其法益。[1] 但该义务的产生并不依赖进入场域之目的，进入行为本身就已足够，因一方进入场域，随即授予其主人信赖，该人负有保护其法益免遭损失之义务。[2] 故缔约时义务无须由意定行为产生，客观意义上的社会接触即可，其法律效果与当事人意思无涉。[3]

基于以上理解，丢勒将缔约时行为义务分为保护（照顾、维持）义务与告知（展示、通知）义务。[4] 所谓保护义务，即与当事人意思无关，维持或照顾对方法益或人身安全之义务；[5] 而告知义务，则是虽与当事人意思无关，但只能由意定行为所生关系确定之义务。[6] 两者区别在于：告知义务的存在以此为先决条件，即双方当事人处于由意定行为产生的关系内或意图建立该关系。[7] 但他又认为，告知义务同样源于特定的社会接触。[8] 由此造成认识割裂，即告知义务的产生基于社会接触，但其出现却依赖当事人意定行为所生债务关系。[9]

须注意的是，他对保护义务的理解受到了施托尔的极大影响。两者均强调保护义务对于当事人意思，即交往关系的独立性。比照履约阶段分为给付关系与信赖关系，缔约阶段也分为交往关系与以社会接触建构的信赖关系。两阶段的保护义务性质相同，皆独立于当事人意思；而缔约时的告知义务虽无关于给付的内容，但仍与法律行为引发的接触，即契约磋商挂钩。但该理解造成了如下困境：

首先，为何告知义务的产生与出现时间不同，即社会接触与交往接触有何区别？丢勒认为，区别仅在于双方是否有磋商或缔约意思。但试问，若无该意思，谁还愿意进行所谓的社会接触？此外，将社会接触视为不带目的地进入他人场

---

〔1〕 Vgl. Hans Dölle, Außergesetzliche Schuldpflichten, ZstW 103(1943), S. 75.

〔2〕 Vgl. Hans Dölle, Außergesetzliche Schuldpflichten, ZstW 103(1943), S. 74.

〔3〕 Vgl. Hans Dölle, Außergesetzliche Schuldpflichten, ZstW 103(1943), S. 84.

〔4〕 除保护义务与告知义务外，还存在对价义务（Vergütungspflichten），即在缺乏法定或意定基础情形下，债权人就本应获得的给付，负有提供根据约定或以其他方式确定对价的义务。该义务对应于契约关系先订立，后撤销的返还义务。Vgl. Hans Dölle, Außergesetzliche Schuldpflichten, ZstW 103(1943), S. 101.

〔5〕 Vgl. Hans Dölle, Außergesetzliche Schuldpflichten, ZstW 103(1943), S. 67.

〔6〕 Vgl. Hans Dölle, Außergesetzliche Schuldpflichten, ZstW 103(1943), S. 84.

〔7〕 Vgl. Hans Dölle, Außergesetzliche Schuldpflichten, ZstW 103(1943), S. 87.

〔8〕 Vgl. Hans Dölle, Außergesetzliche Schuldpflichten, ZstW 103(1943), S. 86 – 87.

〔9〕 Vgl. Hans Dölle, Außergesetzliche Schuldpflichten, ZstW 103(1943), S. 88.

域，实则等同于侵权责任的底层关系，即串联个体的社会性联结。[1] 故丢勒的保护义务实际上混同于侵权法上的行为义务。其次，保护义务与告知义务实为行为方式的划分，并未考虑其对应利益。保护义务涉及当事人人身、财产安全的固有利益，但告知义务的对应利益却并不明确，若卖方在缔约时未告知标的物瑕疵，导致契约未订立或订立后被撤销，则涉及消极利益的赔偿；若买方人身或财产因该瑕疵受损，则涉及固有利益的赔偿。可见，告知义务与保护义务所涉利益互有交错，未清晰分割。由此，丢勒的理论未受广泛认可，需进一步解释缔约阶段行为义务的来源，并厘清其与侵权、契约间的关系。但不可忽视，社会接触说使缔约过失责任法定化，进一步远离契约关系。

四、先契约与契约关系中行为义务的整合

以上研究表明了德国法上的趋势，即在履约阶段，给付义务与保护义务的区分越发严苛，而缔约阶段的行为义务则越发远离契约关系。由此产生了重新勾连两阶段行为义务的需要。较有代表性的是拉伦茨的“无主给付义务法定债务关系”说及卡纳里斯的“统一法定保护关系”说。

（一）“无主给付义务法定债务关系”说下积极违约与缔约过失的联结

要理解拉伦茨的术语，须首先厘清他对债法义务群的认识。他将义务分为两类，即给付义务与其他行为义务，[2] 后者又分为保护义务与忠实义务(Loyalitätspflichten)。前者则有主、次之分，主给付义务确定债的主要特性，决定债能否成立；[3] 次给付义务则是前者受干扰后的法律结果，即如不履行产生的损害赔偿或解除产生的返还义务。[4] 故所谓“无主给付义务”即对应先契约或契约虽订立，但被撤销的情形。

不同于丢勒，拉伦茨认为，缔约阶段的行为义务不源于社会接触，而源于接

---

〔1〕 Vgl. Franz Dorn, in: Historisch-kritischer Kommentar zum BGB, 2007, §241 Rn. 103.

〔2〕 Vgl. Karl Larenz, Schuldrecht I, Bd. 1, 14. Aufl. 1987, S. 10 – 11.

〔3〕 Vgl. Brox/Walker, Allgemeines Schuldrecht, 38. Aufl. 2014, §2 Rn. 5; Karl Larenz, Schuldrecht I, Bd. 1, 14. Aufl. 1987, S. 8.

〔4〕 Vgl. Brox/Walker, Allgemeines Schuldrecht, 38. Aufl. 2014, §2 Rn. 15; Karl Larenz, Schuldrecht I, Bd. 1, 14. Aufl. 1987, S. 9.

受契约磋商或为之准备的意定行为接触。[1] 换言之，仅当双方以特定意思进入交往（以缔约为目的的磋商或为磋商准备的早期阶段），责任才能发生；而无特定目的的社会接触仅构成侵权法上的法律效果。[2] 但意定行为接触非法律行为，而是事实行为。[3] 换言之，责任并非从意定行为建构的关系中产生，而植根于不成文的客观法（ungeschriebenes objektives Recht），即诚信原则。故称为法定债务关系。[4] 但此处所谓"法定"并非指特定条文，而是法典认可的法律原则。

1. 先契约阶段的忠实义务与保护义务

据此理论，在双方当事人开始契约磋商或为其准备阶段，通过意定行为进行接触时，出现所谓谨慎与照顾义务（Sorgfalts-und Rücksichtspflichten）。其缘于双方因接触建立法律上的特别联系，产生对方须正直、忠实行为的期待。该期待构成法律交往的必要基础，故受法律保护。虽无给付义务，但谨慎与照顾义务成为债的内容。其分为忠实义务与保护义务。保护义务为缔约阶段行为义务的基本形式，因意定行为接触，当事人的法益（其健康与财产）暴露于对方影响之中；[5] 此外也出现忠实义务（具体形式包括告知、通知义务等），即当事人须告知对方阻碍缔约及契约目的之事项。

故保护义务与忠实义务的区分，与始于意定行为接触，止于缔约的整个交往过程相关。保护义务具有消极属性，与磋商及其准备活动中的通常期待相匹配。随着双方互动更为紧密，出现了对行为更积极的要求，即忠实义务。其服务于接触及磋商之目的，即实现缔约。相应地，两类义务的违反涉及不同利益：若违反保护义务，则须赔偿对方人身、财产损害，即所谓维持利益（Erhaltungsinteresse）；[6] 若违反忠实义务，则须赔偿信赖利益，即相对人在磋商继续进行或契约有效订立情形下所享有的利益。[7]

---

〔1〕 Vgl. Karl Larenz, Schuldrecht I, Bd. 1, 14. Aufl. 1987, S. 106.

〔2〕 Vgl. Karl Larenz, Culpa in contrahendo, MDR 1954, S. 518.

〔3〕 Vgl. Karl Larenz, Schuldrecht I, Bd. 1, 14. Aufl. 1987, S. 109.

〔4〕 Vgl. Karl Larenz, Schuldrecht I, Bd. 1, 14. Aufl. 1987, S. 109.

〔5〕 此外，因保护义务并非基于当事人间意定行为的交往产生，故该义务对第三人亦可存在，因其作为该债务关系的额外参与者被置于同样的危险中。

〔6〕 Vgl. Karl Larenz, Schuldrecht I, Bd. 1, 14. Aufl. 1987, S. 112.

〔7〕 Vgl. Karl Larenz, Schuldrecht I, Bd. 1, 14. Aufl. 1987, S. 112 – 113.

2. 缔约前后行为义务的关联

如上所述,保护、忠实义务同样存在于履约阶段,则缔约前后的行为义务有何关联?拉伦茨认为,当双方未订立契约时,该法定债务关系就此消灭。但当缔约成功时,双方则由磋商关系转化为内容更广的契约关系。[1] 前一阶段早已存在的保护义务为后一阶段吸收,得以进一步补充。[2] 鉴于契约关系由当事人合意产生,故保护义务的内容和范围也相应由非强制性规范(如意思表示及契约内容的解释条款)及强制性规范(法定禁止与善良风俗条款)共同决定,变得更为宽泛。[3] 此外,在给付义务外还出现了为给付准备或保障的义务,即与给付相关的附随义务。[4] 以上这些所谓的其他行为义务(weitere Verhaltenspflichten)应视为缔约阶段保护、忠实义务的变体,其以相同或变更的内容在履约阶段继续存在。而即便契约被撤销,这些义务因其独立于契约关系,得以继续存在。具体而言,由于双方实际履行了名义上有效缔结的契约,而构建起更为紧密的接触(特殊联结),故双方仍负有保护及照顾对方法益的义务。

概括而言,在拉伦茨理论中行为义务随债的变化而变化。先契约阶段的行为义务随意定行为接触或开始合同磋商产生,以谨慎与照顾义务出现,分为保护与忠实义务:前者意在保护当事人人身、财产免受侵害,后者意在避免交往过程或契约订立的期待受损。契约订立后,基于特殊联结的法定债务关系因双方更为紧密的互动而为契约关系所替代。一方面,给付义务出现;另一方面,谨慎、照顾义务转化为以实现给付为目的的其他行为义务。其不仅在消极层面保护当事人的静态法律安全,也在积极层面服务、协助契约目的之实现。换言之,因给付义务的引入,保护义务的内容变得更为宽泛;而忠实义务则为与给付相关的附随义务进一步细化。若契约在订立后撤销,归于无效,则谨慎、照看义务将伴随法定债务关系的重新恢复而继续存在。

故在其理论中,缔约与履约阶段的行为义务虽不完全一致,但鉴于连续、动

[1] Vgl. Karl Larenz, Schuldrecht I, Bd. 1, 14. Aufl. 1987, S. 117.

[2] 履约阶段的保护义务之所以存在,是因契约关系的实施,一方当事人将其法益暴露于对方当事人的影响范围,故对方须谨慎处理对方法益,实施相关措施,避免其受损,并负有义务维持其由契约带来的益处,并使其权利实施成为可能。

[3] Vgl. Karl Larenz, Schuldrecht I, Bd. 1, 14. Aufl. 1987, S. 118.

[4] Vgl. Karl Larenz, Schuldrecht I, Bd. 1, 14. Aufl. 1987, S. 118.

态的变化同属于一个债务关系的发展过程。但履约阶段仍占有决定地位：一方面，双方合意可产生更宽泛的行为义务；另一方面，与给付相关的义务内容，或通过意思表示及契约内容的解释，或通过相关条文对具体行为的控制，得以更为灵活地加以确定。

（二）"统一法定保护关系"说下保护义务的统一

尽管拉伦茨试图串联缔约前后的行为义务，但仍有两处疑问：一是先契约关系是否真能被契约关系所吸收？二是行为义务是否真能随债的变化而变化？据此，卡纳里斯提出了批判，试图为缔约前后的行为义务找到统一基础。

1. 积极违约与缔约过失的统一

在他看来，拉伦茨已证明缔约阶段的行为义务与当事人意思无关，而指向诚信原则产生的法定信赖关系。但他进一步认为：该信赖关系不因契约成立而消灭，而是继续存在。该观点基于他对履约阶段行为义务的不同认识，即契约双方的互动虽因给付关系介入更为紧密，但保护义务仍与先契约阶段相同，仅涉及当事人的固有利益，与给付内容无关。〔1〕故统一的债务关系被分割为信赖关系与给付关系，后者内容限于给付义务。

但须注意的是，就给付与保护义务的绝对区分隐含给付概念须广义理解的前提，即所有与给付相关的义务（不仅包括主给付义务，也包括从给付义务及辅助给付的附随义务）均囊括在给付概念中。〔2〕相反，保护义务的概念须尽可能收窄，限于与给付无关的利益。故卡纳里斯拒绝了拉伦茨给付义务与其他行为义务的分类，而承继了施托尔的思路。〔3〕其意在实现两个目的：一是构建给付

---

〔1〕 Vgl. Claus-Wilhelm Canaris, Ansprüche wegen „positive Vertragsverletzung" und „Schutzwirkung für Dritte" bei nichtigen Verträgen-Zugleich ein Beitrag zur Vereinheitlichung der Regeln über die Schutzpflichtverletzung, JZ 15/16(1965), S. 478.

〔2〕 因此，根据2002年债法改革后主流教科书的观点，债法上的行为义务被分为给付义务与保护义务，同时前者被分为给付成就及与给付相关的义务。Vgl. Dirk Looschelders, Schuldrecht Allgemeiner Teil, 15. Aufl. 2018, §1 Rn. 11 – 14.

〔3〕 拉伦茨与施托尔虽对保护义务的含义理解基本相同，但区别在于前者将保护义务视为其他行为义务的个案。故忠实义务，即与给付相关的义务（包括从给付义务、附随义务）在卡纳里斯的学说中显得难以归类。

关系与保护关系的绝对区分;[1]二是统一缔约前后的保护关系。由此出现了法定信赖关系与契约关系平行存在的格局。

但既然拉伦茨已解决保护义务的来源问题,即以诚信原则为指导,结合任意性与强制性规范确定其具体内容,为何还要在现有法律框架外叠床架屋,再造理论?答案与他意图解决附第三人保护效力之债中的争议相关。

2. 附第三人保护效力之债与保护义务的统一

所谓附第三人保护效力之债,即第三人虽非契约关系当事人,但就其利益损害,仍享有契约或类契约的损害赔偿请求权。[2] 该理论的提出,意在克服德国侵权法范围狭窄的缺陷,尤其是《德国民法典》第831条中雇主只要尽到选任雇员的注意义务即可免责的规定。[3] 但为该学说寻找法律依据时,因其突破契约相对性原则,遇到了巨大困难。[4] 卡纳里斯时期,德国法通说是将《德国民法典》第328条(利他合同)类推视为第三人保护效力的法律根据。但利他契约与第三人保护效力在性质上完全不同,前者所涉第三人对债权有独立请求权,而后者则完全独立于给付关系。由此,发展出了将契约双方间的保护义务类推适用于第三人的理论。[5] 但该做法仍有疑问,因第三人终非契约当事人。

卡纳里斯的解决方案是:将第三人与契约一方当事人间的债务关系与原有契约关系剥离。鉴于第三人未参与给付履行,其所涉损害仅限于与给付无关的人身、财产利益。故契约当事人对第三人的义务与上述情形下的保护义务完全一致,即各阶段(包括缔约、履约乃至契约外)中的保护义务同属于统一的债务关系,即所谓保护关系,其指向《德国民法典》第242条确定的信赖关系。[6]

---

〔1〕 给付关系与保护关系的区分在一定程度上类似于负担行为与处分行为间的抽象原则,即契约无效或被撤销,并不能影响契约当事人之间的保护关系。区别仅在于:依据卡纳里斯的观点,给付关系并不作为保护关系的基础关系,即原因存在,而保护关系的出现则源于由特别联系产生的信赖关系。

〔2〕 Vgl. Hans Brox, Allgemeines Schuldrecht, 1969, § 27 Rn. 375.

〔3〕 Vgl. § 831 Ⅱ 2 BGB.

〔4〕 Vgl. Hans Brox, Allgemeines Schuldrecht, 1969, § 27 Rn. 375.

〔5〕 类推基于如下条件的成就:第三人靠近给付关系(Leistungsnähe)、债权人拥有保护利益、债务人对损害的可预测性以及第三人有保护之必要。Vgl. Brox/Walker, Allgemeines Schuldrecht, 38. Aufl. 2014, § 33 Rn. 8 ff.

〔6〕 Vgl. Claus-Wilhelm Canaris, Ansprüche wegen „positive Vertragsverletzung“ und „Schutzwirkung für Dritte“ bei nichtigen Verträgen-Zugleich ein Beitrag zur Vereinheitlichung der Regeln über die Schutzpflichtverletzung, JZ 15/16(1965), S. 478.

由此,上述困难以如下方式获得解决:第三人虽在契约关系外,但为保护关系的当事人。故其无须通过类推为契约债权人,即可依据保护义务直接获得保护请求权。此外,无关于债务关系状态,即无论契约处于缔约或履约状态,或处于有效或因撤销、解除归于无效状态,信赖关系的参与者均可依据固有利益受损,追究契约当事人违反保护义务的责任。由此,构建起统一的法定保护关系,即所谓契约与侵权关系外的第三条道路。[1]

卡纳里斯的理论可视为保护义务学说史上的最后成果,一方面,他继承了施托尔以降对给付与保护义务的严格划分;另一方面,他放弃了拉伦茨缔约时谨慎、照顾义务与履约时其他行为义务的构造。故其理论下,辅助缔约或履约的行为义务难以妥善归类。典型例子即卖方的告知义务,缔约时该义务不限于买方的人身、财产保护,亦涉及对成功缔约的信赖利益;若该义务在履约阶段出现,如卖方在交付标的物前就瑕疵的告知义务,则不限于买方固有利益的保护,还牵涉契约无瑕疵履行的积极利益。由此,该理论一定程度上导致了德国新债法中的模糊与争议。

五、买卖合同瑕疵担保法中的对应变造

就先契约与契约关系中行为义务的理论发展,不仅补充了债法总则层面的不成文规定,而且修改了债法分则层面的特殊规则。该教义学上的变造集中体现为对《德国民法典》第 459 条(旧)及第 463 条(旧)(瑕疵担保义务及其对应的损害赔偿)性质的重新解读。

(一)就《德国民法典》第 463 条(旧)与一般给付障碍法关系的争论

如本书第二章所示,《德国民法典》第 463 条(旧)具有介于给付不能与缔约过失之间的双重属性。故在法典颁布后,自然生出对该条法律性质的众多争议。但德国学者并未从中找出被隐藏的附随义务,而是致力于厘清瑕疵担保规则与一般给付障碍法之间的关系。

就此出现两种主要观点,即瑕疵担保说(Gewährleistungstheorie)与履行说(Erfüllungstheorie)。根据前者,卖方提供有瑕疵的标的物不被视为瑕疵给付,因

---

〔1〕 Vgl. Claus-Wilhelm Canaris, Schutzgesetze-Verkehrspflichten-Schutzpflichten, in: Canaris (Hrsg.), Festschrift für Karl Larenz zum 80. Geburtstag, 1983, S. 102.

持该论者认为,标的物的缺陷仅构成标的物价值的丧失或减少,或(通常情形下)合同约定用途的贬损,即瑕疵本身仅涉及标的物客观质量的缺陷,而与对合同相对人合意内容的违反无涉。[1] 该学说看似不合常识,却有充分的历史正当性,即德国法上瑕疵担保规则直接源于罗马法上的《市政官告示》。其始终被视为独立于市民法之外的特别法,市政官只能依据标的物的客观状态来判定瑕疵是否存在。[2] 与之对应,德国法上的瑕疵担保规则亦被构造为买卖法中独立的特别规则,这一观念在《德国民法典》颁布后成为学界通说。

但在众多学者,尤其是拉贝尔与弗卢梅(Werner Flume)的努力下,瑕疵担保说逐步为履行说所替代。根据拉贝尔的观点,瑕疵应被视为真实存在,但为特别规定的合同履行缺陷(wirkliche, aber besonders geordnete Fehler der Vertragserfüllung)。在此基础上,弗卢梅在《性质错误与买卖》(Eingenschaftsirrtum und Kauf)一书中继续提出,标的物的瑕疵担保应诉诸合同的约定。[3] 这意味着,买卖标的物的质量只能通过当事人双方的合意加以确定,故仅当标的物质量与约定内容不符时,瑕疵才能存在。由此,物之瑕疵(Sachmangel)可被视为瑕疵给付或不履行,进而瑕疵担保规则与一般给付障碍法相联。而根据《德国民法典》第 463 条(旧)的规定,卖方仅在恶意隐瞒或对标的物质量做出保证的情形下承担责任。该表述明显与一般给付障碍法中缔约过失以及积极违约的学说发展相矛盾,其仅将过失作为卖方责任的主观归责要件。

(二)过失隐瞒、缔约过失与积极违约之间的关系

由此,自然产生如下问题:若卖方仅因过失向买方隐瞒标的物瑕疵,应如何处理?在此情形下,《德国民法典》第 463 条(旧)、缔约过失与积极违约之间的关系将尤其复杂。具体而言,《德国民法典》第 463 条(旧)作为一般给付障碍法之外的独立规范,究竟应当视为买卖法中缔约过失责任的特则,还是积极违约的子类型,成为长期困扰德国法院的理论难题。德国联邦最高法院在著名的"海岸案"(Seeufer-Fall)中试图对三项制度之间的关系加以澄清,但理论模糊并未

---

〔1〕 Vgl. Wolfgang Ernst, in: Historisch-kritischer Kommentar zum BGB, 2013, § 434 – 435 Rn. 14.

〔2〕 Vgl. Max Kaser, Das römische Privatrecht, Bd. 1, S. 466 – 467; Dieter Medicus, Zur Geschichte der Sachmängel, in: Zimmermann (Hrsg.), Rechtsgeschichte und Rechtsdogmatik, 1999, S. 310 – 311.

〔3〕 Vgl. Ernst Rabel, Das Recht des Warenkaufs: Eine rechtsvergleichende Darstellung, Bd. 1, 1936, S. 107; Werner Flume, Eigenschaftsirrtum und Kauf, 1975, S. 21.

真正得以缓解。此案中，德国联邦最高法院认为，卖方(就标的物瑕疵)过失的陈述或不陈述并不会导致缔约过失视野下信赖利益的赔偿；若不考虑瑕疵结果责任，卖方就标的物品质的责任将仅由《德国民法典》第459条(旧)以下的瑕疵担保规则确定。[1]

根据该裁判观点，三项制度的边界在表面上得以澄清，即瑕疵损害通过《德国民法典》第463条(旧)解决，瑕疵结果损害则由积极违约理论解决，而缔约过失的适用则被完全排除。此外，该规则亦间接修改了《德国民法典》第463条(旧)对卖方故意的要求：就瑕疵损害的赔偿(标的物无瑕疵与瑕疵情形之间的价值差额)实际上与卖方的过错脱钩；而就瑕疵结果损害，因卖方的故意或过失均可导致，故归入积极违约。排除缔约过失适用的原因可能在于，此情形下的损害赔偿涉及履行利益，而缔约过失责任则限于合同磋商阶段的消极利益。但以上做法造成了如下困难：首先，瑕疵损害与瑕疵结果损害均在同一个交易过程中发生，对其救济措施进行人为区分并不合乎逻辑；其次，因标的物瑕疵在缔约之前或合同磋商过程中业已出现，排除缔约过失的适用亦无充分依据。[2]

(三)附随/保护义务对缔约过失与积极违约的替代

为克服不同法律制度间的冲突，德国学者提议应放弃在缔约过失与积极违约之间进行选择，而应在两者之间寻找共同的义务违反。如德国学者洪塞尔(Heinrich Honsell)认为，只有当个案存在附随义务，如检查义务(Prüfungspflicht)或告知义务时，缔约过失或积极违约所引发的责任才能与瑕疵担保规则发生关联。[3] 基于该理解，缔约过失与积极违约所产生的不同法律效果无法适用于特定物买卖(Spezieskauf)，因缔约阶段的过错在一定程度上会以履行中过错的形式继续存在。[4] 此外，特定物买卖与种类物买卖(Gattungskauf)的区分同样毫无意义，因卖方的告知义务无论处于缔约前后，始终保持一致。尤其在种类物买

[1] Vgl. BGHZ 60, 319 ff.

[2] 弗卢梅认为，以上责任之间并无实质性区别，由积极违约或缔约过失造成的瑕疵结果责任应当加以统合。Vgl. Werner Flume, Gesetzreform der Sachmängelhaftung beim Kauf ? Zu dem Entwurf der Kommission zur Überarbeitung des Schuldrechts, AcP 193 (1993), S. 113.

[3] Vgl. Heinrich Honsell, Culpa in contrahendo, positive Vertragsverletzung und §463 BGB, JR 9 (1976), S. 366.

[4] Vgl. Heinrich Honsell, Culpa in contrahendo, positive Vertragsverletzung und §463 BGB, JR 9 (1976), S. 364.

卖中,卖方需选择并明确无瑕疵的标的物,故直到交付标的物前,仍负有告知标的物瑕疵的义务。[1]

根据以上解决方案,支持保护义务的学者进一步往前推进。在卡纳里斯理论的影响下,蒂勒(Thiele)区分了《德国民法典》第463条(旧)所能包含的利益,即履行利益与维持利益。前者涉及给付义务,后者则触及保护义务。[2] 因《德国民法典》第463条(旧)作为瑕疵担保规则,只处理给付关系(Leistungsverhältnis),仅与瑕疵损害相关联;而瑕疵结果责任则归责于保护义务的违反,故其请求权基础与此条文不再产生关联。[3] 此外,就缔约过失与积极违约之间冲突的争议同样毫无意义,因二者同属于法定的保护关系(gesetzliches Schutzverhältnis),故产生相同的损害赔偿。[4] 通过这种方式,《德国民法典》第463条(旧)被改造为《德国民法典》第459条(旧)项下解除或减少给付对应利益的替代品,其所要求的主观过错须为故意及对瑕疵责任的保证,不再具有适用可能,而独立存在的瑕疵担保责任则需要新的请求权基础。该需求导致德国债法改革中一系列的结构性变化。

六、保护义务的法定化及债法义务群的重构

(一)保护义务理论的引入与附随义务的分裂

如上所述,附随义务(包括保护义务)概念始终处于不断迭代和发展之中。德国现行民法典虽规定了保护义务制度,但引入了何种学说,唯深入《德国民法典》体系与立法材料,方可明确。以此为基础,可进一步对德国法的制度设计作出评价乃至反思。

1.《德国民法典》第241条对保护义务的引入

如引言所述,《德国民法典》第241条第2款规定了保护义务。[5] 但鉴于卡

---

[1] Vgl. §480 a. F. BGB.

[2] Vgl. Wolfgang Thiele, Leistungsstörung und Schutzpflichtverletzung, JZ 21 (1967), S. 654.

[3] Vgl. Wolfgang Thiele, Leistungsstörung und Schutzpflichtverletzung, JZ 21 (1967), S. 655.

[4] Vgl. Wolfgang Thiele, Leistungsstörung und Schutzpflichtverletzung, JZ 21 (1967), S. 656 – 657.

[5] 值得注意的是,草案最初稿中"特别照顾"(besondere Rücksicht)的表述最终为《德国联邦议会决议》中的"照顾"表述所替代。划去"特别",表明立法者不希望将第241条第2款中的照顾义务与给付义务绝对分割。依据《德国法律委员会报告》,该款至少包含契约派生的无关给付的附随义务以及缔约过失责任。Vgl. BT-Drucksache 14/7052, S. 182.

纳里斯曾为给付障碍法起草委员会的负责人,[1]须追问:统一法定保护关系理论是否影响了立法?从立法草案所附理由看,起草者虽采纳给付义务与保护义务的分类,但同时承认两者关系并不清晰。[2] 故《德国民法典》第241条第2款所载义务被称为"保护义务(或其他行为义务)"。[3] 该用语模糊,表明立法者倾向搁置理论争议,为保护义务确立制度性基础;[4]故放弃明确保护义务性质究竟源于当事人法律行为或法律条文。[5] 即便如此,无法否认立法者仍试图通过有限条文尽量系统构建保护义务体系。如立法草案所述,《德国民法典》第241条第2款所称保护义务通常涉及契约关系,仍存在内容一致但与给付义务无关的保护义务,如缔约过失与附第三人保护效力之债。[6] 这部分内容规定于《德国民法典》第311条。

2.《德国民法典》第311条与保护义务的联系

《德国民法典》第311条第1款规定了契约之债的产生方式,第2款规定了缔约过失,第3款规定了附第三人保护效力之债。第2款中"具有第241条第2款所规定义务的债务关系因下列行为产生"的用语,表明缔约过失与保护义务之间的联系:依照广义理解,缔约过失被视为保护义务的特例;[7]依照狭义理解,缔约过失也至少是其他行为义务的个案。

但《德国民法典》第311条第1款、第2款间的关系值得推敲,将缔约过失置于"契约债务关系"项下,并紧跟契约之债成立的规定,似乎造成了缔约过失类契约或与契约相关的外观。但鉴于其类契约属性自施托尔以降备受挑战,后为拉伦茨以法定债务说替代,[8]缔约过失的性质与契约关系越发疏远。此外,《德国民法典》第311条第2款与拉伦茨学说完全匹配,即对应开始合同磋商或为其

---

〔1〕 Vgl. Ehmann/Sutschet, Modernisiertes Schuldrecht: Lehrbuch der Grundsätze des neuen Rechts und seiner Besonderheiten, 2002, S. 4.

〔2〕 Vgl. BT-Drucks. 14/6040, S. 125 – 126.

〔3〕 Vgl. BT-Drucks. 14/6040, S. 125.

〔4〕 实际上,草案的起草者认为,在一些契约中,保护义务也同给付的履行相关联,如保管契约中,债务人有义务看管对方的物品。该义务既是给付义务,也是保护义务。Vgl. BT-Drucks. 14/6040, S. 125.

〔5〕 Vgl. BT-Drucks. 14/6040, S. 126.

〔6〕 Vgl. BT-Drucks. 14/6040, S. 125 – 126.

〔7〕 Vgl. BT-Drucks. 14/6040, S. 125.

〔8〕 Vgl. Jan Harke, in: Historisch-kritischer Kommentar, 2007, § 311 Ⅱ, Ⅲ Rn. 22.

准备的缔约接触两类情形。[1] 如起草者所称,缔约过失条文并不追求编写一般原则,而意在列举典型案例。[2] 这显示其实用主义立场,以控制其适用范围。

据《德国民法典》第 311 条第 3 款,类契约之债亦可由契约外的第三人产生。[3] 但从条文看,无法证明起草者是否已采纳附第三人保护债务关系的理论。据草案理由,该款特别针对代理人或合同磋商助手的自身责任。起草者认为,此类案件中是否将缔约过失作为责任要件存有争议。[4] 故立法者引入该款,主要针对缔约过失中的第三人保护效力。该倾向在该款第 2 句得到细化,即第三人能引发特别信赖,而显著影响契约磋商或订立,其与契约当事人之间互负保护义务。[5] 但所谓特别信赖,应如何理解?据草案理由,该条文针对缔约时的专家、鉴定人责任,即当事人因信赖其客观、中立进而磋商或缔约。[6] 故所谓信赖应属卡纳里斯所称信赖关系的个案。但《德国民法典》第 311 条第 3 款的规定十分保守,并不能从中解读出先契约之债第三人保护效力的一般规则。原因如起草者所述,即缔约过失理论的发展尚未结束,条文制定仅能反映学术及实务已认可的内容。[7]

3.《德国民法典》第 311a 条与保护义务的关系

保护义务的引入不可避免地影响到自始不能的规则,即《德国民法典》第 306 条(旧)、第 307 条(旧)。该条文源于蒙森的自始不能学说,[8]但在旧《德国民法典》颁布后,逐步被视为缔约过失情形。[9] 但仍留有问题难以解决,即为何将债务人出于主观原因的无力给付视同客观上的给付不能?这造成不合理的结

---

〔1〕 Vgl. § 311 Ⅱ BGB.

〔2〕 Vgl. BT-Drucks. 14/6040, S. 162.

〔3〕 Vgl. BT-Drucks. 14/6040, S. 163.

〔4〕 Vgl. BT-Drucks. 14/6040, S. 163.

〔5〕 Vgl. § 311 Ⅲ 2 BGB.

〔6〕 Vgl. BT-Drucks. 14/6040, S. 163.

〔7〕 Vgl. BT-Drucks. 14/6040, S. 162.

〔8〕 《德国民法典》第 306 条(旧)外观上是"给付不能不成债" 规则的翻版,即就不能之给付所立契约无效。具体而言:一是将引发契约无效的不能情形限缩于客观不能,主观不能并不影响契约效力;二是就客观不能,如蒙森一样分为自然与法律不能,且就两类情形同等对待。Vgl. Mot. Ⅱ, S. 177, in: Mugdan, Die gesammten Materialien zum Bürgerlichen Gesetzbuch für das Deutsche Reich, Bd. 2, 1899, S. 97.

〔9〕 Vgl. Hugo Kreß, Lehrbuch des allgemeinen Schuldrechts, 1929, S. 583; Gottlieb Planck, Planck's Kommentar zum Bürgerlichen Gesetzbuch, 1914, § 275 – 293, S. 193.

果,如卖方出于个人原因损毁标的物或使交付不能,仅涉及消极利益赔偿。[1]

为解决该问题,起草者试图从另一角度理解《德国民法典》第307条(旧)的性质,即债务人责任并非源于不能给付标的物的状况,而源于检查其给付能力的先契约义务。[2] 由此,起草者认为,给付不能可能偶然出现,或于缔约时,或于履约时,其确切发生时间难以证明。故义务违反虽在契约订立前发生,仍给予积极利益的损害赔偿。但该解释并不充分,对消极利益的突破更应视为法政策的考量。故起草者提及另一论据,即从教义学看,此处所谓积极利益是指未履行给付承诺的利益,而非损害因不能而排除的给付利益。[3] 在此意义上,卖方的行为义务并没有拉伦茨理论中的法定性质,相反更靠近耶林创设缔约过失时的原始思想,即没有给付的契约关系。[4] 故此处的履行利益,即债权人在债务人已就给付障碍或不能履行告知义务的情形下所能得到的利益。[5] 据此,《德国民法典》第311a条事实上被置于十分独立的位置。鉴于债务人义务在契约订立前后内容不同(如告知义务在履约阶段原则上并非给付关系的内容),故自始不能的损害赔偿不再被视为给付障碍法的个案,不指向《德国民法典》第241条第2款的保护义务,其法律后果也直接由《德国民法典》第311a条第2款规定,而不指向第280条第1款。

4. 瑕疵担保条款与保护义务之间的关系

如上所述,德国新债法的起草者仍面临如下问题:一是《德国民法典》第463条(旧)与积极违约依然存在冲突。具体而言,积极违约仍被排除在瑕疵损害之外。二是缔约过失与积极违约之间的矛盾仍未消除,即卖方的瑕疵结果责任仍被评价为积极违约,而缔约过失责任仅当卖方接受买方特定咨询、违反了告知义

---

〔1〕 Vgl. BT-Drucks. 14/6040, S. 165.

〔2〕 Vgl. BT-Drucks. 14/6040, S. 164.

〔3〕 Vgl. BT-Drucks. 14/6040, S. 165.

〔4〕 Vgl. BT-Drucks. 14/6040, S. 165. 该结论由耶林通过契约有效与无效情形的对比得出。他认为:所谓无效,并不代表契约效力完全丧失。有效时,因契约目的是履行(实现给付),故由履行形成契约拘束力;而无效时,履行虽落空,但契约仍可以其他方式产生拘束力。故契约被撤销,仅在法律上排除了履行可能,但并不否认双方已达成合意。合意之下,仍产生不以给付为目的的义务。即便契约无效,该义务仍得保留。Vgl. Rudolf von Jhering, Culpa in contrahendo, 1969, S. 27 – 28.

〔5〕 Vgl. BT-Drucks. 14/6040, S. 164.

务,或就标的物性质进行错误陈述时,方可顾及。[1]

为克服以上困难,新债法的起草者致力于将处于独立地位的瑕疵担保规则并入一般给付障碍法中。《德国民法典》第 433 条第 2 款修改为如下表述,即卖方应在没有物之瑕疵和权利瑕疵的情况下使买方取得该物。[2] 由此,瑕疵担保义务被定性为给付义务的子类型,而物之瑕疵与权利瑕疵则共同归入瑕疵履行。与之对应,物之瑕疵的概念则被改造为所谓的主观缺陷(subjektive Fehler)。[3]

而最重要的变化出现于《德国民法典》第 437 条第 3 款中,其囊括了瑕疵损害、瑕疵结果损害以及迟延损害的所有类型。这一修改与起草者所秉持的一般原则相契合,即只要特定的义务违反可归责于债务人,那么他就对债权人负有损害赔偿责任(der Schulder, der Pflichtverletzung zu vertreten hat, ist dem Gläubiger schadensersatzpflichtig)。[4] 据此,首先,买方可以主张若没有瑕疵,其可得的利益(瑕疵损害);其次,其亦可主张瑕疵所造成的其他不利后果(瑕疵结果损害)。与之对应,瑕疵损害赔偿的请求权基础就指向《德国民法典》第 280 条第 3 款,即合同不履行的损害赔偿(Nichterfüllungsschaden),而瑕疵结果损害赔偿的请求权基础则指向《德国民法典》第 280 条第 1 款(连同《德国民法典》第 241 条第 2 款),即保护义务违反所产生的赔偿。值得注意的是,若物之瑕疵十分严重,以至于可以归入自始不能时,《德国民法典》第 437 条第 3 款亦可能与《德国民法典》第 311a 条产生关联,而不被导向违反保护义务的相关规则。

(二)保护义务与给付义务在给付障碍法中的关系

基于以上分析,可知德国法认可给付义务与保护义务的区分。但两者具体关系为何,须结合违反保护义务产生的法律后果(损害赔偿及契约解除)加以明确。

1.《德国民法典》第 280 条第 1 款与保护义务的关系

不同于旧给付障碍法中就给付不能与迟延的分类,起草者试图创设统一条文,覆盖绝大多数债的损害赔偿请求权,即《德国民法典》第 280 条所确定的上

---

[1] Vgl. BT-Drucks. 14/6040, S. 224.

[2] Vgl. BT-Drucks. 14/6040, S. 208.

[3] Vgl. BT-Drucks. 14/6040, S. 210.

[4] Vgl. BT-Drucks. 14/6040, S. 224 - 225.

位概念“义务违反”(Pflichtverletzung)。但问题在于如何确定义务内容？作为除自始不能外所有损害赔偿请求权的基础,《德国民法典》第280条第1款不仅包括给付义务违反,而且包括积极违约与缔约过失等后续发展的给付障碍类型,[1]故可指向《德国民法典》第241条第2款及第311条第2款、第3款的情形。

但此处保护义务的范围应如何理解？起草者认为,《德国民法典》第280条第1款既包括契约性附随义务,其服务于实现给付利益,也包括纯粹的保护义务,即《德国民法典》第241条第2款项下义务。[2] 鉴于《德国民法典》第280条第1款的普适性,无论从狭义或广义理解保护义务,都不影响该款所涉义务的范围。由此,须进一步分析保护义务违反相关条文,尤其是《德国民法典》第282条、第324条,以明确保护义务与给付关系间的联系。

2.《德国民法典》第282条、第324条与保护义务的关系

《德国民法典》第282条尤其值得分析,其规定:若债务人违反保护义务,债权人不仅可获得其对应的损害赔偿;当给付无法苛求(zumuten)时,亦可主张替代给付的损害赔偿。[3] 由此,给付义务与保护义务得以相互勾连。但该联系为何,须在法典框架下细化。

关键在于确定《德国民法典》第282条中保护义务的范围。对比《德国债法现代化法》最初稿与最终的《德国联邦议会决议》可知,《德国民法典》第282条的初始表述,即“由债务关系产生的其他义务”最终为“第241条第2款之义务”所取代。[4] 如《德国法律委员会报告》中所称:此修订意在更清晰地展现《德国民法典》第282条中义务的含义,即与给付无关的保护义务。[5] 退一步说,将与给付相关的附随义务纳入第282条也毫无意义,因此类义务已作为积极违约(不履行或瑕疵履行)纳入第281条第1款。[6] 鉴于《德国民法典》第281条第1款与第282条间的清晰划分,此处的保护义务应作狭义理解。作为损害赔偿请求

---

[1] Vgl. BT-Drucks. 14/6040, S. 135 – 136.

[2] Vgl. BT-Drucks. 14/6040, S. 136.

[3] Vgl. § 282 BGB.

[4] Vgl. BT-Drucksache 14/7052, S. 14.

[5] Vgl. BT-Drucksache 14/7052, S. 186.

[6] Vgl. BT-Drucks. 14/6040, S. 135 – 136.

权的平行条款,《德国民法典》第 324 条则规定:双务契约中,只要债务人违反保护义务,致使难以苛求维持契约,债权人即享有解除契约的权利。[1] 在此情形下,债权人可拒绝债务人给付,并免除对待给付。[2] 由此,最初的契约关系转化为法定的返还关系。作为对应的解除规定,该条的立法过程类似,即“其他义务”的表述同样为“第 241 条第 2 款之义务”所取代。[3] 故《德国民法典》第 324 条所指保护义务同第 282 条一样,皆定义为与给付无关的保护义务。

由此亦可推论,《德国民法典》第 241 条第 2 款与第 282 条中保护义务的含义及范围并不相同。准确地说,前者项下的保护义务应在广义上理解,而后者则应在狭义上理解。原因在于:第 241 条仍保留了狭义上的给付概念,故第 241 条须包含尽可能多的其他行为义务,以囊括所有从债务关系中产生的义务。相反,第 281 条项下的损害赔偿对应不履行或瑕疵履行的赔偿,故涵盖了所有与给付相关义务的违反。故第 282 条与第 324 条中的保护义务违反应尽可能狭窄。由此可知,立法者整体上倾向于狭义使用保护义务的概念,即仅保护对方固有利益。

以上两个条文指向同一问题:为何违反与给付无关的保护义务会影响给付义务,即造成给付义务违反的损害赔偿或给付关系的解除?以《德国民法典》第 282 条为例,该效果源于给付的无法苛求。如草案起草者所称:因债权人权利、法益或利益受损,若继续让债务人给付,会使其难以忍受(unerträglich)。[4] 但该标准又应如何理解?实际上,在最初草案中,除给付的不可苛求外另有要求,即义务违反须达严重(wesentlich)程度。[5] 尽管德国法律委员会以该表述冗余为由将其删去,[6] 但“严重”一词暗示了违反保护义务的法律效果,即债务人的行为同时破坏了给付义务与保护义务的法律基础。由此追问:两者共同的基础为何?此处须联系施托尔至卡纳里斯的学说理解:《德国民法典》第 282 条中的义务违反破坏的实为债务关系当事人间的信赖关系,致使债权人的给付利益

---

[1] Vgl. § 324 BGB.

[2] Vgl. Wolfgang Enrst, in: Münchener Kommentar zum BGB, 9. Aufl. 2022, § 324 Rn. 5.

[3] Vgl. BT-Drucksache 14/7052, S. 33.

[4] Vgl. BT-Drucks. 14/6040, S. 141 – 142.

[5] Vgl. BT-Drucksache 14/7052, S. 14.

[6] Vgl. BT-Drucksache 14/7052, S. 185 – 186.

(契约目的)无法实现。[1] 这间接证明新债法认可了信赖关系的存在。《德国民法典》第 324 条的内在逻辑类似,即违反保护义务破坏了债权人对债务人给付能力的信任,故进一步实现给付的可能性不复存在。[2] 故该条同样基于信赖关系的底层逻辑。

(三)小结

由上所述,德国新债法中的变化无法用引入保护义务这样一句话加以总结。总体而言,德国新债法中的给付义务应当狭义理解。尽管德国目前的一些教科书仍在沿用希尔伯的理论,区分给付结果与给付行为,[3]但是否为立法所吸纳,实难证明。与此相比,保护义务的概念在法典中亦未保持相同含义,其在给付外的"其他行为义务"与"单纯的保护义务"(bloße Schutzpflichten)之间摇摆。但根据《德国民法典》第 280 条以下的系统分析,可以推测,立法者更倾向于在狭义上使用保护义务概念。尤其引人瞩目的是,通过对《德国民法典》第 282 条、第 324 条的考察可以得出,给付义务与保护义务均被置于信赖关系之下。但这一做法并不符合施托尔到卡纳里斯的一般观点,即在通常情形下信赖关系平行于由给付产生的债务关系存在。

在分则领域中,缔约过失情形,更准确地说,接受合同磋商(die Aufnahme der Vertragsverhandlung)与意定接触(der geschäftliche Kontakt)指向保护义务。该规定完全符合拉伦茨的理论,但忽视了其他与保护义务平行存在的义务,如忠实义务。基于这一原因,自始不能中的行为义务不再被视为保护义务的子类型,而被新法典定义为一条独立的规范,其背后的学说可追溯至耶林的理论发现,即没有主给付义务的合同关系(das Vertragsverhältnis ohne primäre Leistung)。

而在买卖法的领域内,根据归责要件(Vorwurfsmaßstab),即卖方故意隐瞒或虚假担保,判断责任成立与否的既有瑕疵担保义务规则已为保护义务的违反所替代,进而与一般给付障碍法协调。因此,瑕疵担保义务就分成了两层:一是指向瑕疵损害的给付义务,二是对应瑕疵结果损害的保护义务。同时,缔约过失、积极违约以及《德国民法典》第 463 条(旧)之间长期存在的冲突因保护义务

[1] Vgl. Wolfgang Enrst, in: Münchener Kommentar zum BGB, 9. Aufl. 2022, § 282 Rn. 5.
[2] Vgl. Wolfgang Enrst, in: Münchener Kommentar zum BGB, 9. Aufl. 2022, § 324 Rn. 7.
[3] Vgl. Dirk Looschelders, Schuldrecht Allgemeiner Teil, 15. Aufl. 2018, § 1 Rn. 16.

的强调而被隐藏,或者更准确地说,被规避了。

七、结语:对现行德国法的历史评价

如果片面看待《德国民法典》颁布后德国民法的教义学发展,尤其仅关注保护义务学说的逐步扩张,易于得出债法上的行为义务体系不断完善的结论。但如果从法律史的角度切入,细致梳理附随义务的演进与债法基本要素(如给付、过错与损害赔偿责任)之间的关系,结论则会完全不同。

首先,出现了给付义务与附随义务(包括保护义务)之间的严格区分,其归功于希尔伯为克服主观权利基础上给付概念的严苛性所做出的努力。但在保护义务学说的提出及发展过程中,给付义务与给付外其他行为义务之间的界限不断严格化,以至于债务关系事实上分裂为给付关系与信赖关系。其中,卡纳里斯的"统一法定保护关系"说导致现行《德国民法典》呈现如下趋势,即将保护义务视为合同与侵权责任之外的第三种民事责任类型。这一观点无论对于德国法传统,还是对于受罗马法传统影响的其他国家来说,均非常陌生。

其次,违反附随义务与债务人过错之间的联系越发间接,甚至彼此脱钩。因现行德国法实际上沿用了普赫塔的责任要件公式(Formel für Haftungsmaßstäbe),区分客观上的义务违反与主观上的过错归责,故学界的研究重心不断转向寻找积极违约与缔约过失情形中行为义务的客观法律依据(objektiver Rechtsgrund)。其越发与相关当事人的法律行为意思(geschäftlicher Willen)脱钩,进而被打上了法定属性的烙印。

另外,过错要素则越发被人忽视,进而保护义务的违反已经近乎成为客观不法(objektive Widerrechtlichkeit)的代名词。[1] 但不应忘记,普赫塔公式在根本上基于债务转型论,故损害赔偿始终对应给付利益(Interesse der Leistung),即债务的原始内容。而给付外行为义务的法律基础则并非意定的法律关系(geschäftliches Rechtsverhältnis),如缔约与履约行为,由此生出一问:违反以上行为义务究竟指向何种利益?就此,尽管众多学者给出了五花八门的答案,如维持利益、信赖利益、消极利益与积极利益,但依然存在未决的理论争议。

---

〔1〕 Vgl. Stefan Grundmann, in: Münchener Kommentar zum BGB, 9. Aufl., 2022, § 276 Rn. 22 – 23.

最后,因引入保护义务,先合同与合同关系之间的联系愈加复杂。由于耶林至莱昂哈德的影响,先合同债务关系在一段时间内向合同关系趋近,随后因强调先合同阶段的独立性,两者边界又趋于严格。但同时又因缔约过失与积极违约均指向保护义务的违反,两个阶段又在保护关系的层面得以统合。这一矛盾源于德国债法上长期未变的理论基础,即给付关系仍被视为基于主观权利产生的支配关系。因此,德国债法的改革虽旨在克服100多年前民法典立法之初就已存在的立法缺陷,但至今仍为同一问题所统治和影响。

第四章 《国际商事合同通则》中的默示义务考察

一、概述

上述三章主要描述了从罗马法、经潘德克顿法学到现代德国法上附随义务的缘起和发展历程，并在德国法的语境下对其功能与优劣做出初步评判。我国法上的附随义务尽管在学说层面与德国民法有紧密关联，但作为其前提的规范基础(《民法典》第 509 条第 2 款)却另有渊源。更准确地说，该条文构造与 PICC(1994)的第 5.1 条、第 5.2 条更具融通的可能性。

概括而言，PICC(1994)的立法过程呈现明显的比较法特征。就合同义务，参与起草的学者既参照了德国法上的附随义务学说，也借鉴了英美法上的默示条款理论。由此，其第 5.1 条、第 5.2 条出现了所谓明示义务与默示义务的表述。其虽使用带有欧陆法特征的“义务”(obligation)概念，但将其做明示与默示的划分，带有浓厚的英美色彩。由此，要真正理解我国合同法上的附随义务概念，不得不深入比较法，尤其是英美合同法的理论中一探究竟，以澄清默示条款及其与 PICC(1994)中默示义务概念之间的关系。

值得注意的是，英美法并无欧陆法意义上的债法构造，故合同关系并非基于给付(Leistung)创设。换言之，英美法上的所谓合同义务，并不表现为债务人因债权人对其享有的主观权利，进而必须从事一定的作为或不作为，而是合同当事人根据具体的交易类型及其场景应当负有的行为义务。因为缺乏“债”这一上位概念，在现代英美法的概念体系下，也难说有抽象的债务概念。其更为常用的说法是合同内容(contents of contract)，而调节和解释内容的工具则是所谓的明示条款(express terms)与默示条款。从外观上看，这一构造与“给付—附随”结构颇有类似之处，但其是否与附随义务概念严丝合缝，内涵一致？或从功能角度而言，是否实现了附随义务在德国债法体系中的作用？要回答以上问题，需细致考察英美法上默示条款的缘起和演变。

二、英美法默示条款理论的兴起

(一)默示允诺与英美合同法的形成

早期英美法拘束在令状(writ)制度之下，并没有统一的合同法概念。有关合同交易的令状主要包括盖印契约之诉(covenant)与债务之诉(debt)。就前者，盖印(under seal)是契约得到令状保护的必要证据，未经盖印的契约原则上不受王室法院管辖。[1] 具备盖印，原告就不负举证责任，法院可以直接按照契约审判。但盖印契约的缺点也十分明显：一是保护范围狭窄，对未加盖印的协议无法保护。二是救济途径单一，仅提供按约履行，不允许损害赔偿。当标的物的价值减损、灭失时，受损一方就无法得到救济。而债务之诉则仅针对被告不当取得或欠原告一定的金钱或可替代物，原告可依据该令状获得救济。[2] 可见，盖印契约之诉与债务之诉的适用范围各有局限，为适应商品经济的复杂化，亟待可以覆盖大部分交易类型的诉讼形式出现。这一历史任务落在了身为侵权诉讼的简约之诉(assumpsit)上。其适用边界通过与盖印契约之诉、债务之诉以及直接侵害之诉(trespass)不断甄别，逐步明确。该过程中的重要手段即默示允诺(implied undertaking/promise)。

1348年的"亨伯河摆渡案"(Humber Ferrry Case)中，原告委托被告(摆渡人)将他的马送过亨伯河。但因被告的船只超载，马在河中淹死。由此，原告在约克郡向王座法院提起简约之诉。[3] 但该令状要求有暴力事实存在，故原告必须证明被告蓄意杀死了马匹。此案事实与要件严重不符。为解决这一矛盾，法官默示当事人之间存在一项允诺(undertaking)，即原告支付报酬，被告允诺接受

〔1〕 See Stroud F. Milson, *Historical Foundations of the Common Law*, 2nd ed., Butterworths, 1981, p. 315.

〔2〕 See J. H. Baker, *An Introduction to English Legal History*, 4th ed., Butterworths, 2002, p. 322.

〔3〕 See Buktion *v.* Townsend, Y. B. 22 Ass., pl. 4i, fol. 94, collected and translated in J. H. Baker & F. C. Milsom, *Sources of English Legal History: Private Law to* 1750, Oxford University Press, 1986, p. 359.

该马匹,并将其安全摆渡过河。[1]

同样的手法运用于1370年的"外科医生案"(Walton *v.* Marschall)中。该案原告声称被告允诺治好他一匹生病的马,但因疏忽,马最终死亡。法官认为,尽管没有确凿证据,但应推定以上允诺存在。此处关键是如何理解允诺?英国法律史学者辛普森(A. W. B. Simpson)认为:简约之诉的英文名"assumpsit",本意即允诺,早期对应的法语词为"manuprise",意为把某物持有在手(take it in hand),故被告持有马匹,类似于保管马匹,负有过失导致其死亡的责任。[2] 而另一位法律史学者贝克认为,此处的允诺并不表明承诺(promissory),只能说明执行某项任务。[3] 法官尽管采用了默示允诺的推定或拟制,但其含义并不完全明确,更多是借此类推具体交易场景,进而明确被告的行为义务及责任。上述两位学者的语言较为含蓄,但言下之意是早期案例中即便出现了"允诺"的说法,也并不表明法官已运用合同法的思维,去解释当事人的权利义务。

但在后续判例中,这种情形发生了微妙的变化。英格兰法官将默示允诺进一步运用于简约之诉对债务之诉的取代之中。16世纪的斯莱德案(Slade's Case)中,原告将一定数量的麦子卖给被告。被告承诺在一定日期支付原告16英镑,但并未履行。原告遂以"米德尔赛克斯令"向王座法院提起诉讼。[4] 被告是否做出承诺,成了争议焦点。陪审团作出特别裁断(special verdict),认定交易确实发生,但并无承诺或允诺。但法官创制了如下拟制,即每个可执行的契约(executory contract)都含有一个支付公允价款的允诺。[5] 由此,简约之诉在理论层面已经具备成为覆盖多种交易场景合同诉讼的一切条件。

(二)默示条款的早期形态

在构建起现代意义上的合同法领域之后,默示方法被继续适用于合同条款

---

[1] See A. W. B. Simpson, *A History of the Common Law of Contract: The Rise of Action of Assumpsit*, Clarendon Press, 1975, p. 199; J. B. Ames, *The History of Assumpsit*, 2 Harvard Law Review 1, 2 (1888).

[2] See A. W. B. Simpson, *A History of the Common Law of Contract: The Rise of Action of Assumpsit*, Clarendon Press, 1975, p. 199.

[3] See J. H. Baker, *An Introduction to English Legal History*, 4th ed., Butterworths, 2002, p. 334.

[4] See Slade *v.* Morely (1597 - 1602), collected and translated in J. H. Baker & F. C. Milsom, *Sources of English Legal History: Private Law to* 1750, Oxford University Press, 1986, p. 420.

[5] See 4 Co. Rep. 92, collected and translated in J. H. Baker & F. C. Milsom, *Sources of English Legal History: Private Law to* 1750, Oxford University Press, 1986, p. 437 - 441.

的解释上。但默示条款并非作为合同法的一般解释规则登场,而只是作为法官在个案裁判中遭遇困境时的权宜手段。根据辛普森的研究,最早的默示条款出现于买卖合同案件,作为"风险归于买方"(*caveat emptor*)原则的一种修正。如1688年的"克罗斯诉加德纳案"涉及一头公牛的买卖合同,被告只是声明其有卖牛的资质,但并无牛的所有权。交付之后,买方受到第三人的追夺,法官即裁定卖方的声明包含其拥有牛所有权的默示条款。[1]

而到了1864年的"艾克霍尔茨诉班尼斯特案"中,默示条款的说理更为清晰。该案中,被告卖出一批衣物,而原告将其转卖。但该批货物被认定为盗赃物,从警察确认的占有人手中返还。被告主张,买卖合同中并无标的物所有权的担保。旧的司法观点认为此类案件须用欺诈之诉(action of deceit)救济,但布莱克斯通法官(Blackstone J.)则认为:通常认为,在买卖合同中,卖方允诺所卖之物是他本身之物。[2] 由此,原告可直接依据合同获得救济。

而1815年的"莱恩诉菲奇恩案",则首次提出了买卖标的物必须可以交易的默示条款。该案中,48副马鞍由伯明翰的生产商运往北美。但检查过程中,发现其未经重新填塞或加衬,无法交易。尽管被告方声称,原告接受较低价格,就意味着其接受标的物存在可能无法交易的风险。但法官认为,被告接受这单业务,即意味着允诺具有可交易质量的货物。[3]

(三)默示条款的主要类型

经过默示允诺向默示条款的逐步演进,最终形成了现代英美合同法中体系化的默示条款理论。但要充分理解默示条款,则需对明示条款清晰把握,正如要彻底澄清附随义务,也离不开对给付义务的深入了解。更为重要的是,英美法赋予了明示与默示条款相同的法律性质,两者可引发同样的法律效果。这一点更说明,厘清明示条款的性质,是准确把握默示条款属性的前提。

1. 明示条款的分类

所谓明示条款,即双方明确约定的合同条款。可依据违反条款行为所引发的合同责任,进行如下分类:

---

[1] See Crosse *v.* Gardner, 90 E. R. 900.

[2] See Eichholz *v.* Bannister [1864] 17 C. B. N. S. 708, 713.

[3] See Laing *v.* Fidgeon [1815] 6 Taunt. 108; 128 E. R. 974.

一是条件条款(condition),即如果发生违反条件条款,守约方有权解除合同,并可主张损害赔偿。但仅从法律效果上区分合同条款,显然有事后评价的嫌疑。从正常的逻辑顺序来看,应是违约行为达到相应的严重程度,方才构成继续履行或者解除合同的评价效果。由此,英美法院在衡量是否构成条件条款时,有更为明确的标准。如在“沃利斯、宋与韦利斯诉普兰与海恩斯案”中,法官对条件条款作了如下定义:(这些条款)与合同标的直接相关,换言之,对合同属性如此关键,以至于其不履行会被合同相对方公平地视为对履约的根本违反。〔1〕该定义说明:违反条件条款之所以能够引发合同解除,是源于其构成合同的根本性义务。对其违反,即构成根本违约。而在“本特森诉泰勒桑斯公司案”中,法官进一步认为:要判断某一条款是否为条件条款,无法抛弃其周围情事和合同当事人的主观意愿。〔2〕该案强调,条件条款的认定具有弹性,并非完全以客观标准,而是参照合同当事人的约定内容及其对合同目的的影响,综合确定。

二是保证条款(warrenty),即对其违反,守约方只能主张损害赔偿,而无法解除合同;保证条款的含义并未完全明确,并非取其本意,即合同当事人保证标的物有何具体品质。其意义更多体现于功能之上,即对其违反并不引发合同解除的效果,而仅引发损害赔偿。从这一效果看,保证条款所包含的义务不如条件条款所包含的义务重要,相对合同的主要目标而言,处于从属地位。

三是中间条款(intermediate),即对其违反,根据违约性质及其后果,可能使违约方有权解除合同。更准确地说,对于中间条款的违反,并不能自动归入条件条款或保证条款的违反中。其性质取决于具体交易的场景和性质。〔3〕可见,英美法中明示条款的类型主要是以违约行为对合同目的实现的影响进行区分的,并未采取德国法上给付义务与从给付义务的划分。

保证条款的构造虽易于让人联想到德国法上的从给付义务,但两者落脚点并不一致。保证条款的从属性侧重于描述合同义务与合同目的之间的距离。换言之,对其违反并不直接使合同目的落空。而从给付义务的从属性则是相对给付义务概念而言的。给付义务与合同目的的实现,并不完全画等号。违反给付

---

〔1〕 See Wallis, Son & Welis *v.* Pran & Haynes [1910] 2 K. B. 1003, 1012.

〔2〕 See Bentsen *v.* Taylor, Sons & Co. [1893] 2 Q. B. 274, 281.

〔3〕 See Hongkong Fir Shipping Co. Ltd. *v.* Kawasaki Kisen Kaisha Ltd. [1962] 2. Q. B. 26, 70.

义务未必引发合同目的落空,而可能只构成一般违约,进而违反作为辅助、配合主给付义务实现的从给付义务,也未必导致合同目的落空。因而,条件条款与保证条款的区别,实际上是以合同义务与合同目实现的紧密程度进行的划分,跳出了德国法上以主观权利为基础的给付概念所建构的债法体系。从性质上来说,明示条款既可能包含给付义务,也可能包含从给付义务。

2. 默示条款的分类

在英美合同法上,默示条款的法律效力与明示条款并无区分。换言之,上述条件条款、保证条款及中间条款的分类亦适用于默示条款。但默示条款作为明示条款的补充,其特殊性并不在此,而是其来源并非双方约定,需要有额外基础。尽管如今的默示条款已为英美学者体系化,但究其本源,并非学者笔下层次分明的教义学体系,而是英美法官为解决具体问题发展出的义务创设路径——所谓的法院默示(implied by courts),即法院在裁判案件过程中所采用的默示条款。具体而言,可以分为以下三个子类,一是事实默示(implied in fact),二是法律默示(implied in law),三是惯例默示(implied by custom and usage)。但三者分类依然不完全依据逻辑,而更多参照英美法院庭审特点。事实与法律的分类,更多是依据陪审团与法官的职能区分产生,而惯例则表明其并非源于普通法本身,更多依赖衡平法院法官的良心救济。

(1)事实默示

事实默示与法律默示并非建立在事实与法律于推理层面的区分之上,前者是指该默示限于某一特定案件(ad hoc gap-filler),后者则可以辐射某一类案件(general default rules)。英美合同法遵循当事人之间的意思自治以及合同本身的商业效用(besiness efficacy),而非欧陆民法上奉为帝王条款的诚实信用原则,故在明示条款之外添加额外条款,须有特定理由,从而既能弥补现有约定内容的不足,又可避免司法擅断的骂名。较有针对性的裁判即 1887 年的“雄雷鸟号案”(the Moorcock's Case)。

该案中,被告是圣·布莱德(St Bride)码头的经营者,而原告是货船雄雷鸟号的船主。双方约定,原告可以使用被告的服务(包括码头管理人员)来装卸、存储货物,不设停泊费用,但原告需支付使用被告起重机,以及装卸、存储货物的相关费用。被告控制了原告使用的码头区域,但对河床的控制则是泰晤士河保护者委员会(Thames' Board of Conservators)的职责。在停靠期间,由于泰晤士河受潮汐影响,水位骤降,导致船体触及河床,造成损坏。原告即主张,双方合同中应有默示条款,即被告应确保河床对船只是安全的。该主张在一审阶段未受法院支持。布特法官(Butt J.)认为,合同中被告并没有确保停泊码头合适性的担保,原告亦无相关的明示陈述。但他指出,此处存在一项默示的陈述(implied representation),即被告应当负有合理的注意不去损害原告的船只,但事实上并未如此行事。[1] 而在二审阶段,艾舍尔法官(Lord Esher MR)稍微修正了以上观点,将默示陈述的定性改为默示条款。其核心观点是:诚实的商业(honest besiness)无法在如此的原、被告之间开展,除非后者默示地承担如下责任,即对河床的相关事宜进行负责。[2] 但以上观点均未一般性地提出默示条款的准入门槛。

该案诉讼过程中,鲍文法官(Bowen L. J.)虽非给出最终判决的高级法官,但他对默示条款的论述对此后的通说形成起到了关键影响。他认为,默示保证(implied warranty)在任何案件中都取决于双方当事人的意图与理性。其要么体现为合同当事人的主观意图,要么为交易注入效用(efficacy)。就二者关系,鲍文法官认为是有机统一的,即在此类商业交易中,法律通过默示期待达成的效果必须是双方当事人作为商人在主观上欲求的,而不能将义务仅施加给一方当事人,或者只将一方从失败的可能性中解放出来。换言之,须使每个当事人在法律上做出的允诺,都在双方的考虑范围之内,进而使其对所涉危险或机会(perils or chances)承担责任。[3]

尽管以上规则被视为英国法上默示条款的重要先例,但其法律意义并不明确。通常认为,具有两种解释可能:一是认为,只要一项条款能够给予合同商业效用,就说明其是必需的,应被视为在合同中默示;二是认为,仅当引入一项条款赋予合同以商业效用时,该条款才能被视为在合同中默示。[4] 上述意义的含糊不清实际上体现了鲍文法官观点中两项要素之间的张力,即商业效用与合同双

---

〔1〕 See The Moorcock's Case [1889] 14 P. D. 64.

〔2〕 See The Moorcock's Case [1889] 14 P. D. 64, 65.

〔3〕 See The Moorcock's Case [1889] 14 P. D. 64, 68.

〔4〕 See Richard Austen-Baker, *Implied Terms in English Contract Law*, 2nd ed., Edward Elgar Publishing Limited, 2017, p. 141.

方当事人意思之间未必重叠。

尽管英美法官并不强调在合同履行及其救济中体现诚实信用,但其商业效用的落地,并不完全脱离对诚实、公允等价值因素的判定。这种判定更多是借合同双方主观意思的推定得以实现的,但其标准并未完全陷入主观视角,而是引入了"好事旁观者"(officious bystander)的参照点。该测试是在"南方铸造厂(1926)有限公司诉希拉罗案"中为麦金农法官(MacKinnon L. J.)所创设。他认为:从表面证据上看,在任何合同中应被默示,而非明示的条款应是那些如此明显的东西,以至于其无须说出来;因此,当合同双方在从事交易时,有一个"好事旁观者"建议在其协议中应写入某一项明示条款时,合同双方将以"哦,本就该如此"(Oh,of course)来恼火地阻止他。如果一项条款无法通过以上测试,那么也就不应被视为默示。[1]

可见,经过裁判发展,默示条款的判定标准逐步复杂化,至少出现了商业效用、合同当事人意图以及"好事旁观者"等参考维度。司法裁判的可预见性不可避免地有所降低,由此产生了整合诸项标准的需要。如在"英国石油炼油厂(西港)有限公司诉黑斯廷斯郡案"中,法官进一步将默示条款的检测标准明确,包括如下五个要件:一是合理与公平;二是为实现合同的商业效用所必须做出的默示,如缺少此默示条款,合同仍然有效,则没有条款将被默示;三是满足"好事旁观者"的测试,即在缔约时,假设合同双方会理所当然或异口同声地同意此默示条款;四是可以被清晰地表达出来;五是不能与明示条款相冲突。[2]

但以上列举仅在形式层面完成了要件整合,其内部的逻辑关系并未完全厘清,由此出现了不同角度的批评声音。

质疑之一,是"好事旁观者"测试并不能提供明确、稳定的观察角度,如该"好事旁观者"改变问题的提出方式,合同双方的答案就会有所不同。[3] 该观点的本质是,"好事旁观者"检测仅为判定合同默示条款提供了外部视角,但并未确定该视角的具体方位,进一步说,无法确定是合同当事人的主观视角,还是社

---

〔1〕 See Southern Foundries (1926) Ltd. *v.* Shirlaw [1939] 2 K. B. 206.

〔2〕 See BP Refinery (Westernport) Pty. Ltd. *v.* the President, Councillors and Ratepayers of Shire of Hastings [1978] 52 A. L. J. R. 20.

〔3〕 See Codelfa Construction Pty. Ltd. *v.* State Rail Authority of New South Wales [1982] 149 C. L. R. 337.

会第三人的客观视角。因而,在具体适用过程中,检测标准出现了摇摆和模糊地带。

质疑之二,是商业效用与“好事旁观者”两项标准是否同时适用?对此,英美法院从未达成真正一致。如在1989年的“新斯科舍银行诉希腊战争风险互助协会(百慕大)有限公司案”中,上诉法院认为:“好事旁观者”与商业效用实为同一测试。[1] 但在同年的“日本联合银行(国际)有限公司诉北方信贷股份有限公司案”中,史迪恩法官(Steyn J.)却认为,两者性质并不相同,默示条款的成立只需满足二者之一。商业效用的功能在于评价该合同是否可行,而“好事旁观者”的功能则在于引入理性人(reasonable man)的客观标准,以假设方式(*ex hopothesi*)检验其是否为合同当事人当然(不假思索)采纳。[2] 而在“阿什莫尔诉劳埃德公司案”中,亦有法官指出,商业效用与“好事旁观者”的测试标准存在重叠,大部分的案例中只需满足其中之一,即可被认定为默示条款,甚至在特定情形下,是仅满足其一,不满足其二。但测试背后的根本理据应是默示条款对一项合同的必要性,故应严格把握。[3]

笔者认为,英美法上商业效用与“好事旁观者”标准是默示条款的实质标准和形式标准。在英美法官头脑中,英美法注重商人自治和风险自担的传统,导致其需要(至少在表面上)最大限度地尊重当事人的意思表达。而由此产生的商业风险,只要不触碰商业效用的边界,法院就不会积极干预。但若因为缺少默示条款,导致合同无法履行,或者履行之后,合同双方期待的合同利益无法实现,即未满足商业所带来的互惠共赢效果,则法院会介入其中,检查加入默示条款的必要性。但加入该条款时,依然须在形式上尊重合同双方各自意愿的表达。由此,“好事旁观者”标准只是一种维持合同自由的技术外观,而决定默示条款能否加入的实质性标准是商业效用概念下可囊括的司法政策和价值要素。

(2)法律默示

如上所述,法律默示与事实默示的区别并不在于将默示的对象区分为事实

---

[1] See Bank of Nova Scotia *v.* Hellenic Mutual War Risks Association (Bermuda) Ltd. [1989] 2 Lloyd's Rep. 238.

[2] See Associated Japanese Bank (International) Ltd. *v.* Credit du Nord S. A. [1989] 1 W. L. R. 255.

[3] See Ashmore *v.* Lloyd's [1992] 2 Lloyd's Rep. 620.

或法律,而在于该默示的适用范围。这一区分最早可以追溯到怀特(Wright)勋爵在“卢克索(伊斯特本)有限公司诉库珀案”中的论述。他认为:“默示条款的表述在不同意义上适用。有时,它指向那些并不取决于合同当事人实际意图,而是法律规则的条款,比如由《买卖法》及《海上保险法》等法律直接引入的条款、保证及条件。”[1]原则上,法律默示普遍适用于某一类别的合同关系,而并非基于合同双方的缔约意图。故在具体的认定标准上,并不要求条款对于合同具有必要性。由此,并不适用商业效用或“好事旁观者”的检测标准。

与事实默示相比,法律默示的判定标准更为模糊。概括而言,需要满足如下几个要件:

其一,法律默示必须合理(reasonable)且必要(necessary)。在“利物浦市议会诉埃尔文案”中,格罗斯(Cross)勋爵强调:没有一项保证能被视为默示条款,除非其具备必要性,即没有该条款,合同将无效用、无意义并且可笑(inefficacious, futile and absurd)。[2]

其二,法律默示需要满足更广泛的考虑。如在“斯卡利诉南方卫生委员会案”中,法官阐明,在英美法早期先例中,存在如下明确区分:一是为了某一特定合同的商业效用作出的默示条款;二是为了更广泛地考虑(wider considerations)对某一特定类别的合同关系作出的法律默示。[3] 但“广泛地考虑”仍是一个开放的概念,在不同案件中有不同的含义。如在“克罗斯利诉忠实高德控股有限公司案”中,法官明确指出:默示条款的判断不能仅考察必要性,而应更关乎合理、公平以及竞争政策的平衡考虑(balancing of competing policy consideration)。[4] 可见,所谓“更广泛地考虑”,是指法官在适用普通法规则(尤其是强调合同双方真实意思)时,必须考虑的社会、政策因素。

法律默示的内容,涉及合同的具体类型。粗略划分,可以分为制定法默示与普通法默示。前者涉及特定制定法中对合同义务的额外规定,最常见的是1979年的《英国货物销售法》与《英国海上保险法》。前者实际上是将普通法判例中

〔1〕 Luxor(Eastbourne)Ltd. *v.* Cooper [1941] A. C. 108.

〔2〕 See Liverpool City Council *v.* Irwin [1977] A. C. 239.

〔3〕 See Scally *v.* Southern Health Board [1992] 1 A. C. 294.

〔4〕 See Crossly *v.* Faithful & Gould Holdings Ltd. [2004] E. W. C. A. Civ. 293.

已经明确的默示条款加以法定化。如该法第 12 条规定,关于买卖合同标的物所有权的默示条款包括:①在买卖情形下,卖方有权出卖货物;而于存在出卖协议的情形下,他在标的物转让之时拥有此权利。②在买卖合同中,存在如下默示条款:a. 标的物在交付之前,应当没有负担未经披露或者买方缔约前未知的费用或者留置权(encumbrance);b. 买方应当享有不受打扰占有该标的物,避免其受到所有权人或享有其费用或留置权的其他人的干扰。[1]

而普通法上的法律默示则与事实默示的差别更为细微,仅在适用范围上有所区别,前者针对一类合同,而后者限于某一案件的具体情境。如在雇佣合同中,英美法官发展出了一系列默示条款。①针对雇员从雇主的订单中抄录顾客名单,挖雇主墙脚,雇员需对雇主负有善意,以确保该雇佣关系有效。缺乏此条款,此关系将变得毫无意义。[2] ②雇员在履行职务时因疏忽或未尽职引发民事赔偿责任,雇主可要求其分摊责任。[3] ③若雇员涉及不法行为,其负有默示责任补偿雇主损失。[4] ④雇员有默示义务,与同事合作履行其相关职务等。此类默示条款举不胜举,其性质是针对既有判例和制定法不足,逐点补充,从而形成了不成体系的点状规范集合。

又如房屋租赁合同中,也存在五花八门的默示条款。如在"米勒诉汉考克案"中,房屋出租人负有对楼梯维修保养,确保其可以安全使用,以避免租客人身伤害的默示义务。[5] 而在"利物浦市议会诉埃尔文案"中,上议院进一步列出 7 项默示条款,包括:①房东应默示地允许访客拥有排他性占有房屋的权利;②双方应就不受打扰享有该房屋(quiet enjoyment)的默示合同权利;③对房东的默示地役权(easement)及其使用楼梯的许可;④依据地役权的本质属性产生的使用电梯的权利;⑤使用垃圾通道的地役权;⑥房东负有合理的注意,确保合理维修以及公共部分使用性的义务;⑦根据建筑物特性,尽到合理注意以提供人工照明、维持必要照明的义务。[6]

---

〔1〕 See Art. 12 Sale of Goods Act (1979).

〔2〕 See Lamb *v.* Evans [1893] 1 Ch. 218.

〔3〕 See Lister *v.* Romford Ice and Cold Storage Co. Ltd. [1957] A. C. 555.

〔4〕 See Jones *v.* Manchester Corporation [1952] Q. B. 852.

〔5〕 See Miller *v.* Hancock [1893] Q. B. 177.

〔6〕 See Liverpool City Council *v.* Irwin [1977] A. C. 239.

可见,此处的默示与制定法默示也并无本质差别,均是法官为填补现有规范(无论是立法还是判例)中的漏洞,对案件中原、被告的合同内容进行的人为补充。由此,法律默示与事实默示也并非截然对立,所谓前者针对一类合同,而后者针对特定合同的划分,在逻辑上当然成立,但在默示推定的产生场合仍为具体案例,法官是否将推定从具体案件事实的层面提升到合同类型的抽象层面,甚至是一般合同法的理论层面,则完全取决于法官推理的逻辑需要,及其欲求达到的法律乃至政策目的。甚或不取决于个案法官,而是众多法官针对某一先例的适用,导致了其从事实默示扩张为法律默示。故笔者认为,在普通法以先例拘束为底色的判例法传统之下,事实默示与法律默示的划分仅是认识这一制度的方便法门,其实质内核仍是法官针对特定案件事实,以商业效用、必要性、合理性等政策为导向,对明示合同内容的填充、修正乃至否定。

(3)惯例默示

根据普通法传统,惯例默示不同于事实默示与法律默示,并非基于某一或某类合同关系额外添加的内容,而是作为合同约定之外的行业、社会背景,法官认为有必要加入的条款。可见,事实、法律默示的引入原则上是基于合同当事人合意(其达成一致的主观意图)的增补。但惯例默示则脱离了对合同当事人主观意图的依靠,将行业、社会意识反向融入合同约定,该过程存在逻辑张力。由此,早有英国法官指出,惯例默示条文会对合同明示条款的解释带来极大冲击,甚至违背双方当事人的订约意图,必须严格对待。[1]

基于以上认识,能够被确认为惯例默示的标准极为严苛。经典教科书《奇蒂论合同法》(*Chitty on Contract*)中认为,如果在特定商业领域内,存在不变(invariable)、确定(certain)以及一般(general)的习惯或惯例,法律将默认基于此订立合同的一方应当与此习惯或惯例保持一致,增益合同的相对方,只要该习惯或惯例与合同条款之间不存在不一致(no inconsistency)即可。而要达到有拘束力,该习惯或惯例必须满足广为人知(notorious),确定,合理(reasonable),并且不与法律抵触。概言之,它必须高于一般的商业实践。一旦该习惯或惯例被证明,其将构成当事人之间的合同基础。[2]

---

〔1〕 参见杨良宜:《合约的解释:规则与应用》,法律出版社2018年版,第466页。

〔2〕 参见[英]比尔主编:《奇蒂论合同法》(上卷)(影印本),商务印书馆2012年版,第899页。

以上定义实际上是对各个阶段的经典判例给出的归纳和总结。在早期判例“福克斯·伯恩诉弗农有限公司案”中，法官仅要求，一项惯例要如此明确且受人认可，从而合同双方在缔约时即在头脑中有所关注（a uniform practice so well defined and recognized that contracting parties must be assumed to have had it in their minds when they contracted）。[1] 但经过先例的不断发展，判定规则得以不断完善，逐步出现了如下要件：①相关合同订立时，该默示条款已经出现；②不得与合同条款相冲突；③其内容必须确定、广为人知且具有一般性；④具有拘束力，即不仅是合同当事人时而选择遵守的惯例。[2]

而在最新的判例中，澳大利亚法院列举了判定默示条款的系统标准，包括：①该项习惯或惯例确实存在，足以使在合同中引入默示合理化。②证明以上事项如此广为知晓，以至于能够合理地推定缔约的每一个人都已将其包含于合同之内。③若上述事项与明示条款冲突，则不能被默示入合同。④即便合同当事人对某项惯例不知晓，也可能受其拘束。也就是该条款已经足够广为人知，故当事人不能以其不知晓为由，提出免责抗辩。[3]

归纳而言，英美法在判定商业惯例时，有如下条件：一是存在明确的惯例；二是该惯例在所涉纠纷的合同类型中达到广为人知的普遍程度；三是惯例达成一般性，使特定类型合同中的所有当事人均应遵守，而非仅停留在商业实践层面；四是当事人在一般情形下，即可合理默示其为合同内容的一部分；五是默示条款与明示条文之间不应发生冲突。[4] 由此可见，尽管惯例默示的规则并未完全固定，但英美法官的意图仍十分明确，即将其适用范围局限在一个相对狭窄及明确的区间内。一方面，惯例需要对合同当事人形成一种客观效力。即便它们没有被写入合同，但作为客观实在法，双方仍受其制约。由此，他必须符合广为知晓、一般以及合理的评价标准。另一方面，默示条款终究要写入合同，获得与合同上明示条款的同等效力，由此法院必须强调其与当事人的明示约定不得违背。此种衡量在当事人意思自治与商业实践之间达成了某种平衡，但与欧陆法上给付

[1] See Fox Bourne *v.* Vernon & Co. Ltd. [1894] 10 T. L. R. 647.

[2] See Durham *v.* BAI (Run Off) Ltd. [2009] 2 E. R. 26.

[3] See Con-Stan Industries of Australia Pty. Ltd. *v.* Norwich Winterthur Insurance (Australia) Ltd. [1986] 160 C. L. R. 226.

[4] 参见杨良宜：《合约的解释：规则与应用》，法律出版社2018年版，第468页。

义务与附随义务的构造仍有本质不同。

(四)默示条款与附随义务的比较

由上所述,可对英国法和美国法上的默示条款与德国法上的附随义务进行详尽比较。上文对附随义务考察的三个角度,亦可挪至默示条款的理解当中,具体可分为如下三个方面,即合同义务的构造比较、义务违反与损害赔偿的关系比较,以及合同义务与合同外义务的比较。

1. 合同义务的构造比较

英美法上并无严格的义务概念,合同义务表现为约定/默示的合同条款。当事人违反合同条款,即产生违约责任。明示条款与默示条款的区分,并非源于对合同义务的抽象把握,而是基于经验性的合同形式,即合同书上的明示条款。以此条款解释合同义务出现问题时,方才引入默示条款。尽管在如今的英美教科书中,"条款"(terms)一词早有扩张,覆盖了协议(agreement),约定(stipulation)或合同书(covenant),但其条款(terms)本意,仍然代表了其最初来源。[1] 由此,在英美合同法的框架内,明示条款和默示条款的性质实际上是相同的,均视为双方达成的合意,即便后者并非由明确约定所致,但仍将其比照为双方约定的结果,由合同法的规则统一调整。

与之对照,给付义务与附随义务的构造,则是基于对债本质关系的抽象把握,即将债理解为债务人基于债权人对其拥有的主观权利,负有作为或不作为的行为义务。而附随义务的产生并非基于主观权利基础上的债权债务关系,其或体现为对债务人违反特定行为义务(过错)的惩罚(罗马法),或体现为社会忠诚、协作义务在合同法上的投射(日耳曼法)。据此,现代民法通说认为,附随义务源于诚信原则的基本要求。由此,给付义务与附随义务虽均可被解释为合同义务,但合同内容(或称标的)却受上位概念债的影响而发生区分。给付义务指向主观权利的实现,而附随义务/保护义务则指向合同相对方固有利益的维持。

以上构造孰优孰劣,难以断言。明示条款与默示条款的区分因其经验性的特征,更多保留了合同义务的整体性,即其不仅需要满足当事人明示约定的内

[1] 参见[英]比尔主编:《奇蒂论合同法》(上卷)(影印本),商务印书馆 2012 年版,第 816 ~ 817 页。

容,还要满足商业实践乃至特定交易类型所明确的行为义务。这种构造与罗马法上整体性的合同义务有类似之处,但区别在于罗马法上的合同义务(更准确地说,是合同责任)的衡量置于诚信诉讼之下,受诚信原则(以欺诈抗辩为表现形式)的约束。而英美合同法,至少在教义层面,从未承认接受诚信原则的规训,默示条款的出发点始终为商业效用,而落脚点也是完善乃至填补合同当事人对合同内容的约定。自由资本主义的浓厚意味宛如英美法的意识形态,不容法律人置疑。但其是否在保护商业交易的基础上,同样实现了诚信原则要求的内容,如辅助给付义务的履行,配合合同目的的实现,保护合同当事人的人身、财产利益?回答是肯定的。在此意义上,若在明示条款与默示条款的基础上增加合同义务的维度,将其改造为明示义务与默示义务,则具有潜在的理论前景。此即PICC(1994)立法者的选择。其展开路径待下文具体阐述。

2. 义务违反与损害赔偿的关系比较

如前文所述,违反附随义务与违反给付义务所引发的损害赔偿机理不同。受制于债务转型论,履行给付义务优先,损害赔偿责任劣后。原则上,只有陷入给付不能的情形,债的内容才从给付义务转化为损害赔偿,其内容应为给付的等价利益,其范围受相当因果关系的调整。而违反附随义务的损害赔偿独立于给付内容,虽亦受相当因果关系的调整,但涉及当事人的固有利益,为原有债法体系并未覆盖的利益区域。由此,附随义务的提出虽为权宜之计,扩充了合同法的救济范围,但在债法内部体系的协调上,仍难以获得充分说明。

相比之下,就违反默示条款与损害赔偿的关系,英美合同法中并无专门规定。因明示条款与默示条款的性质本无区别,违反其包含的合同义务,所引发的损害赔偿自当统一评价。并且在英美合同法中,并无债务转型论的教义学路径,故合同履行与损害赔偿之间并无转换公式。尽管英美法上亦承认“合同严守原则”(*pacta sund servanda*),履行义务确为合同拘束力的体现。但在其传统上,违约救济亦以损害赔偿为原则,以履行义务为例外。早期普通法对于债务不履行仅提供损害赔偿救济,直至衡平法为创设特定履行,仅当债权人对此履行具有合法利益时,方允许其请求债务人履行义务。普通法与衡平法合流后,上述逻辑仍未改变。

如《美国合同法(第一次)重述》第358条规定,特定履行以损害赔偿的不充分为前提。[1] 换言之,若损害赔偿足以达到公平正义,特定履行将不适用于债权人的救济。[2] 但随时代变迁,现今英美法院更强调为实现个案正义,选用妥当的救济措施。[3] 正如我国学者指出,义务履行与损害赔偿均可视为增益债权人利益的方式,并无优先劣后之别。由此,无须等待给付义务陷入履行不能,亦可转化为损害赔偿;亦无须债务人存在不履行的归责事由,才可从债务人的责任财产中攫取财产,以实现损害赔偿的强制效力。[4]

由此,英美合同法的问题并不在于违反不同义务后的差异救济,而是其损害赔偿能否覆盖履行利益与固有利益。此处,我们无须追溯英美法上损害赔偿的发展过程。美国学者朗·富勒(Lon L. Fuller)的著名论文《合同损害赔偿中的信赖利益》(*The Reliance Interest in Contract Damages*)对英美合同的救济利益做了理论总结,将其概括为:一是返还利益(restitution interest),是指原告基于对被告的信赖向其转让了一部分价值;据此,法院可以要求被告吐出该价值(disgorge the value),旨在防止违反允诺一方以其允诺为代价从中得益(the prevention of gain by the defaulting promisor at the expense of the promise)。二是信赖利益(reliance interest),是指原告基于对被告允诺的信赖改变了其(法律上)的状态,该赔偿旨在使他重新回到做出允诺之前的状态(as good a position as he was in before the promise was made)。三是期待利益(expectation interest),是指由允诺产生的期待可得的价值,旨在使原告获得如果被告履行其允诺,本应获得的状态(as good a postion as he would have occupied)。[5] 以上划分与德国民法对利益的分类不完全一致,但基本覆盖积极利益(期待利益)与消极利益(信赖利益)的范畴。因德国法将合同法中的利益返还要么理解为不当得利法下的财产返还关系(如因错误撤销合同所发生的给付返还),要么理解为合同解除所引发的法定返还关系(gesetzliches Rückabwicklungsverhältnis),故原则上将

---

〔1〕 See Restatement (First) of Contracts, 1981, 1932, Chapter 12, § 358.

〔2〕 See Restatement (First) of Contracts, 1981, 1932, Chapter 12, § 361 Comment a.

〔3〕 See Restatement (First) of Contracts, 1981, 1932, Chapter 12, § 358 Comment on Subsection (1) d.

〔4〕 参见解亘:《我国合同拘束力理论的重构》,载《法学研究》2011 年第 2 期。

〔5〕 See L. L., Fuller & William R. Perdue, *The Reliance Interest in Contract Damages*, 46 Yale Law Journal 52, 53 – 62 (1936).

其视为合同利益的一部分。[1] 唯一未提及的是固有利益。该问题并非英美法有所遗漏,而需放在损失赔偿的范围中加以考察。

概括而言,英美法衡量损失的办法是判定其遥远性(remoteness of damages)。其下可分为两个方面:一是合理预见(reasonably foreseeable)的判定;二是因果关系(causation)的判定。因后者主要涉及第三人行为或外部因素介入情形下的违约方责任问题,损害范围的裁量仍主要依赖合理预见这一要件的评判。在早期先例"哈德利诉巴森代尔案"中,涉及被告迟延交付蒸汽机曲轴,导致原告无法尽快复工而丧失了重大生产利润。由此,原告提出诉讼,要求被告承担违约造成的损害。该案法官将损害区分为一般损害(general damages)与特定损害(special damages)。就前者,违约方依据社会一般人的理性可以合理预见,需要赔偿;而后者超出违约方的通常预期,则无须赔偿。在此案中,被告迟延提供部件导致原告停产的费用,以及停产导致的一般经营条件下的盈利丧失,应当予以救济。但原告因此丧失的特定交易机会,显然不在被告预见范围,不应获得救济。[2]

而在"维多利亚洗衣店诉纽曼工业公司案"中,法官对上述区分损害的做法作了进一步细化,将判定标准分为如下四个部分:一是明确损害赔偿的范围不包括极不可能(improbable)或不可预测(predictable)的结果;二是损害赔偿应以缔约时就可合理预见的范围为限;三是合理预见的起算时间取决于双方当事人(或一般情形下即违约方)何时知情;四是知情的具体情形应当分为两类:推定知情(imputed knowledge)与真正知情。前者以一般合理人为标准认定具体违约人的知晓情况,后者则以违约方通知为准。区分二者可与上述一般损害与特定损害的规则相衔接。[3] 而在"苍鹭二号案"中,上议院认为合理预见的表述与侵权法上损害赔偿的衡量相同,为彰显二者区别,将其修改为"预料之内"(within contemplation)。具体而言,上议院认为,可预见性的标准同样适用于侵权法上损害赔偿的因果关系判断,范围过宽,而合同法上的损害范围更为狭窄,应在语

---

〔1〕 Vgl. Hans Brox/Wolf-Dieterich Walker, Allgemeines Schuldrecht, 32. Aufl. 2007, § 18 Rn. 15 f.

〔2〕 See Hadly *v.* Baxendale [1854] 9 Ex. 341.

〔3〕 See Victoria Laundry *v.* Newman Industries [1949] 2 K. B. 528.

言表达上清晰排除极不可能产生的后果及损失。[1]

而对固有利益问题，英美合同法则是通过因果关系的差异调控实现覆盖的。就人身伤害的赔偿（physical injury and damge）与经济损失（economic loss），丹宁勋爵（Lord Denning）作了明确区分：就前者，其认为只需满足轻微的可能性（slight possibility），即足以让其负责；而针对经济损失，则需要违约方在缔约时已经料想到损害发生的重大可能性（serious possibility）或真实的危险（real danger）。[2] 可见，损害赔偿不仅覆盖了固有利益的救济，并且其对应的因果关系判定亦有差别安排。这意味着英美法官意识到固有利益与经济损失的救济范围所要求的可预见性程度不同。对前者，应是当事人本身的人身、财产利益，故其可预见性更接近"如果不"的客观因果关系，而经济损失则受到外部波动的市场因素影响，故要求在缔约时违约方已经对此损害的发生有相当的预见能力，进而限缩法律救济的范围，保护守约方的利益。

综上，英美法并无严格的合同义务概念，所谓违约是指违反合同约定条款（包括明示、默示条款），而损害赔偿则并不体现为合同义务的转化利益，而直接对应返还、期待与履行三种利益。赔偿范围原则上受控于可预见性的调控，但根据固有利益与经济损失赔偿的不同情形，对可预见性的程度作了重大与轻微的区分，以满足守约方在不同情形下的救济需求。

3. 合同义务与合同外义务的比较

由于潘德克顿法学家严格区分了履约与缔约，合同整体性的义务被拆分为缔约与履约阶段的行为义务。附随义务作为债法层面与给付义务对照的构造，并不能涵盖无给付义务场景下的行为义务（包括缔约以及后合同义务）。回顾德国法上的发展进程，缔约过失理论的"发现"提示了给付外契约性义务的存在，积极违约至附随义务的学说建构揭示了履约阶段给付之外的行为义务，而保护义务的发展又试图将两个独立阶段的义务重新黏结。如此复杂的合同法变迁过程均肇始于将债（包括合同）理解为主观权利之上的支配关系。

英美合同法上并无缔约过失理论。缔约过失中的行为义务问题分散在禁反言（estoppel）、错误（mistake）、误述（misrepresentation）、胁迫及非法等制度中加

---

[1] See The "Heron Ⅱ" [1967] 2 Lloyd's Rep. 457.

[2] See Parsons *v.* Uttley Ingham [1977] 2 Lloyd's Rep. 522.

以解决。

禁反言的基本含义是禁止一方当事人否认某事项。该表述最初在英美法上仅指契据禁反言(estoppel by deed),即依据契约上的白纸黑字,当事人不得反悔。但经丹宁勋爵的理论创造,创设了承诺禁反言(promissory estoppel)。古老的禁反言制度被给予新的功能,即赋予那些不满足对价要件的合同交易关系以法律效力,进而对受害人提供相应救济。依据丹宁的观点,禁反言应具备如下要件:一是一方清楚无误地陈述或承诺;二是对方对此产生合理信赖,即做出陈述或承诺一方希望(或另一方可以合理认为对方希望)影响双方间的法律关系,且对方因合理信赖此陈述或承诺,的确改变了原本立场;三是上述情形造成信赖一方的不公平与不合情理。[1] 违反禁反言产生的损害范围与违约责任并无本质区别,同样覆盖了履行利益、期待利益及固有利益。具体包括:(1)被承诺方因信赖承诺而没有采取行为保障其法律利益或状态,如租客因信赖房东承诺而没有修理房屋造成的损失;(2)被承诺方减少或放弃相关权利而丧失的利益,如转卖标的物等再投资所得的利益;(3)被承诺方因信赖放弃了更有价值的标的物等。

而错误、误述制度则更多涉及合同终止(termination)、无效(void)及可撤销(aviodable)情形。与欧陆法将错误(包括误述)问题囊括在意思表示理论中不同,英美法上的错误与误述理论并无法律行为理论的抽象整合,更多体现为中等程度的类型化特征。在错误类型的案件中,英美法院原则上承认双方错误会引发合同无效或终止,但仅在例外情形下认可单方错误影响合同效力。

而误述制度则是英美法中理论争议极大的部分,既可能引发违约责任,也可能引发侵权责任,处于合同、侵权的交叉地带。根据英国1967年的《误述法案》(Misrepresentation Act),若合同当事人因信任对方欺诈性误述(fraudulent misrepresentation)或过失性误述(negligent misrepresentation)而缔结合同,不仅可撤销(rescind)合同,亦可主张损害赔偿,但其范围较一般的违约责任较为狭窄。如"多伊尔诉欧布利(铁匠)有限公司案"中,法院确认误述受害方仅可主张如果其知道对方误述,即不会订立合同时的利益,而非如果误述为真,合同即充

[1] See Central London Property Trust Ltd. *v.* High Trees House Ltd. [1947] K. B. 130.

分履行而可得的利益。[1] 换言之,即限于信赖利益,而非履行利益。通常认为,前者限于丧失的缔约机会(lost opportunity),而非交易所得的损失(lost of bargain)。但在“伊斯特诉毛雷尔案”中,原告因误信被告不再开设理发分店的虚假陈述,而买下了其第一家店面,结果不得不将此店转卖。法官认为,原告可获赔:(1)买入与转卖店面之间的差价及由此产生的费用;(2)购买同一领域业务而可期待获得的收益。但原告不可获得其在被告误述情形下,比目前业务所得利润更多的收益。[2] 可见,此处的损害亦限定于误述所发生的实际损失,而非误述不存在时,受害方可得的全部利益。[3]

尽管如此,仍可得出以下结论,即无论是错误还是误述案件,均存在相关行为义务的违反,但英美法并未从义务违反的角度去裁量和给予救济措施。具体而言,错误或误述虽可引发合同无效或被撤销,但均不影响损害赔偿的单独主张。而损害赔偿的衡量较为独立,直接受可预见性及因果关系规则的调整。这一特征尤其体现于误述案件的损害赔偿当中。因允诺方的误述内容原则上被排除出合同条款,故受害方不因此产生期待该陈述被遵守而获得的利益。其损害应仅包括如果其明知或未信赖此误述未缔结此合同,本可获得的利益。

由此可见,英美法上并不存在严格意义上合同义务与合同外义务的区分。在相当程度上,只有统一的违约责任概念。而就触发违约责任的路径,英美合同法则提供了类型化方案:一是将合同内容划分为合同明示条款与默示条款;二是将缔约时的义务违反,归入禁反言、错误、误述等类别,由此开拓合同行为义务的边界。但需指出,上述制度既非合同义务的闭环体系,亦非合同救济措施的封闭构造。正如禁反言、错误与误述并不一定直接引发损害赔偿一样,其亦可能触发特定履行、不当得利、权利宣告等救济措施。[4] 由此,英美法上的合同义务违反与合同救济措施的对应关系呈现高度的灵活性。另外,各类救济措施仍以损害赔偿为兜底原则。以误述为例,即便其可能与侵权法产生竞合,但在侵害人与受害人之间具有合同关系时,仍受到违约赔偿的调整。由此,英美法实际上形成了

---

〔1〕 See Doyle *v.* Obly (Ironmongers) Ltd. [1969] 2 Q. B. 158.

〔2〕 See East *v.* Mauer [1991] 1 W. L. R. 461.

〔3〕 参见[英]比尔主编:《奇蒂论合同法》(上卷)(影印本),商务印书馆 2012 年版,第 533 页。

〔4〕 See Restatement (Second) of Contracts, 1981, Chapter 16, § 345.

一个较为松散的合同责任体系，尽管其在性质上未必能与侵权法划分足够清晰的边界，但在功能上极大拓展了合同法的固有领域。

三、PICC(1994)中的默示义务理论

英美法上的默示条款理论虽未被我国合同法直接接受，但其深刻影响了 PICC(1994)的立法过程，从而产生了默示义务的规范及其背后的理论体系，间接影响我国原《合同法》中关于履行部分的相关规定。由此，极有必要厘清这部国际示范法中的合同义务构造，进而明确默示义务的理论来源与演变过程。具体而言，本节的核心关切在于：其所提出的默示义务理论，在多大程度上继承了附随义务或默示条款学说，又在哪些方面加入了新的理论建构？要回答上述问题，需要重新回到 PICC(1994)的立法过程中精确定位。

(一)关于履行与不履行的立法选择

PICC(1994)的起草工作由国际统一私法协会(International Institute for the Unification of Private Law, UNIDROIT)牵头，其立法宗旨是为第二次世界大战后日益频繁的国际贸易制定一部示范法，而非在学术上真正调和欧陆法与英美法在制度和理论上的差异乃至矛盾。但即便如此，在构想整部合同法的结构以及制定具体规则时，仍不得不提取各法域规范。以此为基础，构建示范法内的自洽逻辑，成为这一浩大工程无法回避的任务。[1] 正如初期报告(U. D. P. 1970 – Etudes: L Doc. 1)中所写：该立法旨在基于合同当事人完全的法律平等与衡平原则(the principle of total legal equality between the parties and of equity)，促进国际商业。[2] 而从技术层面考虑，其立法受到欧陆法与英美法的双重影响。在该报告中，参与立法的学者业已表示意图超越欧陆民法与普通法，在示范法中体现法系融合的特征。[3]

关于合同义务的构造，委员会出具的第一份报告是 1973 年的《关于起草合同不履行统一规则的变通方法之检视》(U. D. P. 1973 – Etudes: L Droit des obligations – Doc. 4)。从该报告来看，PICC(1994)的起草者从一开始就将合同

〔1〕 See U. D. P. 1970 – Etudes: L Doc. 1, p. 14.

〔2〕 See U. D. P. 1970 – Etudes: L Doc. 1, p. 16.

〔3〕 See U. D. P. 1970 – Etudes: L Doc. 1, p. 11.

义务的构造视为“履行”(performance)与“不履行”(non-performance)部分的核心问题,并且认为这两部分在整部示范法中最为复杂,故在立法程序上将其一再置后,待其他各章完结后另行补充。梳理相关材料,可进一步发现,起草者对不履行的关注远远早于履行部分。换言之,与会的众多学者可能并未将履行视为不可或缺的章节,而认为应当包括如下部分,即合同的订立,合同的效力,以及合同的不履行。其余内容,包括合同解释及其具体情态、合同条款与合同履行的地点,可作为合同内容的补充和履行方式的具体规定。[1] 以上构想,参照了既有的各国立法例,主要包括德国法、法国法、英国法与美国法。

1. 对不履行立法模式的比较法考察

就德国法,起草者初步考察了如下规则:(1)《德国民法典》第 279 条(旧)关于种类物不能的规定——如果债的标的物仅以种类确定,只要依据种类的给付尚存可能,则债务人须为可归责他的给付不能负责,即便他对此并无过错;(2)《德国民法典》第 157 条、第 242 条的规定——合同解释应符合诚信原则的要求,并且应考虑交易习惯。有意思的是,起草者完全没有提及《德国民法典》第 275 条(旧),即特定物的履行不能规则,尽管该条文才是德国履行障碍法的核心。《关于起草合同不履行统一规则的变通方法之检视》的报告中虽未载明与会学者(代表)如此选择的原因,但可以推断,起草者似乎有意规避德国法上完整的给付不能体系。换言之,其考察《德国民法典》第 279 条(旧)的用意,并非将其视为种类物的履行不能,而试图将其理解为德国法上的一般履行障碍条款,即债务人对于可归责自己的违约行为,需要承担违约责任。此种用意在与英美法的比较中,体现得更为明显:起草者特别强调了英美合同法实现客观归责的违约责任,及其赖以存在的默示条款或默示保证。以此解释合同,债务人原则上须为其履行不能负责,除非存在例外的履行抗辩事由。

归纳而言,起草者将德国法归结为无统一概念(no unitarian concept)的不履行制度体系,在传统上可以分为给付不能与给付迟延,存在立法上的漏洞。委员会显然非常熟悉当时德国法的动态,明确提到给付不能与迟延之间的鸿沟由积极违约理论来填补,并将其分为两种类型,即给付障碍(Leistungsstörung)以及次

---

[1] See U. D. P. 1973 – Etudes: L Droit des obligations-Doc. 4, p. 1 – 2.

给付义务的违反(Vereletzung sekundärer Leistungspflichten)。据此理解,委员会将德国法上的给付概念做狭义理解,故所谓的给付障碍,仅指不能与迟延情形。而所谓的次给付义务并无相关的德国文献佐证,似为委员会的考察疏漏。该表述显然不是拉伦茨笔下的第二性给付义务(损害赔偿),应做附随义务理解,直接由诚信原则和交易习惯(Verkehrssitte)产生。对此,委员会认为,该理论是德国法上的法理变化所致,内容复杂,尚无法概括。[1]

与之对照,委员会还考察了法国法、英国法与美国法,将其归结为赋予不履行统一概念(a unitarian concept)的立法模式。前者涉及《法国民法典》第 1147 条中的不履行概念,后者涉及违约的一般条款。该报告认为,以上两种法律体系均未给出不履行概念的精确定义,但均覆盖合同义务违反的全部情形。唯一有所区分的是,《法国民法典》第 1146 条、第 1147 条及第 1153 条明确规定了迟延的概念(retard dans l'execution);而在英国法与美国法中并无迟延的专门概念,但延误(dalay)和受阻(frustration)仍在个别合同(如分期交付买卖、租船合同或雇佣合同等)中具有相同的重要性。

可见,就不履行问题,虽不缺乏制度素材,起草者仍对如何协调比较法上的不同规范头疼不已,其将问题归纳如下:尽管不履行的概念为各法域通用,但其标准各异,以至于责任的承担主体、责任的内容及形式、损害赔偿的请求主体以及一方不履行之与对待履行的影响均不明确。由此,起草者转向功能主义角度,认为考察重点应落在研究不同法系是否以及在多大程度上以同样的方式解决了不履行相关的问题,进而知晓在不同问题背后的原则和制度是否彼此和谐。[2]

2. 对不履行归责问题的考察

该报告亦提及了不履行引发责任的归责问题。报告的撰写者明确意识到,对不履行责任,欧陆法采用过错归责,而英美法则采取客观归责,即对债务人违约采取客观责任(objective liability)的原则,但同时认为,若深入制度细节,将会发现两者存在调和可能。

报告认为,尽管以德、法为代表的欧陆法通常强调不履行责任的可归责性(法语:culpabilite,德语:Vorwerfbarkeit),但以法国法为例,其学说与裁判并未将

---

〔1〕 See U. D. P. 1973 – Etudes: L Droit des obligations-Doc. 4, p. 6.

〔2〕 See U. D. P. 1973 – Etudes: L Droit des obligations-Doc. 4, p. 4.

此绝对化。如法国学者德默格(Demogue)引入了结果债务(obligations derésultat)与手段债务(obligations de moyens)的分类:前者归入《法国民法典》第1147条之下,债务人对此仅在不可抗力的情形下得以免责;后者则归入《法国民法典》第1137条,受制于传统的过错原则。由此可见,在欧陆法中,亦存在对合同义务的违反采取客观归责的趋势和可能,与英美法律体系的处理方式暗合。报告的撰写者进一步认为,即便在极其强调过错责任的德国法上,特定情形下也同样接受放弃过错归责:如《德国民法典》第279条种类之债的责任,以及《德国民法典》第278条中对履行辅助人过错致害行为的无过错归责。

但若细究德国法,《德国民法典》的立法者是否有意将以上条款作为缓和过错归责的例外,存有疑问:一方面,种类物之所以不能免除合同责任,原因在于给付仍有可能,进而不能适用给付不能制度;另一方面,债务人对履行辅助人的过失行为负有无过错责任,只是归责上的技术性考虑,并非免除了对债务人不履行的可归责性评价。由此可见,上述报告恰恰反映了撰写者更加赞成归责客观化的内在倾向,即尽可能地将欧陆法上的过错归责解构为客观归责的主观愿望。

在此思路下,撰写者进一步将违约责任的客观归责与侵权法上的危险责任(Gefährdungshaftung)相联系,认为能够实现客观归责的违约责任集中在公路、铁路和航空交通,乃至动物饲养、电力公司、核反应堆等领域。在上述情境下的合同通常要求债务人负有更高的注意义务,实现客观归责。以上思路未必经得起推敲,德国法对债务人承担损害赔偿的过错归责,主要是债务转型论本身的要求,体现为过错要素促使债中从给付义务的履行,转向损害赔偿的请求。故能够将客观归责合理化的根本理据应当是对债务转型论的扬弃,即过错不再充当债发生转化的要素。若仅在侵权法层面,寻找不以过错为归责依据的特殊侵权类型,并不能充分论证,在违约责任的一般场合,过错评价均可扬弃。由此,笔者认为,上述分析体现了撰写者如下倾向,即更为赞同欧陆法向英美法靠拢,实现二者归责层面的融合,但对欧陆法机理如何形成的讨论则尚不充分。

此外,报告撰写者尽管将英美法定性为客观归责,但认为其体系内存在诸多制度可以限缩此原则。最典型的是受阻(frustration)理论,具体包括非法(illegality)、履行不能(impossibility)、交易受阻(frustration of adventure)。亦有一些制度能够正当化违约行为,如默示条款、正当手段(just solution)[1]、合同基础(foundation of contract)等。撰写者尤其强调默示条款限制和约束客观归责原则的功能与意义。

3. 对损害赔偿范围问题的考察

就损害赔偿,报告认为,债权人可主张因债务人不履行所直接遭受的损失是各国公认的原则。但其认为德国法是例外,即发生瑕疵履行(defective performance)或违反附随义务时,损害赔偿的权利主体可及于合同外的第三人,即附第三人保护效力之债(Vertrage mit Schutzwirkung für Dritte)。而就损害赔偿的范围,报告的撰写者则全无定论。具体而言,涉及如下未决问题:债务人的赔偿范围限于所失利益(*damnun emergens*),抑或及于期待利益(*lucrum cessans*)?赔偿是否限于债务人可预见的范围?在何种情形下,可以主张特征履行(specific performance)?[2]上述问题背后,涉及合同义务与责任理论的重构,尤其在以欧陆法为代表的债务转型论与以英美法为代表的可预见性规则之间如何取舍,报告未有明确倾向。

基于上述分析,委员会在1974年的第一次会议(Unidroit 1974, Study L-Doc. 7)中做出判断:因不履行问题的高度复杂性,须先处理合同解释与履行部分的问题,以此为基础另行处理合同不履行的相关问题。[3] 报告中的未决问题只得等待进一步研究和考察。

默示条款的引入并不局限于合同履行问题。对约定外条款的接受,意味着对合同内容的补充或修改,由此默示条款也可视为合同解释的一种手段。如立法者认为,在国际性合同的解释中,交易过程、实践和惯例可作为合同解释依据。从比较法的视野来看,英美法上的惯例默示(terms implied by usages)功能类似于《法国民法典》第1159条、第1160条及第1135条,以及《德国民法典》第157条、第242条。[4]

关于不履行的立法,委员会直到1980年才重新提出了一份专门报告,即《关

---

[1] See Bank Lind Ltd. *v.* Arthur Capel & Co. [1919] A. C. 435.

[2] See U. D. P. 1973 – Etudes: L Droit des obligations-Doc. 4, p. 11.

[3] See Unidroit 1974, Study L-Doc. 7, p. 9.

[4] See Unidroit 1974, Study L-Doc. 10, p. 2.

于计划的国际贸易法中不履行章未来工作的建议路径》(Suggested Approach to the Future Work on the Charpter on Non-Performance in the Proposed Code of International Trade Law)。总体上看,相关观点与材料并未超过 1973 年报告中的研究成果。在重述既有观点的基础上,委员会提出了针对不履行问题的几项关键性工作:(1)描述不履行各情形中的客观特征(如狭义的迟延、瑕疵履行与不履行);(2)澄清债务人对上述情形承担责任的条件,即合同责任的构成要件问题;(3)明确债务人责任的后果,即损害赔偿问题;(4)梳理狭义的债务人不履行对合同另一方的影响。[1]

(二)默示义务规范的形成

1.1983 年草案中的合同义务

根据以上设想,委员会委托华沙大学的拉齐斯基(J. Rajski)教授起草了第四章"国际合同的履行"(The Performance of International Contracts)。在该草案中,并未出现明示条款与默示条款的表述。

Article 1	第 1 条
a) The debtor must fulfil the obligation in accordance with its content and in a manner corresponding to its economic purpose and consistent with the international customs established in a given branch of international trade.	第 a 款:债务人完成债务,必须符合债务的内容,并采取与其经济目标和国际贸易类型的国际惯例相适应的方式;
b) The creditor must cooperate in the same manner in the fulfilment of the obligation.	第 b 款:债权人必须在完成债务时,以相同的方式合作。
Article 2	第 2 条
The debtor is obligaed to display	债务人有义务展示给定交易

[1] See Unidroit 1980, P. C. – Misc. 1, p. 8.

the diligence generally required in relation of a given type (due diligence).[1]	类型下所通常要求的审慎(正当审慎)。

从以上条文构造来看,起草者既没有采用给付义务与附随义务的形式,也没有采纳明示条款与默示条款的模式。从词句来看,第 1 条中使用了“完成债务”(fulfil the obligation)的表述,而在第 2 条中采用了“展示审慎”(display the diligence)的说法。从中可以推测,起草者尽量避免使用给付、履行等词汇,因其本身带有各国国内法的传统,而是尝试另起炉灶,以广义上的债务履行及其对应的注意义务为分类框架。这一做法当然具有启发意义,但并未明确合同法深层的机制问题:

(1)完成债务的前提是确定债务内容,但哪些行为义务可算是债本有的内容?即便起草者试图规避“给付—附随”,或“明示—默示”的二元结构,但条文中的构造是否更为清晰?笼统的合同义务当然有利于克服主观权利说对债务标的的机械理解,但其弱点则在于对债的性质与内容未加界定,其作为一种法律关系,缺少明确的边界。

(2)债务人应尽的审慎是否为债务内容?按第 1 条规定,完成债务须符合债务内容,并采取与交易相适应的方式,是否已包含在第 2 条的审慎当中?将注意义务从债的履行(即便没有用“履行”一词,但本义仍为履行)中剥离出来,一方面,体现了法国法上结果债务与手段债务的区分痕迹,无非在此处更进一步地明确,手段的背后评价的是债务人的过错,即对注意义务的违反。另一方面,起草者并未明确注意义务的来源。“给定交易类型下所通常要求的审慎”并未指明产生此要求的根本原则。在欧陆法上可诉诸诚实信用,而在英美法上可诉诸商业效用,但在此报告中,缺乏纲举目张的价值基础。此亦为比较立法的困境之一。

2. 1985 年草案中的合同义务

以上条文草案为 1985 年的第五章“履行”(Performance)草案所采纳,即第

---

[1] Unidroit 1983, Study L-Doc. 29, p. 1 - 2.

5.1 条与第 5.2 条,[1]但在同年的修改稿中有所改动。

Article 1(the 1984 Draft)	第 1 条(1984 年草案)
1. The parties shall perform theirobligtions in accordance with their content and in a manner corresponding to their nature and economic purpose	1. 合同当事人应当根据债务的内容,以及以符合合同性质及其经济目的的方式履行债务。
2. Each party shall cooperate with the other party, when such cooperation is necessary for the performance of that party's obligations.[2]	2. 每一方当事人应当与另一方当事人协作,当该协作对后者履行债务是必要之时。

从以上的条文表述来看,含义基本与此前草案相同,唯在语言表述上有所变化。首先,以"履行债务"(perform their obligations)的表述替换了"完成债务"。这一变化表明起草者即便试图构建宽泛的合同义务关系,但也采用了现有法学理论和文本的常用词汇,即履行。由此也需警惕,此处履行的含义与德国法上的给付存在重大差别。具体理解应与不履行的概念相统一,即表明由该债务关系产生的所有合同义务。其次,起草者删去了"与国际贸易类型的国际惯例相适应"的表述,而直接代之以"合同性质"。这在一定程度上显示起草者弱化国际贸易合同的特殊性,将条文规定进一步抽象化的主观愿望。最后,起草者在第 2 款中对合同当事人的合作义务作了进一步规定,修改了原先"以相同的方式合作"的表述,代之以"当该协作对后者(合同当事人)履行债务是必要之时"。该表述更突显履行概念应采宽泛理解,合作义务体现为全面履行的应有之义。

此外,第 2 条的规定也有变化。

---

[1] See Unidroit 1985, Study L-Doc. 34, p. 1.

[2] Unidroit 1985, Study L-Doc. 34, p. 1.

Article 2(the 1984 Draft)

If an obligation of a party involves a duty of care in the performance of an activity, the party is obliged to observe the reasonable diligence required in activities of the type involved in the particular trade concerned.

第2条(1984年草案)

如果一方当事人的债务涉及履行某一事项中的审慎,其有义务保有在特定交易所涉活动中要求的合理审慎。

该条进一步明确,合同当事人负有的注意义务并非直接源于合同中的债务要求,而是在特定交易所涉活动中要求的合理审慎(reasonable diligence)。以上表述将此注意义务进一步与合同关系加以区别,明释其与合同义务的履行无关,而直接源于履行过程中的具体事项。但事项本身并不会自动产生注意义务,如非合同关系的要求,亦可纳入其他债法关系,最直接的即侵权关系。但违反注意义务,引发的是侵权责任,还是合同责任,该草案并未明确。就不履行部分的统一规定而言,其亦当归入违约责任的范畴。由此,PICC(1994)的立法过程中,出现了一种独特做法,即将合同义务区分为履行相关义务与其他注意义务。但在合同责任中,则采用统一的不履行概念对其做“一揽子”处理。这一做法的初衷当然是克服对合同义务作出人为的严苛划分,形成统合性的概念,但能否在义务与责任的理论中保持逻辑自洽,则成为逃脱不掉的理论挑战。

3. 1987年草案中的合同义务

1985年草案中的上述条文继续在1986年的讨论中得到修正,具体文本体现于1987年的“履行”草案中(Unidroit 1987,Study L-Doc. 39)。值得注意的是,该版本草案的形成过程由美国哥伦比亚大学的方斯沃斯(A. Farnsworth)教授参与。讨论记录显示,其认为:既有草案的诸多方面都体现了欧洲民法概念主义者(European civil law conceptualists)所钟爱的主题,而非商人及其律师绕不开的问题。至少美国读者会惊异地发现,在不履行的问题下居然不涉及合同解释、履行效力、预期不履行(prospective non-performance)以及判定实质性履行的标准等问题。[1] 在此基调之下,就既有草案的修改带上了明显的英美法色彩,进而改变了合同义务的相关规定。

Article 1(ex –1 §1)	第1条(前第1条第1款)
(Express and implied obligations)	(明示义务与默示义务)
The parties shall perform their obligations as expressly or implied required by the contract.	合同当事人应当根据合同明示或默示要求履行其义务。

如原先的第1条第1款修改为:合同当事人应当根据合同明示或默示要求履行其义务。[2] 由此,合同义务被区分为明示义务与默示义务两类。该义务分类为PICC(1994)的历次草案中首度出现,并被保留至最终文本。做此改动,是与会学者博弈的结果。如讨论记录所载,一种观点认为,既有版本的第1条表述过于细节,难以包含第2条、第3条。这反映出起草者意识到,"履行"一章缺乏合同义务的概括性条款,单纯用"完成债务"或"履行债务"均不足以达成这一目标。而原有条文中"根据债务性质(及其经济目的)"的表述,含义不够明确,且无法提供任何的标准指引(indication of the criteria),以适用于个案中其具体含义的确定。

另一种观点则认为,仍应保留原先3个条文的区分,原因在于不同债务所产生的合同义务应当有所区别。持该观点者亦援引了手段债务与结果债务的区分,认为虽然其并不普遍存在于所有法律体系,但对其保留,可以体现当事人审慎程度与债务种类之间的具体关系。最终,后一种观点占了上风,促成了上述条文的修改。[3] 但讨论记录没有解释为什么与会学者援引了法国法理论,却产出了明示义务与默示义务这一明显带有英美法倾向的条文。笔者推测,此次参会的美国法教授方斯沃斯起到了关键作用。无论给付/附随义务,还是目的/手段

[1] See Unidroit 1986, P. C. –Misc. 8 (English only), p. 3.
[2] See Unidroit 1987, Study L-Doc. 39, p. 2.
[3] See Unidroit 1986, P. C. –Misc. 8 (English only), p. 4 –5.

债务的划分,均能对合同义务起到扩张作用,但仍未从根本上实现履行概念的统一和整合。结合本次会议中对欧洲民法概念的批判和扬弃,与会学者在潜移默化中做出了更倾向于英美法的选择,即从商业实践的角度采纳了明示/默示义务的分类方式。

与之相应,第 2 条也发生了变化,修改为:"To the extent that an obligation of a party involves a duty of care in the performance of an activity, the party is obliged to observe the diligence observed by reasonable persons of the same kind in activities of the same type。"[1] 中文表述为:依据一方当事人的债务涉及履行某一事项中的注意义务,该当事人应当尽到同等理性人在同类事项中的审慎。而第 3 条则修改为:"To the extent that an obligation of a party involves a duty to achieve a specific result the party is obliged to achieve a result of the quality usually achieved under obligations of the same type。"[2] 中文表述为:依据一方当事人的债务涉及实现某一特定结果的义务,该当事人应当达成通常情形下同类债务所需质量的结果。上述两条即为手段债务与结果债务的具体区分。但起草者亦声明,两种债务不作严格区别,现实债务可能兼有两者属性,在一定情形下还会相互转化。如此规定,更多是出于理论需要。

尽管如此,为了解决手段债务或结果债务的定性,1987 年的"履行"草案还是专门追加了第 4 条。其规定,在确定履行某项事务(performance of an activity)或实现特定结果的债务(an obligation to achieve a specific result)过程中,一方当事人的债务是否负有一定注意义务,可参照如下因素:(1)合同的文字;(2)合同价格(尤其是其计算方式);(3)尝试实现允诺结果所通常涉及的不确定程度;(4)另一方当事人影响债务履行的能力。

而第 1 条第 2 款基本得以保留,但其位置被调整为 1987 年"履行"草案的第 5 条。[3] 争论仅在于合同当事人的合作义务是否限于必要。与会代表认为,合作义务不仅体现在不对另一方的履行造成阻碍,更应体现于辅助、配合履行目的的事项,由此应当拓宽合作的含义。配合这一思路,委员会将该条文修改为:

---

[1] Unidroit 1987, Study L-Doc. 39, p. 2.

[2] Unidroit 1987, Study L-Doc. 39, p. 2.

[3] See Unidroit 1987, Study L-Doc. 39, p. 2.

"Each party shall cooperate with the other party when such cooperation may reasonably be expected for the performance of that party's obligation。"中文表述为:每一方当事人都应与对方协作,当此协作是对方履行债务所合理期待的。据此,背后的法理从必要合作转向了合理期待的合作,显示出该义务更为积极主动的面向。[1]

但经此修改后,仍需厘清默示义务与合同解释之间的关系。根据 1987 年讨论稿(Unidroit 1987,P. C. -Misc. 11)的记述,与会学者认为:两者区别在于合同解释应采狭义理解,即其重点在于澄清合同中的含糊之处,进而确定哪些条款应当被默示。而默示条款的功能则在于填补合同漏洞,即在合同解释鞭长莫及之处为合同关系增加额外内容。[2] 至此,"履行"一章中合同义务的分类已经基本成型。

综上,这一版本的"履行"草案中,尽管添加了默示义务,但合同义务仍在实质上被区分为结果债务与手段债务的两类注意义务。英美法上默示条款的理论并未被完全贯彻,但其在规范文本中的出现,如同一个楔子打进了满是欧陆民法味道的 PICC 体系中,在合同履行上体现出更加多元的色彩。

4. 1994 年最终稿中的合同义务

到了 1994 年的最终稿,合同义务呈现如下结构。

Article 5. 1	第 5. 1 条
(Express and implied obligations)	(明示与默示义务)
The contractual obligations of the parties may be express or implied.	当事人的合同义务可以明示或默示。
Article 5. 2	第 5. 2 条
(implied obligations)	(默示义务)

[1] See Unidroit 1986, P. C. -Misc. 8 (English only), p. 5-6.

[2] See Unidroit 1987, P. C. -Misc. 11, p. 2.

Implied obligations stem from	默示义务源于：
(a) the nature and purpose of the contract;	(a)合同的性质与目的；
(b) practices established between the parties and usages;	(b)当事人之间已经达成的实践与惯例；
(c) good faith and fair dealing;	(c)诚信与公平交易；
(d) reasonableness.	(d)合理性。

第5.1条规定，当事人的合同义务既可明示，也可默示。该条文实际上在1990年的讨论稿(Unidroit 1990, P. C. – Misc. 14)中已经定型，修改了此前“履行合同明示或默示要求的债务”的表述。讨论中，与会代表终于将自己的隐忧表达出来，即欧陆法与英美法对默示义务的理解并不相同。前者倾向于将其归入解释方式，后者则更侧重于合同内容的确定。学者尽管对该表述的内涵、外延始终没有达成一致，但基本同意，默示义务应当定性为合同义务。唯有如此，才能在国际示范法的框架内完成自洽的解释作业，而不诉诸国内法的帮助。[1] 由此，会议以投票方式通过了上述条文，固定为1994年版的最终表述。

而第5.2条中明确规定了默示义务，并指明了其不同的来源，包括：合同的性质及目的、双方当事人建立的实践与惯例、诚实信用与公平交易以及合理性。以上表述看似清晰，但很难明确默示义务真正的含义。其在评注中有更为充分的体现。评注者认为：默示义务是指可能已经非常显而易见，以至于双方都意识到债务应当不言自明地如此行事(went without saying)的义务，抑或为双方当事人的交易实践或惯例所包含。以上表述即带有强烈的英美法色彩，与默示条款的判断标准无异。但立法者在价值层面又回归欧陆法，认为其亦体现诚信原则、公平交易等基本理念。[2] 结合与过去数个草案的比较，上述规定有如下几点值得进一步分析。

---

〔1〕 See Unidroit 1990, P. C. – Misc. 14.

〔2〕 See Art. 5.2 Comment PICC (1994).

首先,最终版本中删除了过往草案中关于注意义务与审慎义务的规定。如前文所述,注意义务的相关条文源于手段债务与结果债务的区分理论。PICC(1994)第5.4条对二者实现了整合,其第1款规定了实现特定结果的义务(duty to achieve a specific result),即鉴于一方当事人的债务涉及实现某一特定结果的义务,其应当实现该结果;第2款规定了尽最大努力的义务(duty of best efforts),即若一方当事人的债务涉及履行某一事项时尽最大努力的义务,就应采取此种努力,如同等理性人在同等情形下所为。[1]

其次,在手段债务与结果债务已有具体条文加以规范的情形下,默示义务与债务人在特定情形下应尽注意义务的关系就变得相对疏离。从前述立法过程的梳理来看,尽管默示义务的提出受到中途加入的美国学者的巨大影响,但其前期的理论内核或许更加靠近法国法上手段债务与结果债务的区别。而从最终文本的结构来看,默示义务显然与英美法上明示条款与默示条款的关系更加接近,核心表现在于,其并不以注意义务作为合同义务的来源,而更多是合同隶属的交易类型、外部规范乃至客观情事对合同义务的补充。

但以上努力是否可以完全实现,仍值得疑问。就手段债务中注意义务(尽最大努力的义务)的来源,已在数次草稿中详细讨论,其在相当程度上与默示义务一样,源于合同性质、交易习惯、诚信原则乃至侵权规范等外部规则,两者多有交叉,难以完全区隔。在此视角下,PICC(1994)第5.3条独立规定合同当事人间的合作义务显得较为突兀。因其内容仍为一方负有对另一方履行债务合理期待的义务,故其本质要么源于合同性质本身的要求,要么源于履行特定事项所要求的注意义务。单独将协作义务确立为独立的法定义务,反倒突显默示义务与注意义务在学理层面存在纠缠不清的关系。

从这一角度来说,尽管历经数次讨论,PICC(1994)的最终文本似乎并未完全实现调和英美法与欧陆法的初衷,至少在逻辑层面未能实现自洽。但不可否认,其对理论和规范的重组,更呈现一幅色彩斑斓的比较法拼图。其立法过程和最终文本均体现两个法系交流、融合的生命力,为我国立法提供了绝佳的比较法素材。

---

〔1〕 See Art. 5.4 PICC (1994).

(三)合同义务履行优先性的缓和

PICC(1994)的立法者明显意识到,就自愿履行(performance *in natura*),欧陆法与英美法有完全相反的传统。在欧陆法上,合同严守原则要求任何允诺均具有强制力,即只要没有陷入履行不能,债权人即可要求债务人切实履行义务。但在英美法上,则从一开始就将救济损失限缩为损害赔偿。仅在特例情形下,其在衡平法上允许债权人请求债务人特征履行。但在实践中,两大法系的区别并没有这么大。欧陆法的债权人可能由于无法忍受漫长的等待,不会坚持要求债务人履行合同义务。而当标的物是种类物时,从市场上购置替代物比要求履行原债务通常更为便捷。由此,实践中的效果往往与英美法趋同。由此,起草者试图在 PICC 的草案中达成结合两大法系既有资源的折中方案。[1]

1. 履行优先性原则的修正

基于以上思路,委员会在 1986 年完成了关于第六章"不履行"的草案。在该草案中,依据不履行引发的法律救济,分为如下部分:(1)自愿履行;(2)针对不履行的合同终止(termination for non-performance)。直至 1987 年的"国际商事合同通则"的整个草稿中,才将"不履行"部分的下设结构补足为:一般规定(第 1 节);特征履行(第 2 节);终止(第 3 节);损害赔偿与免责条款(第 4 节);返还(第 5 节)。[2] 由此推论,PICC 的起草者实际上将特征履行、终止、损害赔偿与返还一同视为违约救济方式,并未凸显履行相较其他救济措施的优先性。但该推论仍需通过条文设置的演进过程及其相互关系,小心求证。首先,需仔细考察 1986 年"不履行"草案中有关自愿履行的规定。

Chapter 6:Non Performance	第六章:不履行
Section(a):Performance *in natura*	第(a)部分:自然履行
Art. 1 Performance of Monetary Obligaiton	第 1 条　金钱债务的履行

[1] See Unidroit 1986, P. C. – Misc. 9, p. 2.

[2] See Unidroit 1987, Study L-Doc. 40, p. 1.

If the debtor of an obligation to pay money does not make payment, the creditor may demand payment.	如果负有付款义务的债务人没有支付,那么债权人有权要求支付。
Art. 2 Performance of Non-monetary Obligation	第 2 条 非金钱债务的履行
1) If the obligor of an obligation other than to pay money does not perform, the obligee may demand performance.	1)如果负有非付款义务的债务人没有履行,那么债权人可以请求履行。
2) However, performance cannot be demanded where:	2)但在如下情况下,履行不能被请求:
a) performance is impossible in law or in fact; or	a)履行在法律上或事实上不能;
b) performance would involve the obligaor in unreasonable effort or expense; or	b)履行使债务人陷入不合理的努力或付出不合理的费用;
c) the oblige may reasonably obtain performance from another-source; or	c)债权人可以从其他渠道获得履行;
d) the performance consists in the provision of services or work of a personal character or depends upon a personal relationship; or	d)履行包含了涉及个人特征或取决于个人关系的服务或工作的条款;
e) the obligee does not demand performance wthin a reasonable time after he has, or ought to have, become aware of the non-performance.[1]	e)债权人在其已经知道或应当知道不履行后的合理时间内未请求履行。

[1] See Unidroit 1986, Study L-Doc. 35 (English Only), p. 1 –2.

根据起草者的释义,1986 年的"不履行"草案在原则上依然认可履行第一性。如在第(a)部分第 1 条即规定了金钱债务的履行优先性,即如果负有付款义务的债务人并没有支付,那么债权人有权要求支付。[1] 但在非金钱债务中,虽仍明确履行债务是原则,但在第 2 款中设置了五项例外:a)履行在事实上或法律上不能;b)履行使债务人陷入不合理的努力或付出不合理的费用;c)债权人可以从其他渠道获得履行;d)履行包含了涉及个人特征或取决于个人关系的服务或工作的条款;e)债权人在其已经知道或应当知道不履行后的合理时间内未请求履行。而第 3 条则规定了瑕疵履行。该情形下,依然允许债权人请求债务人履行债务,以修复或替代瑕疵履行。但需要参照上述第 1 条、第 2 条的规定。

有意思的是,草案第 4 条规定了司法罚金(judicial penalty),即法官可以要求债务人履行。若其不遵守该要求,则可施以罚金。而罚金直接付于债权人,但并不影响其主张损害赔偿。根据起草者介绍,该条规定源于法国法传统,其功能并不仅体现于罚金,而在赋予法官以更为灵活的角色,去裁量是否准许债权人请求债务人履行债务。这点在第 5 条中更明确地反映出来,其规定:如果关于自愿履行的请求、司法裁判或仲裁裁决无法强制执行,债权人不会被免除不履行的其他救济。[2] 起草者特别提到,以上条文的构造受到《欧洲合同法》起草委员会的极大启发,尽管两者之间存在区际私法与国际私法的目标区别,但在整合两大法系规范和理论的总体目标上具有一致性。[3]

由此可见,上述草稿基本坚持了履行第一性的原则,并未完全导向英美法上的效率违约理论。但同时,草稿对该原则作了相应限制,其重点落在第 2 条的理解上。

起草者认为,该条中的第 a 项、第 b 项共同涉及罗马法"给付不能不成债"的经典规则,但作为给付不能理论的扩展,在标的物不能(physical impossibility)之外亦涉及经济不能(economic impossibility),即不合理的努力或费用。但就第 a

〔1〕 See Unidroit 1986, Study L-Doc. 35 (English Only), p. 1.

〔2〕 Art. 5 (Unenforceable Claim for Performance in Natura): If a claim, a judicial decision or an arbitral award for performance *in natura* cannot be enforced, the oblige is not precluded from invoking any remedy for non-performance. See Unidroit 1986, Study L-Doc. 35, p. 2.

〔3〕 See Unidroit 1986, P. C. – Misc. 9 (English only), p. 3.

项、第 b 项的具体关系,亦有不同意见。一种观点认为,第 a 项中的不能与是否可归责当事人的行为无关,而就第 b 项中的经济不能,有必要考虑违约方的过错。讨论的结果仍是区分第 a 项、第 b 项中的情形,但将第 b 项的条文修改为"履行存在不合理的困难或费用过高"(the performance is unreasonably burdensome or expensive),并在释义中强调债务人过错要素对裁量努力/费用不合理性的关键作用。[1]

而第 c 项中所谓的"债权人可以从其他渠道合理地获得履行"则强调商业效率的满足,足以切断履行的优先性。对其理解存在分歧,一种观点认为,其应作为第 b 项的子类型,强调应将违约方的利益纳入考虑。另一种观点认为,该规则将违约方的地位不恰当地提高了。且此处"合理"(reasonably)的表述容易与"轻易"(easily)混淆,即在国际贸易的场合,即便替代商品在市场上充分,但买方因交易货币兑换政策的限制,仍可能不易找到替代货源。[2]

争议较大的是第 e 项中"合理时间内"的表述。一方面,有观点认为,债权人始终(或早或晚)处于可以请求履行的位置,但起草者认为其与一般的履行迟延有所区别,应进一步明确如下含义,即债权人有理由推定债务人将不履行,进而没有请求。另一方面,该条文亦有教育功能(educational function),即在国际贸易中,若一方没有交付,另一方也未诉请实现履行,则可假定双方均不再想坚守合同。最后,从债务人的角度而言,其应当享有合法利益(legitimate interest)来知晓他直到何时需要完成履行义务。[3]

2. 继续履行与合同终止的关系

除了直接修正履行优先性的原则,值得注意的是请求继续履行与合同终止(termination)之间的关系。在会议讨论中,起草者明确了终止制度的几项原则:一是所谓不履行中的履行失败(failure to performance)均为债务人有意造成,包括迟延履行、完全不履行(when performance never occurs)、瑕疵履行以及违反附随义务等情形;二是原则上终止仅在不履行是根本性时,才能适用;三是合同终止产生的救济不考虑不履行是否可归咎于合同当事人的过错;四是关于通知的

---

〔1〕 See Unidroit 1986, P. C. – Misc. 9 (English only), p. 3 – 4.

〔2〕 See Unidroit 1986, P. C. – Misc. 9 (English only), p. 5.

〔3〕 See Unidroit 1986, P. C. – Misc. 9 (English only), p. 7.

规则仅适用于“事务的现时状态”原则（*status quo*），而非“根据事实本身”（*ipso facto*）；五是终止不具有溯及既往的效力，亦可见 PICC（1994）中的终止并非德国法上的解除（Rücktritt），而更偏向终止（Kündigung）的含义。[1]

这一小节的目标并非系统性地考察 PICC（1994）中的终止制度，而是就履行与终止之间的关系作出精确描述。1986 年“不履行”草案对此主题有所涉及的主要是第（b）部分的第 1 条、第 2 条，有待进一步分析。

第 1 条规定了终止合同的权利。其第 1 款规定：若合同一方未履行合同项下的义务达到根本不履行（fundamental non-performance），合同另一方可以声明终止合同。第 2 款对所谓“根本不履行”作了相关解释，包括三种情形：a）对尚未履行债务的严格遵守是合同的核心要求；b）不履行本质上剥夺了受损方在合同项下有权期待的利益，除非另一方没有预见或不能合理预见该结果；c）不履行是故意的，进而受损方有理由相信其不能依赖对方将来的履行。[2] 该条款的核心即对“根本”的把握，参与草案讨论的学者并未将其与合同履行直接挂钩，而是认为，不履行是否达到根本程度的最终判断属于法官的自由裁量。其可以综合判断不履行的发生是否使合同的维持不再正当。

第 2 条则设置了在通知额外履行期间后的终止权。具体而言，分为两种情形：第 1 款规定，在履行迟延情形下，受损方可以通知违约方设置一个履行的额外期间。若该迟延在额外期间内未达到根本不履行，且该期限并非合理长度，则应当延长至合理长度（reasonable length）。而第 2 款规定，如果违约方未在允许的时间届满前履行，受损方可以终止合同，即便其尚未将终止通知违约方。[3] 以上规定涉及一般履约情形，即在不履行没有达到根本违约的情形下，效仿德国法上增设额外期间（Nachfrist）的方式给予债务人补正履行的机会。但其继续履行后，将一般违约拉高到根本违约的程度，进而赋予守约方以终止权。

从以上制度设计来看，PICC（1994）的立法者从开始就没有将合同终止视为债务不履行的一种惩罚机制。与之对照，德国法在 2002 年债法改革前，很大程

---

〔1〕 See Unidroit 1986, P. C. – Misc. 9 (English only), p. 7.

〔2〕 See Unidroit 1986, P. C. – Misc. 9 (English only), p. 9.

〔3〕 See Unidroit 1986, P. C. – Misc. 9 (English only), p. 9.

度上将解除视为损害赔偿的平行救济,进而对债务人的过错要素有所要求。而在上述草案中,起草者明确将其作为债权人从不可期待或者再无意义的履行中解脱出来的手段,一旦对方的不履行达到根本违约,即合同目的不再得以实现的情形,履行请求权的优先性即告消灭,代之以终止合同关系的单方意思表示。如起草者所述,此处的根本不履行并非仅针对履行的可能性而言,而是对债权人合同利益及其目的的整体判断。由此,在终止制度中,履行优先性仍然存在,并不在逻辑层面得到严格遵守(只要履行可能,就一定要履行),而是以利益的视角对履行的必要性作出裁量,当其无法满足债权人在合同项下可期待的利益时,即将其转化为合同终止形式的救济方式。此为 PICC(1994)立法者的真正意图。

这一特点在不履行相关救济的关系中亦有体现。如在 1990 年关于不履行的一般条款草案(Unidroit 1990,Study L-Doc. 45)中,其第 6.1.2 条规定了"救济的聚合"(cumulation of remedies)。第 1 款规定:不构成竞合的救济可以聚合。第 2 款规定:具体而言,任何一方当事人不应被剥夺主张损害赔偿或行使其权利以求其他救济的权利。[1] 尽管上述规则未被 PICC(1994)最终文本采纳,但反映了起草者对继续履行、解除和损害赔偿三种违约救济措施的态度。该草案的评注认为,在德、法为主的欧陆法上,往往不承认终止与损害赔偿并行的实践,但这点在英美法上并无障碍。因终止的效力指向未来(prospectively),而损害赔偿的效力指向过去(retrospectively),该条文起草者认为,主张合同不存在与请求违约的损害赔偿之间,并不构成竞合。

3. 继续履行与损害赔偿的关系

而就损害赔偿与履行请求权的关系,起草者认为,原则上,原告在选择继续履行,并受到法院支持后,后续就不能请求损害赔偿。但如果其未获法院支持,或即便获得支持,但未获被告实际履行,则不能阻却其损害赔偿请求权。[2] 由此可见,起草者仍在原则上认可继续履行请求权的优先顺序,但其与合同终止、损害赔偿之间的关系则要灵活得多。起草者又后退一步,补充道:有一个问题虽未在草案文本中体现,但仍对 PICC 的体系架构产生困扰,即原告是否可以自由

[1] See Unidroit 1990, Study L-Doc. 45, p. 2.

[2] See Unidroit 1990, Study L-Doc. 45, p. 3.

选择继续履行、终止或损害赔偿作为救济方式。[1] 由此观之,履行优先性的问题始终未在 PICC(1994)的立法者心中获得明确的答案,上述富有倾向性的安排,更多表现为其在比较法的基础上“不得不”作出的客观调整,而无意在一般理论层面对履行请求权的优先性给予致命一击。

(四)义务违反与损害赔偿的关系

1. 不履行与义务违反

要讨论义务违反与损害赔偿的关系,首先需要明确不履行概念与义务违反的关系。但这一直被 PICC 的立法者认定为最难解决的问题之一,直到 1990 年的草案(Undroit 1990,Study L-Doc. 45),虽然“不履行”章第 6.1.1 条标注了“定义”(definition)一词,但相关内容则付之阙如。在 1991 年的讨论稿(Unidroit 1991,P. C. – Misc. 15)中,与会学者仍对此非常谨慎,强调不履行的含义不应限于履行的完全失败(a total failure to perform),而应当顾及迟延、部分或瑕疵履行。[2] 在此思路下,哈特坎普(Hartkamp)教授建议使用《联合国国际货物销售合同公约》(United Nations Convention on Contracts for the International Sale of Goods, CISG)第 45 条、第 61 条的表述,即不履行等于未履行当事人在合同项下的任何义务(failure to perform any of the party's obligation under the contract)。而就不履行概念是否可以覆盖所有无抗辩理由的履行失败,与会专家倾向于通过一种客观路径,即假定存在一定的救济(如履行抗辩与合同终止),违约方即便存在抗辩事由,此类救济仍可成立。[3] 上述意见为与会学者一致同意,形成相关条文,被原封不动地收入 1994 年版的最终条文:

Art. 7. 1. 1 (Non-performance defined)	第 7.1.1 条(不履行的定义)
Non-performance is failure by a party to perform any of its obligation under the contract, including defective	不履行是一方未履行合同项下的任何义务,包括瑕疵履行与迟延履行。

[1] See Unidroit 1990, Study L-Doc. 45, p. 3.

[2] See Unidroit 1990, Study L-Doc. 45, p. 2.

[3] See Unidroit 1991, P. C. – Misc. 15, p. 52.

performance or late performance.

由此可知,附随义务的违反问题亦被考虑在一般性的不履行概念范围之内。剩下的问题则是考察不履行与损害赔偿之间的关系究竟为何。其重点落在损害赔偿的裁量原则及其范围的确定上。

2. 损害赔偿的范围

在规定合同义务之外,委员会在 1984 年的工作报告(Unidroit 1984, Study L-Doc. 31)中,进一步对第六章“不履行”中的“损害赔偿与免责条款”(damages and exemption clauses)部分作了规定。

该报告第 1 条即规定损害赔偿法(the law of damages),明确了损害赔偿的基本原则。其第 1 款规定:违约方须承担责任的每一项义务违反,均赋予受损方损害赔偿的权利。其第 2 款规定:损害赔偿的客体是给予受损方由违约方迟延或瑕疵履行、不履行或部分履行直接导致的损失或损害。损害赔偿的救济既可单独给予,也可与其他救济结合。[1] 从该规定来看,立法者考虑到了宽泛的合同义务,并在履行的形态中指明了瑕疵履行情形,但在文字表述中仍将损害赔偿的范围限定为直接(directly)造成的损失。[2]

该规定亦被 1986 年的报告(Unidroit 1986, Study L-Doc. 36)全文吸收,其仅对标题作了修改,将“损害赔偿法”改为“损害赔偿的权利”(right to damages)。[3] 在其有关解释中,起草者明确提及,上述第 2 款的功能体现为两方面:一是确定损害直接性的标准,二是说明不履行的各种可能形态。讨论中对于不履行是否应当包含附随义务的违反存有争议,但最终结果认为,其应当包含

---

〔1〕 Art. 1 – The Law of Damages: (1) Every breach of an obligation for which defaulting party is liable gives the aggrieved party a right to damages; (2) The object of an award of damages is to give the aggrieved party compensation for the loss or injury which resulted directly from the delayed or defective performance, non-performance or part performance of the defaulting party. The damage award may be either exclusive or in conjunction with other remedies. See Unidroit 1984, Study L-Doc. 31 (English-French), p. 7.

〔2〕 要求损害直接由不履行产生的表述同样为 1986 年的草案所接受。但在针对此草稿的讨论中,与会代表对直接性产生了疑问,认为该表述的文字含义过于狭窄,而其法律上的含义实际上是由损害的可预见性决定的,尤其在英美法上更是如此。由此,代表建议将此表述删去。See Unidroit 1987, P. C. – Misc. 10, p. 2 – 3.

〔3〕 See Unidroit 1986, Study L-Doc. 36 (English-French), p. 4.

在内,尽管在条文中未能体现,但应在最终文本的评注中加以明确。[1]

沿此思路,在第5条规定的赔偿原则(principle of reparation)中,起草者将赔偿内容进一步作了明确。其第1款规定,受损方可以主张的损害赔偿等同于其遭受的实际损失及其被剥夺的受益,即受损方实际上从对方的违约中获取的好处。第2款则规定,实际损失或为受损方财产的减少,或为其责任的增加。而此损失可以是非金钱的,如人身或精神上的损害(physical or emotional distress)。而第3款则规定,所谓丧失获利(loss gain),是指如果导致损害的事件没有意料之外地发生,受损方以充分程度的可能性本可实现的利益。[2] 以上表述已明确将附随义务违反涉及的履行利益及固有利益包含在损害赔偿的范围之内,但就合同义务究竟采用了何种学说,并未明示。一定程度上,这一草案延续了之前研究报告对德、法、英、美各国法律中合同义务的考察成果,试图以宽泛的注意义务概念来统摄合同义务的相关外延。

该规定亦被1986年的报告(Unidroit 1986, Study L-Doc. 36)吸收,序号调整为第4条。[3] 但事后评议中,与会学者对该规定的性质产生了新的理解。其认为,上述规定不仅是对赔偿利益类型的列举,其宗旨还在于体现损害赔偿的完全性(full)。所谓完全性,是指将受损方置于如果对方完全履行其本可以处于的完满状态。[4] 由该原则出发,损害赔偿不仅应当囊括合同的履行利益,还应包含当事人人身乃至精神利益的损害,乃至作为固有利益的具体体现形式也理应包括其中。起草者认为,后者虽体现为非金钱性损失,但在国际贸易中,交易未必在公司之间展开,若合同当事人是自然人(如运动员或艺术家),其履行亦可

---

[1] See Unidroit 1987, P.C. – Misc. 10, p.2.

[2] Article 5 (Principle of reparation): (1) The aggrieved party is entitled to complete redress for damage suffered. Such damage is equivalent to both the actual loss which he incurred and the gain of which he was deprived, taking into account ant benefit which the aggrieved party did in fact reap on account of the breach; (2) The actual loss consists either of a decrease in the aggrieved party's assets or of an incease in his libilities. Such loss may be non-pecuniary, for example, physical or emotional distress; (3) The loss gain is that which the aggrieved party would have realized with a sufficient degree of probability if the event which caused the damage hand not unexpectedly occurred. See Unidroit 1984, Study L-Doc. 31 (English-French), p.10.

[3] See Unidroit 1986, Study L-Doc. 36 (English-French), p.6.

[4] See Unidroit 1987, P.C. – Misc. 10, p.5.

造成精神损害,应予以救济。[1]

由此,在 PICC(1994)的最终文本中,该规定产生了较大变动,在“不履行”一章中,从“损害赔偿”一节的第 4 条前置为第 2 条,即第 7.4.2 条,名称修改为“完全赔偿”(full compensation),分为两款。第 1 款即明确规定,受损方有权主张不履行结果产生损害的全面赔偿。该损害不仅包括其所遭受的损失,也包括其被剥夺的所得。后者须顾及受损方避免费用或损害所导致的任何收益。[2] 而第 2 款则继续规定,此种损害亦可能是非金钱的,如人身与精神损害。

此外,有意思的是,在最初的 1984 年草案中,起草者在第 4 条中直接规定了名义损害(nominal damages),即在损失数额无法充分证明时,法官可给予名义损害的救济。[3] 该规定明显源于英美法理论,名义损失的存在价值与英美律师制度有直接关系,体现在受害方可以据此主张昂贵的律师费。其存在于 PICC 的立法过程中,表明了起草者在不履行规定中亲近英美法,未将损害赔偿纳入债务转型论的框架。

该规定亦被 1986 年第六章“不履行”第十部分“损害赔偿”草案吸收,序号调整为第 3 条。[4] 但该稿的讨论中,与会学者明确指出三点:(1)名义损害的归责在国际贸易中意义不大,并不会出现一方胜诉,而几乎没有损害的情形;(2)名义损害规则的存在将限缩该草案第 4 条第 2 款的适用范围,即将其规定的现实损失限缩为纯粹的商业损失(purly commercial damages);(3)名义损害与该草案第 5 条中的损害确定原则相冲突。故在后续草案中,名义损害的规定即被删除。[5]

即便如此,依然可见起草者对英美法的兼顾甚至偏爱,由此 1984 年草案(Unidroit 1984, Study L-Doc. 31)的第 6 条规定了损害的确定性(certainty of

---

[1] See Unidroit 1987, P. C. –Misc. 10, p. 5.

[2] Art. 7. 4. 2 PICC (1994): (1) The aggrieved party is entitled to full compensation for harm sustained as a result of the non-performance. Such harm includes both any loss which it suffered and any gian of which it was deprived, taking into account any gain to the aggrieved party resulting from its avoidance of cost or harm. (2) Such harm may be non pecuniary and includes for instance, phvical suffering or emotional distress.

[3] Article 4: Nominal damages-The judge award nominal damages when the amount of loss cannot be sufficiently proved. See Unidroit 1984, Study L-Doc. 31 (English-French), p. 7.

[4] See Unidroit 1986, Study L-Doc. 36 (English-French), p. 6.

[5] See Unidroit 1987, P. C. –Misc. 10, p. 4 –5.

damage)，即只有确定的损害才可赔偿。而所谓确定，是指损害将在未来必要发生(necessarily occur in the future)。[1] 接着，第7条规定了损害的可预见性(foreseeability of damage)，即违约方仅在缔约时有理由预见如下情形时，才负有赔偿责任：事件的通常过程，或其有理由知道的特殊事项。以上条款不适用于恶意违约情形。[2]

上述第5条、第6条基本为1986年的报告(Unidroit 1986, Study L-Doc. 36)吸收，序号保持一致。其中，仅第5条的内容有所变化，即在原文中增加了一句，"只要机会的丧失(loss of chance)可能发生，赔偿亦为正当"。可见，起草者在原有基础上融入了纯粹经济损失，将损失范围进一步扩大。从该草案条文的解释来看，此处所谓的"确定"并非指损害的特定，而是损害出现的合理可能性(with a reasonable degree of probability)。[3] 而从前后两个草案的承接关系来看，关于不履行的立法思路始终没有采纳蒙森将损害赔偿当成给付等价利益的观点，更没有在不履行与损害之间构建所谓的相当因果关系。此特点为PICC(1994)最终框架的形成定下了基调。

(五)履约与缔约阶段义务的关系

如上所述，PICC(1994)以默示义务的方式将附随义务问题囊括在合同履行当中，但仍需进一步考察合同义务与合同外相关义务的关系，主要涉及缔约与履约阶段行为义务的关系。在PICC(1994)的立法文本中主要涉及两项制度的梳理，一是自始不能(initial impossibility)，二是缔约过失。

1. 自始不能

如德国法的演进过程所展示，自始不能问题实际上亦为缔约过程中的行为义务违反问题。尽管英美法就此并无直接对应的制度，但PICC(1994)的起草者关注到了这一问题。然而，从立法记录来看，对该条文的拟定记录并不完整，并无充分的材料说明该制度的产生过程。能够查证的是在1980年"关于合同效

---

[1] See Unidroit 1986, Study L-Doc. 36 (English-French), p. 12.

[2] Art. 7 (Forseeability of damage): The defaulting party is liable for only that damage which he had reason to forsee when the contract was made, kaking into account: (1) the ordinary course of events, or (2) the special circumstances which he had reason to know. This party provision does not apply when such party breaches the contract in bad faith. See Unidroit 1986, Study L-Doc. 36 (English-French), p. 14.

[3] See Unidroit 1986, Study L-Doc. 36 (English-French), p. 7.

力”的草案(Unidroit 1980,Study L-Doc. 17)中首次出现了这一条文:

Art. 9 Initial impossibility	第9条 自始不能
1. The fact that the performance of the assumed obligation was impossible at the time of the conclusion of the contract shall not affect the validity of the contract, nor shall it permit its avoidance for mistake.	1. 所涉债务在缔约时就不能履行的,将不影响合同效力,也不允许基于错误撤销合同。
2. The same rule shall apply if the assets to which the contract realtes are not held by the person disposing of them.	2. 如果合同所涉标的物并非当事人所有,上述规则亦得适用。

在 1981 年关于上述草案的讨论稿(Unidroit 1981,P. C. – Misc. 3)中,起草者对该条文作了一定解释。与会代表普遍认为,第 1 款规定与各国法律不符,并在国际贸易中难以实践,特别在涉及法律不能(根据相关国内法禁止交易)的情形下,赋予合同效力并不可行。[1] 此处虽未点名,但主要指向德国法实践。如上文所述,旧《德国民法典》中自始不能承继蒙森理论,明确指向合同无效。与会代表认为,该款可否采纳存疑。但最终,讨论组将该款删除,并将第 9 条注为“暂缺标题”(lack of title)。而就第 2 款,起草者坚持认为该条文应当保留,其目的在于表明即便债务人缺乏标的物的所有权,其与债权人的合同仍然有效。但为了避免文字表述上的模糊,建议将第 2 款的表述修改为:缔约时一方当事人无权所有该财产,并不影响合同效力,也不允许基于错误撤销合同。[2]

上述修改被完全收入 1982 年的讨论稿(Unidroit 1982,Study L-Doc. 20)中。

[1] See Unidroit 1981,P. C. – Misc. 3,p. 6.

[2] 原文表述为:“The fact that at the time of the conclusion of the contract a party was entitled to dispose the assets to which ralates shall not affect the validity of the contract, nor shall it permit its avoidance for mistake。” See Unidroit 1981,P. C. – Misc. 3,p. 7.

但在这份文件中，起草者首次亮明观点，即最新的司法实践已对欧陆传统民法作了修正，即自始不能情形下合同应当继续有效，而不因错误被撤销。其背后的理由是政策性的，即合同效力是否存在，不应取决于缔约前标的物是否毁损或灭失。合同当事人的权利、义务本质上仍产生于债务人没有能力交付标的物，进而应受不履行有关规则的调整。由此，缔约前发生的不能与履约阶段发生的不能理应等同视之。[1] 此外，就第2款规定，虽然某些国家在买卖合同中规定，卖方若没有标的物的所有权，该买卖合同无效。但起草者认为，该款规定较为宽泛，指向一般情形下的各类合同。由此，合同当事人的权利义务皆决定于有效合同的相关规则，尤其是对不履行的救济。[2]

同年夏天在罗马举行的讨论会（Unidroit 1982，Study L-Doc. 22）对该条再次进行审议。尽管对以上条款的异议仍旧很多，但委员会并未作出实际性修改，仅将该条两款中的最后一句话"不允许基于错误撤销合同"删除，目的在于进一步明确合同效力与标的物在缔约前的不能状态（无论是客观不能，还是法律不能）均无关系，进而将其责任归入违约责任范畴，以统一的不履行规则处理。[3] 但就法律效果而言，合同撤销的可能性仍包含在内，并不排除。[4]

上述条文在此后的历次草案及其讨论稿中再无根本变化，一直保留至PICC（1994）的正式文本当中。其规定的具体表述如下：

Art. 3.3 (Initial impossibility)	第3.3条 （自始不能）
(1) The mere fact the at the time of the conclusion of the contract the performance of the obligation assumed was impossible does not affect the validity of the contract.	(1)仅有所涉债务在缔约时就不能履行的事实将不影响合同效力。
(2) The mere fact that at the	(2)仅有在缔约时一方当事

[1] See Unidroit 1982, Study L-Doc. 20, p. 11.
[2] See Unidroit 1982, Study L-Doc. 20, p. 12.
[3] See Unidroit 1982, Study L-Doc. 22, p. 9 – 10.
[4] See Unidroit 1983, Study L-Doc. 26, p. 9.

time of the conclusion of the contract a party was not entitled to dispose of the assets to which the contract relates does not affect the validity of the contract.	人没有合同所涉标的物所有权的事实不影响合同效力。

对上述条文,官方评注作了进一步解释,理由并未超出之前的讨论范围,但对于该条文的含义提出了两个限缩条件:一是强调尽管自始不能情形下合同仍然有效,但应当附加一项事实,即合同当事人(包括债权人或债务人)在缔约时已经知道履行不能;二是自始不能虽亦适用于法律不能,即法律禁止情形(legal prohibition),如遭遇贸易禁运,但合同未必一定无效,其效力取决于实施禁止的法律目的在于使合同丧失效力,还是仅仅禁止其履行。[1]

综上所述,从自始不能的起草过程来看,PICC(1994)的立法者显然具有更新欧陆传统民法理论的初衷与决心。在立法初期即明确合同有效原则,随后虽不断有反对和争议的声音,但都不足以改变观点,仅在文字表述上作了一定修正。而这一举措在随后也刺激了德国债法改革,形成了现行《德国民法典》第311a条。两者一前一后,均对蒙森的给付不能体系实现了部分扬弃。

但客观而言,在自始不能的问题上,PICC(1994)起草者的眼光仅停留于合同效力问题,未进一步审视其背后的义务违反。而在德国新债法的修改过程中,学者以及修法决议说明中已阐明存在债务人对债权人就标的物不能的告知或说明义务,对该义务的违反是在不履行责任中对其归责的根本原因。[2] 反观PICC(1994)的该条评注,起草者虽亦要求债务人对标的物不能的情形明知是其承担不履行责任的前提,但并未明确其在明知之后负有何种行为义务。从PICC(1994)的立法结构观察,自始不能、缔约过失与默示义务分别处于"合同效力"、"合同订立"以及"不履行"三章,表明三项制度分别服务于不同范畴,而其彼此联系并未打通。由此,自始不能背后被遮蔽的缔约行为义务无法得到彰显。

---

[1] See Art. 3.3 Comment PICC (1994).

[2] Vgl. BT-Drucks. 14/6040, S. 164.

2. 缔约过失

通过梳理 PICC(1994)的立法过程,可以发现缔约过失始终没有引起起草者的注意,直到 1988 年“合同订立”一章的草案(Unidroit 1988, Study L-Doc. 41)基本成型之后,起草者才意识到缔约过失问题有待解决。有意思的是,尽管与会代表认为该问题极其复杂,对诸多关键问题均未达成共识,但仅通过这一次会议,缔约过失的条文从草稿提出到最终文本的敲定,即告结束。这表明,引入缔约过失制度是整个立法最后阶段的权宜之计。其与整个法律文本之间存在张力,尤其与合同义务及损害赔偿是否体系协调,存有疑问。

在 1988 年的“合同订立”草案(Unidroit 1988, Study L-Doc. 41)中,原本仅以第 3 条规定要约的撤回(withdrawal of offer),以第 4 条规定要约的撤销(revocation of offer),[1]但在当年的讨论会议中,与会代表认为,上述两个条文无法概括缔约磋商中的相关问题,建议另拟专条。由此,形成了三个版本的缔约过失条款。简便起见,可称为“兰道版本”、“王振普版本”与“方斯沃斯版本”。

(1)“兰道版本”

首先是哥本哈根大学的兰道(Lando)教授提出的版本。其规定,“当进入缔约磋商,一方当事人知道或应当知道磋商将导致另一方承担费用或丧失所得,其应对另一方当事人的费用和损失负有责任,如果前者拒绝缔约且显示:a. 前者从来没有意愿或能力缔约;b. 当他知道或应当已经知道他没有意图或能力缔约时,其未直接通知另一方当事人;c. 在其他情形下,前者恶意中断磋商(broke off negotiations in bad faith)”。[2]

针对此初步草案,与会代表提出了缔约过失的三个关键问题:

一是关于缔约过失的独立性。如法国的塔伦(Denis Tallon)教授认为,缔约过失涉及先合同义务(precontractual obligations),不宜仅作为要约问题的评注,而应考虑制定一个关于磋商阶段的一般条款,包括保密、信息告知、缔约过失以及要约撤回问题。塔伦教授的建议实际上是在“合同订立”一章中设置概括性的先合同义务,但显然对此前以要约、承诺为基础的立法架构伤筋动骨,故未被

[1] See Unidroit 1988, Study L-Doc. 41, p. 9 – 10.

[2] See Unidroit 1988, P. C. – Misc. 12, p. 13.

采纳。[1] 波兰的拉齐斯基教授则表示,缔约过失处理的是缔约之前合同磋商阶段的损害赔偿问题,规定于"合同订立"一章实为不妥,应当与订立问题分离,或至少作为本章的前置问题加以规定。[2]

二是关于缔约过失责任所包含的内容。如德国的马斯克(Dietrich Maskow)教授认为,上述草案中所谓费用、损失与损害赔偿的表述均不明确。缔约过失责任的具体内容应当在"不履行"一章中加以规定。

三是缔约过失的具体情形究竟如何列举。争论焦点落在上述草案中的"恶意中断磋商"如何理解。时任中国对外经贸部条法司副司长的王振普认为,该表述应限缩适用,尤其应考虑国际贸易中当事人双方的竞争性。而美国的方斯沃斯教授则认为,恶意的含义应当限缩解释,不能将中断缔约的一般情形均认定为恶意。[3]

(2)"王振普版本"与"方斯沃斯版本"

此外,王振普副司长和马斯克教授提出了第二个版本。其内容如下:"鉴于公平竞争的原则,磋商应当以诚信(good faith)方式开展,否则对于中断缔约负有责任的当事人应对另一方当事人负担的费用(expense)负有责任。"[4] 如马斯克教授所称,该版本强调了缔约过失责任的范围限于一方在磋商期间发生的费用,而在衡量过失时则着重考察磋商行为是否符合诚信要求。[5] 但该规定因过于简单,未被采纳。

第三个版本则是由方斯沃斯、英国的福尔姆斯顿(Furmston)及兰道三位教授一同提出。其表述如下:

Negotiations in bad faith	恶意磋商
(1) A party is not lible for	(1)任何一方当事人对缔约

[1] See Unidroit 1988, P. C. - Misc. 12, p. 13 - 14.

[2] See Unidroit 1988, P. C. - Misc. 12, p. 14.

[3] See Unidroit 1988, P. C. - Misc. 12, p. 14.

[4] "Taking into consideration the principle of fair competition, negotiations shall be conducted in good faith, otherwise the party who is responsible for breaking off the negotiations shall be liable for expenses incurred to the other party." See Unidroit 1988, P. C. - Misc. 12, p. 15.

[5] See Unidroit 1988, P. C. - Misc. 12, p. 15 - 16.

failure to reach an agreement.

(2) However, a party who has negotiated in bad faith is liable for the losses caused to the other party.

(3) A party negotiates in bad faith if he enter into or continues negotiations knowing that he is not able or willing to make an agreement with the other party.

失败不负有责任。

(2)但如果一方当事人恶意磋商,须对其造成另一方的损失承担责任。

(3)如果一方当事人明知其不能或不愿与另一方缔约,却仍进入或继续磋商,则构成恶意磋商。

该条草案在前述两个版本基础上形成了恶意磋商的一般条款,但仍未完全解决以下遗留问题。

一是恶意磋商的具体情形仍不明确。加拿大的克里皮埃(Crepeau)教授提出疑问:进入或继续磋商为恶意磋商的全部情形,还是仅为一般情形的列举?而王振普副司长则认为"恶意"概念过于局限。一方面,在国际贸易中存在大量当事人不知道其是否有能力缔约的情形。另一方面,当事人可能起初有意缔约,但随后却中断磋商。在此基础上,博内尔(Bonell)教授进一步认为,恶意磋商概念应当扩大,进而覆盖错误、误述乃至保密义务。[1]

二是缔约过失与违约责任的关系。塔伦教授质疑缔约过失规则仅处理合同关系之外的问题。其认为,尽管缔约过失可与诚信原则相关,但其产生的损害赔偿绝非侵权责任。换言之,并无必要将缔约过失与合同责任完全隔离。该观点亦为哈特坎普教授所支持。其认为,缔约过失与合同不履行所引发的损害赔偿本质上并无区别,没有必要在缔约过失中专门规定合同订立之前的损害赔偿。[2] 而博内尔教授则持有相反观点,认为缔约过失责任与合同效力并无直接联系,其要处理的恰恰是没有合同关系场景下的责任问题。[3]

三是缔约过失责任的范围。哈特坎普教授认为,缔约过失指向的内容理应

[1] See Unidroit 1988, P. C. – Misc. 12, p. 16 – 17.

[2] See Unidroit 1988, P. C. – Misc. 12, p. 19.

[3] See Unidroit 1988, P. C. – Misc. 12, p. 17.

是信赖利益,由此不应将其赔偿范围限于费用,其与可得利益(*lucrum cessans*)之间并无本质差别。既然消极利益是指一方当事人未即时与他人缔约所受的损失,那么为何不能及于积极利益?[1] 兰道教授则更进一步将缔约过失责任所涉利益分为三种类型:一是费用;二是一方当事人未能缔约而遭受的损失,即信赖利益/消极利益;三是一方当事人因缔约失败未能开展经营所遭受的损失,即可得利益。从此观点推论,缔约过失责任的范围将为广义的合同不履行责任所包含。

但马斯克教授则提出相反观点。其认为,缔约过失条文作为国际法律层面的新事物,不应规定得过于宽泛。实践中,恶意磋商本就难以认定,其损害指向合同未能签订而发生的损失,带有拟制性质(fictitious)。若允许主张损害,则条文的不确定性更为明显。由此,缔约过失的损害赔偿应限于费用。[2]

(3)最终版本的形成

如上所述,就缔约过失的各个方面,诸位代表均有不同意见。在委员会主导下作了相应修改,并投票表决,以 8 票赞成,1 票反对,3 票弃权,最终形成如下条文:[3]

Negotiations in bad faith	恶意磋商
(1) A party is free to negotiate and is not liable for failure to reach an agreement.	(1)一方当事人可以自由磋商,对缔约失败不承担责任。
(2) However, a party who has negotiated or broken off negotiation in bad faith is liable for the losses caused to the other party.	(2)但如果一方当事人恶意磋商或中断磋商,则须对其造成对方的损失承担责任。
(3) It is bad faith, in particular, for a party to enter into or continue	(3)恶意磋商,具体而言,是指进入或继续磋商的合同当事人

〔1〕 See Unidroit 1988, P. C. – Misc. 12, p. 18.
〔2〕 See Unidroit 1988, P. C. – Misc. 12, p. 18.
〔3〕 See Unidroit 1988, P. C. – Misc. 12, p. 20.

negotiations knowing that he is not able or willing to make an agreement with the other party.	明知其不能或不愿与对方当事人缔约。

以上条文被原封不动地收入1994年的最终稿中。从其评注来看,起草中争论不休的个别问题得到澄清。

一方面,缔约过失制度与更为上位的诚信原则与公平交易原则相连,故指向PICC(1994)第1.7条。而恶意磋商并不限于第3款所列举的恶意进入或中断磋商行为,还包括一方以故意或过失的主观状态,通过虚假陈述或隐瞒事实,进而误导对方理解合同性质/条款等。此外,缔约过失中的行为义务同样包括保密义务。由此,PICC(1994)实际上将缔约过失中的行为义务宽泛地界定为合同磋商阶段诚信原则所要求的行为义务。另一方面,评注也对缔约过失引发损害赔偿的范围作了明确:①涉及当事人因磋商失败产生的费用;②须赔偿对方丧失与第三人签订合同的机会所发生的损失,即信赖利益/消极利益;③原则上不保护对方在原合同得以顺利签订并履行情形可获得的利益,即可得利益/积极利益。[1]

但缔约过失与附随义务的关系,却从未被参与立法的专家所顾及,其原因可能是多方面的。但最重要的是,关于合同履行阶段的义务分类,PICC(1994)采取了一条从欧陆法逐步向英美法靠拢的方式。由此,合同作为债发生方式的属性被潜移默化地剥离。理论层面上债的观念不再被强调,相应的义务分类,无论是给付/附随义务,还是手段/结果债务中的义务,都不再具有债法上的普适意义,而限缩为理解合同履约阶段行为义务的一种说理工具。由此,缔约与履约阶段的天然关联被抑制在PICC既定的规范架构中。尽管在起草讨论中屡次提及缔约过失与违约责任的相关性,但未有学者就两个阶段行为义务的统合提出进一步意见。

四、结语

通过本章考察,可知PICC(1994)中的默示义务是以附随义务学说为基础,

---

〔1〕 See Art. 1.7 Comment PICC(1994).

杂糅英美法上的默示条款理论,并借鉴法国法上手段/目的债务学说而形成的合同义务的新型分类。此种创新并非仅针对合同内容的一个点,而是基于比较法的方法论,对包括合同订立、效力、履行和不履行救济(包括特征履行、合同终止与损害赔偿)在内的整个合同法体系进行更新、重构的尝试。归纳而言,PICC(1994)的默示义务构造体现出如下几方面的特点。

1. 在一定程度上打破了德国法以主观权利为基础构建的债法体系,进而对当事人在合同履行阶段的义务以明示与默示的标准,采取更为灵活和宽泛的分类,由此避免了以给付概念限定债务人行为义务的弊病。但这一分类并不彻底,尤其体现在未能打通缔约前后行为义务的内在关联,进而形成了违反相关义务的归责规范仍分散于合同订立、效力及履行各个角落,未能形成统一整体。

2. 对默示义务违反的相关救济形成诸多创新之处:一方面,表现为履行请求权的缓和,集中体现于对履行不能传统理论的扬弃,而代之以履行抗辩规则;另一方面,在此基础上,配以更为灵活的合同终止与损害赔偿制度,弱化上述两项制度的归责性和惩罚性,进而将英美法上更为强调合同目的和利益衡量的理念融入国际贸易的示范法中,从而与明示、默示义务的合同内容相衔接,形成继续履行、合同终止与损害赔偿之间切换、选择更为灵活的违约救济体系。但这一作业亦未彻底完成,尤其体现于合同履行优先性的边界仍有模糊之处,以至于默示义务的违反应采何种救济措施,仍存争议。

3. 就损害赔偿构建了统一的不履行责任,进而打破了德国法上的债务转型论,将各类行为义务的违反所引发的损害赔偿均包含在宽泛的违约责任中。即便合同义务的分类仍有专属,但其违反所对应的赔偿责任则显示了统一的可能,某种程度上实现了对罗马法传统的回归。然而,这一作业同样不彻底,集中体现为缔约过失责任与违约责任包含关系的争论,以及关于后者范围的未决疑问,即究竟涉及返还利益、信赖利益、可得利益还是固有利益。

综上所述,从整体上看,PICC(1994)在逻辑层面的体系性,尚处于初步阶段。从极为多元的比较法原料中提取材料时,其目的在于制定一部能够尽量覆盖各国法律实践和传统,减少适用阻力的示范法文本,但各国制度背后原本自洽的法学体系不可避免地遭到破坏。立法质量和法学方法之间相辅相成,互为因果。纵观起草过程,PICC(1994)的主要方法论是功能主义的比较法,即以相同法律问题为前提,寻找不同法律制度之间的共性,取各国规范/学说之长,整合融入示范法体系。由此,欧陆法特点的缔约过失与英美法特征的默示义务得以共存,这本身已是巨大成就。但因缺乏抽象层面的学说支撑,尤其缺乏一以贯之的民法概念体系,相关制度背后的共同法理难以被进一步挖掘,这实际上也是PICC此类示范法不可能一步达成的任务。

在此意义上,PICC(1994)的比较研究并非我国附随义务问题的研究终点,而是起点。要厘清我国法上附随义务的来龙去脉,以及实现我国附随义务乃至合同义务的系统建构,须在历史、比较的基础上回归民法科学的概念体系,并从解释论的角度,完成其在我国《民法典》中的规范定位和体系建构。此即下一章有待完成的主要任务。

第五章　我国《民法典》中附随义务体系的重构

一、概述

在厘清从罗马法到德国法的附随义务建构，以及英美法到 PICC(1994)的默示义务创设的基础上，可以转向对我国法上附随义务规范及其理论的系统考察。本章试图基于此前对附随义务的历史、比较研究，对《民法典》中附随义务体系的重构提出建议。

首先，鉴于我国引入附随义务学说可以追溯至 1999 年原《合同法》的解释论，本章将我国附随义务制度/学说的讨论原点设定为该法的规范文本。具体作业是就原《合同法》采附随义务解释所产生的问题进行归纳，进而呈现，在该法框架下，给付义务与附随义务、附随义务违反与损害赔偿，以及附随义务与合同外的行为义务之间的相互关系究竟体现出何种本土特色，以及产生哪些特殊问题。

其次，笔者试对《民法典》颁行产生的新问题进行详细、彻底的梳理，进而厘清法典重要条文之间的逻辑联系，明确附随义务体系的建构任务。其核心在于考察不设债法总则的《民法典》体例对于附随义务性质的具体影响，尤其关注合同编与侵权责任编的现有设置对附随义务定位产生的辐射效应。

在此基础上，本章将对德国法上的附随义务、英国法与美国法中的默示条款以及 PICC(1994)中的默示义务理论进行历史视角的批判，进而为我国《民法典》中附随义务的重构提供新的方案，其核心在于有意识地扬弃源于德国法的给付概念，围绕《民法典》第 509 条的原始文义构建约定义务与未约定义务的新义务分类。

最后，笔者将对该分类方式的体系效应进行深入探讨，重点研究未约定义务对于继续履行、履行抗辩、合同解除以及损害赔偿制度的解释论影响，进而论证此方案与我国《民法典》内在架构的适配性及其制度体系的融贯性。

二、原《合同法》中的附随义务问题

20 世纪 80 年代后，我国民法学界放眼域外，进行大量比较法基础上的立法活动。当时债法（合同法）的域外发展呈现如下两个特点：一是第二次世界大战后出现私法统一化趋势，CISG 与 PICC 对国际民商交易规则产生巨大影响。由此，欧陆债法与英美合同法在一定程度上实现融合。二是属于德国法族的各国国内法分别演进，为我国民法建设提供范本。[1] 在此复合背景下诞生了原《合同法》，并在解释论中首次确认、使用了附随义务概念。但其理论内核须联系三对基本关系（其与给付、过错、损害赔偿间的联系），重新厘定。

（一）原《合同法》第 60 条中给付义务与附随义务的关系

尽管通说认为，原《合同法》第 60 条第 1 款、第 2 款区分了给付义务与附随义务，但该结论须依据条文表述精确把握。原《合同法》第 60 条第 1 款的文义，即与合同约定相适应的义务，并不等价于给付义务的概念。故关键在于如何理解原《合同法》第 60 条第 1 款的含义及其与第 2 款的关系。为此须考察债法总则层面对债与给付概念的把握。债的定义源于原《民法通则》第 84 条，即债是依据约定或法律规定在当事人间产生的特定权利、义务关系，债权人有权要求债务人依约定或法定的内容履行义务。该条未使用给付，而以义务概念定义债的内容，由此产生债务关系内的约定或法定义务。故原《合同法》第 60 条第 1 款仅涉契约关系产生的约定义务，而第 2 款项下所谓义务本质上并非附随义务，而是未约定义务。

由此，上述两个条款间的关系并非给付义务与附随义务的典型区分，而是约定义务与未约定义务（确切而言是明示义务与默示义务）的划分。该结构可追溯至 PICC（1994）第 5.1 条、第 5.2 条。其规定：当事人的契约义务可明示，亦可

---

〔1〕 参见孙礼海主编、全国人大法制工作委员会民法室编著：《中华人民共和国合同法立法资料选》，法律出版社 1999 年版，第 36 页。

默示；[1]而默示义务可依据契约性质、目的、当事人实际履行情况及诚信原则确定。[2] 在此意义上，所谓的附随义务本质上对应于第 5.2 条的默示义务（implied obligations）。此外，附随义务概念在立法时并未使用。立法者将原《合同法》第 60 条第 2 款所列义务仅称为基于诚信原则的义务。

该法实施后，附随义务才引入官方释义，而后为学术著作广泛采纳。通过期刊检索显示，在原《合同法》颁布前少有关于附随义务问题的论文。而从该法颁布后发表的论文看，附随义务理论通常被视为源于德国民法的制度。但少有作者注意到，原《合同法》第 60 条第 2 款与 PICC（1994）之间的紧密联系。显然，大部分论文对该款的认识受到官方释义的影响。[3] 故将原《合同法》第 60 条第 2 款视为附随义务源于德国法学的直接影响，间接表现为在释法层面引入德国学说的学术倾向。但也由此造成流行学说与立法本意之间的不协调。

（二）缔约过失与附随义务的关系

缔约过失制度规定于原《合同法》第 42 条、第 43 条。据第 42 条，若一方当事人恶意磋商，故意隐瞒与缔约有关的重要事实或提供虚假情况，或有其他违背诚信原则的行为，须向对方承担损害赔偿责任。而据第 43 条，若一方当事人在缔约时中知悉对方商业秘密，对其泄露或不当使用的，负有损害赔偿责任。从条文表述和结构上看，其为依据 PICC（1994）第 2.15 条、第 2.16 条改写的产物，故违反诚信原则与违反商业秘密分开处理。但如注解所述，两者均属于恶意磋商（negotiations in bad faith）。[4]

如前所述，PICC（1994）的立法材料显示，恶意磋商的含义，实际上包含违反缔约前的所有合同义务。但最终条文并未将该层含义清晰、完整地加以落实。其原因很可能是缔约过失制度在立法的最后阶段才临时加入，导致条文的打磨尚显粗糙。而我国原《合同法》的立法者仅参考最终稿的条文表述，引入缔约过失规则。据此，原《合同法》将恶意要件具体化为恶意磋商或故意隐瞒重要事项，使

---

〔1〕 See Art. 5.1 PICC (1994).

〔2〕 See Art. 5.2 PICC (1994).

〔3〕 参见道文：《试析合同法上的附随义务》，载《法学》1999 年第 10 期；李伟：《德国新债法中的附随义务及民事责任》，载《比较法研究》2004 年第 1 期。

〔4〕 See Art. 2.15, 2.16 PICC (1994).

我国合同法中的缔约过失本质上更接近缔约故意(*dolus in contrahendo*)。[1]

此外,因原《合同法》第42条、第43条参考PICC(1994),立法者与PICC的起草者都未考虑到缔约过失与附随义务的联系,而视其为与契约履行无关的特殊阶段。因违约责任被界定为无过错责任,而缔约过失原则上以当事人的恶意为要件,缔约与履约责任的性质差异更为明显。[2] 由此,缔约过失更接近侵权责任:一方面,因我国民法并无《德国民法典》第831条项下的雇主免责条款,故无论雇主是否在选任雇员时尽到注意义务,只要后者因履行职责过错导致第三人损害,即负有侵权法上的赔偿责任。[3] 另一方面,我国《民法典》第1198条(原《中华人民共和国侵权责任法》第37条)要求:若公共场所管理人未履行安保义务而导致他人损害,须负赔偿责任。故缔约过失所涉固有利益的侵害(保护义务违反)已为侵权法包含。在规范层面,其适用空间实际上较为狭窄。

但缔约过失的定性因附随义务理论的抬头而发生改变。一些民法学者注意到,缔约过失责任源于缔约阶段行为义务的违反,同履约阶段的附随义务一样指向原《合同法》第6条规定的诚信原则。故该义务亦可称为先契约附随义务。[4] 由此,附随义务的含义发生变化,被视为贯通缔约、履约阶段的一般行为义务。但不应认为已出现两阶段中行为义务的融合趋势,尤其体现于两阶段中保护义务的不同处理方式:一方面,我国侵权法的强势地位导致缔约过失限于较狭窄的范围,即违反缔约阶段的保护义务并不被视为缔约过失,而归于侵权责任。[5] 这进一步导致了对信赖利益(消极利益)的狭义理解,排除了固有利益的损害赔偿。[6] 另一方面,履约阶段的保护义务则不受此影响,仍属于违约责任范畴。

---

〔1〕 参见梁慧星编:《中国民法典草案建议稿附理由－合同编:条文 说明 理由 立法例》(上册),法律出版社2013年版,第99页。

〔2〕 参见孙礼海主编、全国人大法制工作委员会民法室编著:《中华人民共和国合同法立法资料选》,法律出版社1999年版,第58页。

〔3〕 参见最高人民法院《关于审理人身损害赔偿案件适用法律若干问题的解释》(法释〔2003〕20号,已修改)第9条第1款。

〔4〕 参见王利明等:《中国民法典学者建议稿及立法理由－债法总则编·合同编:条文 立法理由参考立法例》,法律出版社2005年版,第66～67页。

〔5〕 参见孙维飞:《合同法第42条(缔约过失责任)评注》,载《法学家》2018年第1期。

〔6〕 参见王利明等:《中国民法典学者建议稿及立法理由－债法总则编·合同编:条文 立法理由参考立法例》,法律出版社2005年版,第67～68页。

这正说明,先契约阶段的独立性阻断了两阶段行为义务的互动和转化。由此,缔约过失制度落入如下困境:一方面,将缔约过失定性为侵权或准侵权;另一方面,受德国法影响,缔约阶段的行为义务越发被视为附随义务的同种义务。该冲突导致了确定缔约过失适用边界的困难。

(三)损害赔偿与附随义务的关系

如希尔伯所称,认可附随义务的标志在于是否存在违反该义务对应的损害赔偿,故需考察原《合同法》中违约责任的性质。据原《合同法》第107条,当事人不履行合同义务或者履行合同义务不符合约定,应承担赔偿损失等违约责任。不履行或不符合约定履行的表述说明我国采纳了统一的不履行概念,故违约不再细分为给付不能与迟延,而仅区分拒绝履行(原《合同法》第108条)与瑕疵履行(原《合同法》第111条)。该分类似乎遗漏了迟延情形。但须注意,原《合同法》第107条的不履行概念同时受到PICC(1994)第7.1.1条的影响。后者规定,不履行是指一方当事人未履行契约项下的任何义务,包括瑕疵履行或迟延履行。[1] 由此,不履行不仅涉及完全不履行,也涉及所有瑕疵情形(包括迟延)。[2] 故德国法上的给付不能概念被弃用。其虽仍出现于原《合同法》第110条,但仅限于充当非金钱债务中履行义务的免责事由。

那么,在原《合同法》体系中违反附随义务是否需要承担损害赔偿责任?或进一步问,原《合同法》第60条第2款作为未约定义务,究竟是仅指向合同的履行利益,抑或业已包含对固有利益的保护?若原《合同法》第107条所谓的义务违反以PICC(1994)中"契约项下的任何义务"理解,则第一问应作肯定回答。尤其应注意,PICC(1994)第7.4.1条就损害赔偿的注解中写明:违约造成的损害赔偿及于合同产生的所有义务,无须区分主(principal)义务与附随(accessory)义务;而就损害赔偿的范围,PICC(1994)第7.4.2条的注解更进一步明确应对所受损失作宽泛解释,并在示例中指明应当对固有利益的损害给予救济。

具体而言,所举案例简述如下:A建筑公司向B公司租赁起重机。由于起重机的基座固定不牢,发生解体,砸坏建筑师的汽车。且施工中断8天。在该情

〔1〕 See Art. 7.1.1 PICC (1994).

〔2〕 See Art. 7.1.1 Comment PICC (1994).

形下,B 公司不仅应赔偿 A 公司因施工迟延产生的损失,还需赔偿维修汽车的费用。[1] 故对原《合同法》第 60 条第 2 款的解读,若以 PICC(1994)中的规定为基准,应当认为其所涉合同义务是广义的:内容上不仅包括合同欲求实现的履行利益,也包括固有利益的保护;而在性质上其与约定义务是一致的,并无德国法上给付义务与附随义务(保护义务)的严格区别。

但问题在于,立法者对原《合同法》违约概念的解释并未完全依照 PICC(1994),而受到德国民法的影响。官方释义将完全不履行分为拒绝履行与履行不能,而不符合约定的履行则分为瑕疵履行与加害履行。[2] 由此,不履行概念实际上等同不给付,与给付不能学说紧密相连。不履行的概念虽然模糊,但仍可确定,无论是依据 PICC(1994)还是德国法解释,附随义务的违反问题都为原《合同法》第 107 条所包含。区别在于,若依前者,可解释为未约定义务;若依后者,可视为附随义务或保护义务。

但两种理解导致对损害赔偿的不同算法。根据原《合同法》第 113 条,损失赔偿额相当于违约所致损失,包括履约后可得利益,但不得超过违约方缔约时预见或者应预见的违约损失。该条转化于 PICC(1994)第 7.4.2 条,但略去了其全面赔偿原则(full compensation),即只要不履行与损害间存在因果关系,则该损害就须全面赔偿。[3] 根据 PICC(1994)注解,此处损害应采广义理解,不仅包括债权人本有财产的减少,也包括额外财产损失的增加。[4] 该原则未写入原《合同法》,但为官方释义接受,[5] 故违反附随义务应作为违反未约定义务得到赔偿。

1900 年《德国民法典》采债务转型论,故损害赔偿实为给付替代。违反给付外的行为义务如何对应损害赔偿始终是理论难题。积极违约理论提供了类推适用债务人迟延规则的权宜之计,而保护义务的发展则在债权人固有利益的损失

---

〔1〕 See Art. 7.4.2 Comment PICC (1994).

〔2〕 根据官方释义,瑕疵履行包括交付不足、标的物品质瑕疵、错误给付方式与地点以及迟延等,而加害给付则指导致债权人除标的物外的人身、财产损害。参见胡康生主编:《中华人民共和国合同法释义》(第 3 版),法律出版社 2012 年版,第 201 页。

〔3〕 See Art. 7.4.2 PICC (1994).

〔4〕 See Art. 7.4.2 Comment PICC (1994).

〔5〕 参见胡康生主编:《中华人民共和国合同法释义》(第 3 版),法律出版社 2012 年版,第 205 ~ 206 页。

与债务人义务违反之间构建起直接因果联系,故在给付等价利益外的损害赔偿得以出现。而我国的附随义务违反则归入所谓不履行范畴,故其对应的损害赔偿依据统一标准(全面赔偿原则)加以裁量。

对债的内在机理的不同认识亦导致对过错的不同要求,原《合同法》未将债务人过错作为不履行(包括违反附随义务)导致损害赔偿的必要条件;在德国法上,过错要素(尽管其多数情形下为推定存在)仍为必须。其对附随义务违反的必要性体现为对普赫塔公式缺陷的克服:因该公式本仅针对给付转化,过错要素在其中仅起次要作用,故其重要性随着违约客观化日益式微;而其对附随义务违反依旧重要,因其仍被视为债务关系中除给付外的额外内容,故债务人的过错,确切地说是过错行为,才是损害发生的实际原因。

我国法免除过错源于 CISG 及 PICC(1994)的影响,以促进契约履行与被害方的保护。[1] 但抛开法政策考量,仍须思考免除过错要求是否真与给付障碍法体系匹配:因附随义务可归入未约定义务,其违反自然视为不履行个案,过错要素遂无关紧要。但违反附随义务,侵害他人的固有利益,亦可引发合同、侵权责任竞合。根据《民法典》第 1165 条(原《中华人民共和国侵权责任法》第 6 条)的规定,行为人因过错(含过错推定)侵害他人民事权益,应承担侵权责任,故导致同一行为由合同法及侵权法分别评价,产生截然不同的法律结果。

(四)小结

通过上述考察,可知原《合同法》中的附随义务存在立法与学说层面的错位现象。就性质而言,附随义务在我国法上更多是一种法律解释的学说工具,其与原《合同法》的本意存在出入。要全面理解附随义务在我国法上的角色与功能,则不能仅依靠德国法的现有教义学强行解释,而应当充分尊重我国合同法的本土特色,厘清、挖掘附随义务与法律规范体系之间的关系。概言之,其问题可归结为三个方面。

1. 鉴于我国债法义务体系并非基于给付,而是约定义务与未约定义务的区分,附随义务概念与合同法的义务体系无法完全匹配,约定义务可能包含给付外的其他行为义务,未约定义务也通过诚信原则与交易习惯确定,而视为给付义务

---

〔1〕 参见孙礼海主编、全国人大法制工作委员会民法室编著:《中华人民共和国合同法立法资料选》,法律出版社 1999 年版,第 59 页。

的一部分。这就解释了审判实践中对附随义务认定的混乱:将其视为给付义务、从给付义务乃至保护义务的做法,实际上是将其认定为未约定义务。

2. 尽管附随义务的违反归于统一的不履行概念,但无过错责任掩盖了附随义务的特性,即因违反该义务产生的损害赔偿并不属于给付内容,而源于侵害行为产生的结果。故尽管全面赔偿原则的适用仍能提供相应的损害赔偿,但免除过错要求仍缺乏法理基础。这解释了审判实践为何与立法不一致,强调过错。该倾向一定程度上源于原《中华人民共和国经济合同法》中过错责任传统的持续影响,但更体现为法律适用时无法忽略过错要素与义务违反间的联系。

3. 尽管原《合同法》采纳了缔约过失,但缔约与履约阶段行为义务间的联系并未明确,故缔约过失更多被视为侵权及准侵权责任。而在学说构建层面,则越发将缔约、履约阶段的行为义务统而视之。由此解释了为何司法实践中或将附随义务理解为侵权法中的安保义务,或又视其为贯通缔约、履约阶段的行为义务。

三、《民法典》中附随义务的新问题

《民法典》合同编基本保留了原《合同法》中有关契约当事人行为义务的规定:有关缔约过失的原《合同法》第 42 条、第 43 条原封不动地移植到《民法典》第 500 条、第 501 条;关于履约阶段行为义务的原《合同法》第 60 条原样照搬到了《民法典》第 509 条第 1 款、第 2 款。[1] 而原《合同法》有关违约责任的相关条文也几乎原样移植到了《民法典》中:如规定损害赔偿责任的原《合同法》第 107 条成了《民法典》第 577 条;规定违约具体情态的原《合同法》第 108 条(拒绝履行)与第 111 条(瑕疵履行)相应照搬到了《民法典》第 578 条与第 581 条;关于损害赔偿范围的原《合同法》第 113 条也完整保留于《民法典》第 584 条。

而在买卖法领域,规定标的物权利瑕疵的原《合同法》第 132 条[2]转移至《民法典》第 597 条。该条在内容上并无变化,但在形式上作了更为精确的修订,即后者第 1 款明确规定:因出卖人未取得处分权致使标的物所有权不能转移

---

〔1〕《民法典》第 509 条与原《合同法》第 60 条的区别在于增加了第 3 款,即规定了当事人在履约阶段负有特定的环境保护义务。参见《民法典》第 509 条第 3 款。

〔2〕原《合同法》第 132 条第 1 款规定:出卖的标的物,应当属于出卖人所有或者出卖人有权处分。

的,买受人可以解除合同并请求出卖人承担违约责任。而就物之瑕疵情形,《民法典》第 610 条以下的规定延续了原《合同法》第 148 条以下的既有规范。此外,《民法典》第 616 条完全照搬了原《合同法》第 154 条,即由物之瑕疵产生的损害赔偿指向《民法典》第 582 条(一般履行障碍法层面的瑕疵履行)。

如上所述,仅从《民法典》合同编的相关规定来看,其并未修改原《合同法》就附随义务的相关规则。但如果结合《民法典》总则编一同观察,则可以得出一些额外的结论。

就债与给付关系的理解发生了变化。尽管我国《民法典》最终放弃了债法总则的体例,但债的概念依旧统领合同编与侵权责任编。尤其在总则编的第 118 条第 2 款给出了债权的一般定义,即"债权是因合同、侵权行为、无因管理、不当得利以及法律的其他规定,权利人请求特定义务人为或者不为一定行为的权利"。表述与原《民法通则》第 84 条中的表述并不一致,后者第 1 款中规定:"债是按照合同的约定或者依照法律的规定,在当事人之间产生的特定的权利和义务关系。"两者最大的区别在于,《民法典》抛弃了"义务"的用语。实际上,该表述很接近《德国民法典》第 194 条对请求权的定义,即请求他人作为或不作为的权利。而在我国《民法典》中,债作为上位概念终究未被规定,而仅列举了四种典型类型。由此生出一问,即立法者是否对合同关系外的附随义务,或者更准确地说是合同之外的行为义务问题有所考虑?全国人大常委会法工委对《中华人民共和国民法总则》的释义,并未提及该问题,而"其他法律规定"的表述则实际上仅指向我国婚姻法中的抚养、照顾义务。[1]

在此背景下,附随义务要么归结于合同法,要么归结于侵权法。这事实上压缩了原《民法通则》与原《合同法》为附随义务构建的相对宽松的生存空间。在此框架下,尚有可能将履约前、中、后的行为义务在债法总论的理论层面进行一般化。但在《民法典》总则编、合同编及侵权责任编所构建的体系中,该可能性已被消除,以至于附随义务必须直面合同、侵权之间的直接冲突。具体而言:一方面,缔约过失作为原《合同法》的立法者视为侵权或准侵权性质的责任,其在合同法中的位置极为尴尬;另一方面,保护义务因触及侵权法意义上的安保义

〔1〕 参见李适时主编:《中华人民共和国民法总则释义》,法律出版社 2017 年版,第 367 页以下。

务,故很难将其纯粹归入合同义务的名下。依据前文对原《合同法》已出现问题的归纳,可见附随义务在我国《民法典》中并未得到完全妥当的设置,故应在解释论层面提出相应的完善建议。

四、重构我国债法义务群的既有尝试

如前文所述,对附随义务体系的重构本质上牵涉对债法本质及其义务群的重塑。无论是德国法、法国法、英国法、美国法,还是PICC(1994)的立法过程,均体现出学者对债法以及合同法内核认知的不断更新迭代。该过程已显示,给付义务与附随义务的构造并非债法义务群的唯一分类方式,结果债务与手段债务、明示条款与默示条款,乃至明示义务与默示义务的分类,均为可能的选择。而在《民法典》颁布之前,我国学者亦严肃考虑过债法义务群的设置问题,形成了可供参考的方案,值得进一步评析和反思。

2003~2004年,我国曾第四次启动民法典编纂。全国人大常委会法工委委托三个学术单位起草民法典建议稿。由此,形成了以梁慧星教授、王利明教授以及徐国栋教授为代表的三份草案。其中,以梁慧星教授为代表的中国社会科学院民法典建议稿(以下简称"梁稿")在债法总则部分具有鲜明的特色,即在德国法的既有理论基础上,提供了重构债法义务群的系统性构想。

首先,在债法总则层面,"梁稿"修改了《德国民法典》第241条意义上的给付义务概念,于第724条规定了"给付原则",即"债务人应当按照债的内容全面履行债务,并应遵循诚实信用原则,履行告知、协助、照顾、保密等义务"。[1] 这表明,附随义务通过法律的认可,被确认为债务关系的内容。

其次,在此基础上,"梁稿"进一步构建了"不给付"的概念。其于第736条规定了"不给付的责任",即"债务人不为或者不能给付,或者其给付损害债权人的人身或者其他利益的,应当按照约定或者法律的规定承担民事责任"。据此,"不给付"不仅可以分为不能给付(Nichtleistenkönnen)与不愿给付(Nichtleistenwollen),而且可以指向对债权人人身完整性或财产的损害。[2] 在此概念之下,给付障碍被具体分解为履行不能("梁稿"第737~742条)、履行迟

[1] 参见梁慧星主编:《中国民法典草案建议稿》,法律出版社2003年版,第142页。
[2] 参见梁慧星主编:《中国民法典草案建议稿》,法律出版社2003年版,第144页。

延（“梁稿”第745～748条）、拒绝履行（“梁稿”第744条）、瑕疵履行（“梁稿”第749条）与加害履行（“梁稿”第750条），由此积极违约的情形也被包含在内。[1] 值得注意的是，瑕疵履行与加害履行之间存在严格的区分。前者规定，“债务人的履行不符合当事人约定或者法律规定，应当适用本法合同编的有关规定”。而后者规定，“债务人履行债务给债权人的人身或者其他财产造成损害的，应当对该损害承担损害赔偿责任”。从逻辑上来说，加害给付是由损害结果倒推而出的不履行形态，而瑕疵履行则是依据不能、迟延等给付障碍形态作出的分类。加害履行亦属于履行不符约定，故亦为瑕疵履行的子类，将其另行规定的唯一理由仅在于将造成的固有利益损害与履行利益相区别。由此，两个条文之间的区分显得并无充分必要。

而在合同编的总则规定中，“梁稿”首先在第870条提出了“先合同义务”的上位概念，即“在准备、磋商等订立合同过程中，双方当事人相互负有遵循诚实信用原则所要求的保密、照顾、保护等义务”。[2] 由此，缔约过失被视为先合同义务的子类型，其不再像原《合同法》那样强调债务人故意或恶意的主观状态，而第871条所规定的缔约过失责任也不再限于消极利益的损害赔偿，而是覆盖违反保护义务所涉及的固有利益。该条在一般条款中规定“当事人因过错违反前条规定的义务，致使合同不成立、无效、被撤销或者不被追认而给他方造成损失的，应当承担损害赔偿责任”，此处并未限定损害赔偿的内容及范围，但一般认为，仍限定债权人应信赖缔约却未能成就而产生的损害。[3] 但该条第4项明确规定，违反保护义务，致使他方的人身或者财产遭受损害的。此处，起草者显然将固有利益纳入消极利益的范畴，明确了缔约过失责任的边界。

而在缔约过失之外，合同履行阶段关于附随义务的规范（“梁稿”第985条）与原《合同法》一致，并未修改。[4] 故此义务仍被视为从诚信原则中产生的行为义务，其法律性质可与缔约过失保持一致。而在一般履行障碍法的层面，违约的概念被更为宽泛地解释。“梁稿”第904条规定，“违约是指一方当事人未依合

〔1〕 参见梁慧星主编：《中国民法典草案建议稿》，法律出版社2003年版，第143～146页。
〔2〕 参见梁慧星主编：《中国民法典草案建议稿》，法律出版社2003年版，第169页。
〔3〕 参见梁慧星主编：《中国民法典草案建议稿》，法律出版社2003年版，第169～170页。
〔4〕 参见梁慧星主编：《中国民法典草案建议稿》，法律出版社2003年版，第176页

同债务的本旨履行其在合同项下的任何义务”。[1] 结合前文所述,可知违反附随义务的情形理应被包括在内。与之相应,在损害赔偿法中,债务转型论被彻底放弃,与原《合同法》保持一致,仅提及了可预见性规则,如“梁稿”第918条所述,“违反合同一方的损失赔偿不得超过其订立合同时预见到或者应当预见的因违反合同可能造成的损失”。[2]

综上所述,“梁稿”的解决方案可以概括为借鉴欧陆民法的最新发展来修正我国债法中的义务群。但这一做法是依赖德国法意义上的债法总则。最为核心的是,不仅要在法学,更要在立法层面借鉴给付概念。从德国法的角度,该做法自然具有不言自明的正当性,但就当前中国法现状则未必完全契合。鉴于我国《民法典》中不再设置债法总则,上述方案实难落实。由此生出一问,是否还存在其他可能去克服现有《民法典》架构中的弱点和不足？要回答该问题,有必要再次回溯附随义务在罗马法、德国法、英国法、美国法、国际示范法及我国法上的变迁史,进而找出其在法律史上的主线和本质规律。

五、对附随义务历史比较的回顾

正如上述研究证明,附随义务的问题——更准确地说,是合同当事人在完成给付之外的其他行为义务——不仅是一个现代民法的问题,而是早已在法律史上存在的问题。作为德国法的继受对象,罗马法已经提供了自身的解决方案,即在诚信诉讼(如买物之诉)中通过欺诈抗辩的自动适用,衡量缔约前后的每一项义务违反。诚信契约有关诉讼的扩张在一定程度上逐步替代了严法诉讼中的欺诈之诉,以至于通过合同诉讼的方式“一揽子”解决了缔约过失与积极违约问题。

而在19世纪德国债法的建构过程中,潘德克顿法学家将债理解为由主观权利产生的支配关系,并将给付视为债的唯一内容,故将履约过程中的附随义务从债的内容中剥离。而与之对应的损害赔偿法则受到蒙森给付不能理论的影响,在给付与金钱赔偿之间创设了等值关系,故违反附随义务对应的损害赔偿也同样被忽视了。由此,造成了先合同与合同阶段的严格区分,以及合同法与侵权法

---

[1] 参见梁慧星主编:《中国民法典草案建议稿》,法律出版社2003年版,第179页。
[2] 参见梁慧星主编:《中国民法典草案建议稿》,法律出版社2003年版,第182页。

之间的直接冲突。

为克服这一缺陷，耶林创设了缔约过失理论，其性质触及缔约过程中的行为义务。随后，史韬布“发现”了积极违约理论，其最初作为模糊概念，意在覆盖给付不能与迟延无法覆盖的瑕疵履行情形。在此背景下，附随义务的提出可归结于，从积极违约中提炼出了相应的行为义务违反。而保护义务的进一步发展可被视为附随义务的类型化，即将后者区分为给付相关与给付无关两个方面。由此，先合同与合同关系在保护义务的层面重新得以统一，而在法律行为相关义务的层面则始终相互分离。正因如此，德国现行法对债法义务群的塑造难言完全成功，其并未达成以一项法律工具对合同关系中所有行为义务实现全面的救济。

与上述路径不同，英美合同法从一开始就没有罗马法的路径依赖，但从其特殊的令状制中发展出了相应的合同解释工具。在此意义上，不应将默示条款狭窄地理解为仅针对合同条款解释作出的理论创新，而应将其作为英美法自身演进的基本思维工具。在合同法领域，默示允诺起到了将当事人的合意作为责任基础的作用，进而将“简约之诉”改造为现代意义上的合同诉讼。而默示条款则是这一思路的延续，将既有的明示条款通过一定方式扩展，无论是基于推定或拟制当事人合意的事实默示，还是基于制定法或既有判例形成的法定默示，抑或基于既有交易习惯形成的惯例默示，均扩展了合同既有内容。但英美法中的默示条款并不等同于默示义务，前者所谓“条款”，虽不限于合同书中载明的条款，但并不能完全对应民法上的合同义务概念，可覆盖条件、要约或承诺、责任、期间等要素，由此同样覆盖了附随义务的相关内容，即辅助、配合合同履行所必要的行为义务。

显然，国际统一私法协会也看到了德国法的上述问题。故在制定 PICC（1994）的过程中，其试图采用比较法的方式博采众长，将附随义务所涉问题以更为开放的构造方式加以解决。而在长达 30 年的立法过程中，起草者因其组成人员变化，对比较法素材的选择发生改变。起初德、法的欧陆学者占据主流，对合同义务的理解掺杂了附随义务、手段/结果债务、缔约过失、自始不能等制度。而在对“履行”与“不履行”章节形成具有关键作用的中后期阶段，因英美学者的介入，迅速倒向默示条款理论，再与欧陆法的既有框架结合，形成了 PICC（1994）中极具特色的默示义务理论。

从上述法律史可知,附随义务的出现与基于给付概念产生的债务关系具有紧密关联,故该学说可以视为德国法的路径依赖。而由于保护义务的进一步发展,在挖掘给付之外其他行为义务的道路上,附随义务也并非最终产品,而是德国法律史上的过渡理论。故直至2002年的德国债法改革,填补法律漏洞的作业也仅在名义上宣告完成。而PICC(1994)的立法过程虽试图通过跨法系的比较法超越德国法的既有做法,但也并未完全解决上述问题。因缺乏一以贯之的体系性思维,整体性的合同义务思维亦未在各具体制度中得以整合。由此,缔约过失、自始不能、默示义务等规定分属一域,未得统一。所谓"草蛇灰线,伏笔千里",罗马法上正因持有整体性的合同义务观,则可用一项合同诉讼统合各类义务的违反问题。而在包括德国法在内的各国现代合同法中,该观念均未完全落实,由此合同责任也相应分裂为缔约过失、自始不能与不履行各原因所引发的损害赔偿。

在此背景下,附随义务在我国法上的存在,更多应被视为立法解释层面的主流学说,但其在本质上与立法者的意图并不完全相符。这一现象向我们提出了如下问题,即附随义务的概念能否被抛弃,或在内容上作出修正,进而与我国《民法典》体系相适应?笔者认为,未尝不可。

六、未约定义务体系的建构

综上所述,我国民法上的附随义务学说不能简单视为诞生于德国法,而为我国接受的单向继受产物,附随义务作为债法义务教义学概念的实质是不同国家乃至法系对合同/债法义务体系的不同构造。罗马法至德国法的学说史解释了德国法上附随义务的产生原因及其发展为保护义务的具体路径。而英美法上默示条款至PICC(1994)默示义务的演变史,表明了欧陆法传统之外的比较法或国际示范法尝试超越以上路径,重新构造合同义务体系的艰苦探索。《民法典》颁布后,须精确解释《民法典》第509条第2款以构建我国自主的附随义务体系。具体而言,应在解释论层面作如下三方面的调整。

(一)从附随义务到未约定义务

德国法上之所以出现给付义务与附随义务(或保护义务)的明确划分,源于《德国民法典》以主观权利学说构建的给付概念与债务关系,从而忽略了给付外的行为义务。为克服给付概念的严苛性及给付障碍法的缺陷，史韬布将积极违约作为给付不能与迟延外的第三类给付障碍类型。而给付外行为义务的发现，肇始于希尔伯的谨慎义务构想，并由艾内克鲁斯将其系统化为附随义务理论。但因以上理论围绕给付义务构建，故陷入对附随义务的定性困难，由此出现保护义务理论。随着该学说逐步完善，给付义务与附随义务间的边界不断严格化，以致统一的债务关系事实上分裂为给付关系与信赖关系。尤其在卡纳里斯统一法定保护关系理论的影响下，德国现行债法出现了将保护义务视为契约与侵权外的第三种民事责任的趋势。这无论是对德国法传统，还是对其他拥有罗马法渊源的民法体系均显陌生。

而我国虽在原《合同法》时代的释法及实务层面使用了附随义务学说，但在立法层面并无相似的德国背景。相反，原《合同法》受到 PICC（1994）整体契约义务观念的直接影响，更接近约定与未约定义务的区分，该特点亦为《民法典》所继承。故从解释论的角度，不妨尊重条文原意，径直将《民法典》第 509 条第 1 款、第 2 款解释为约定义务与未约定义务。约定义务并非支配关系下的行为义务。它具有更宽泛的内容，不仅包括与具体契约类型相匹配的给付义务，亦可涵盖通过双方合意产生的其他行为义务。在此基础上，围绕诚信原则及契约的性质、目的和交易习惯而衍生出的未约定义务则不仅可包括配合、帮助约定义务实现的行为，也可涵盖与交易本身不直接相关的其他义务。在此意义上，未约定义务与附随义务相比，范围更广，内容的确定方式也更灵活。故在我国语境下，从约定义务的弹性概念出发，解释出更宽泛的契约义务内容，比附随义务理论更贴近立法本意，也更适应既有法律的体系构造。

更重要的一点在于，以未约定义务取代附随义务的实质，是以约定与否为标准对合同义务重新划分，以取代给付义务与附随义务的二分法。其根本是有意识地扬弃带有强烈德国法色彩的给付概念，径直以双方合意产生的行为义务作为合同义务内容的逻辑起点，从而规避诞生于潘德克顿法学的给付概念片面强调债务人于债权人支配关系下行为义务的缺陷，更好地兼顾合同义务的平衡性和开放性。而以此基础衍生出的未约定义务，则作为约定义务的补充，在性质上与其保持一致，亦可有效避免现行德国法对附随义务定性时，不得不将其分裂为从给付义务与保护义务的困境。由此，采用约定义务与未约定义务的模式，更有利于我国民法构建起自洽、统一的合同义务体系。

(二)从无过错到过错责任

德国法上附随义务与过错间的联系变得更为间接,甚至彼此无关。一方面,由于法典仍保留了普赫塔的责任要件公式,即要求客观上的义务违反及主观归责,故自希尔伯开始,就将谨慎(过错的反面)视为客观意义上的行为义务,以此构造与损害赔偿发生直接联系。行为义务理论其后的发展则越发与当事人的主观状态脱钩,而被赋予法定义务的特性。另一方面,则表现为过错要素越来越少受到关注,以至于违反限于固有利益的保护义务已近乎被视为客观不法(objektive Widerrechtlichkeit)。[1] 但不应忘记,普赫塔公式本质上基于给付转化理论,故损害赔偿始终与给付利益(债的原始内容)相匹配。故当行为义务的法律基础不再与意定法律关系(如缔约、履约)挂钩时,则造成疑问,即违反行为义务的责任究竟源于何处?

我国出现了立法与实务就附随义务的归责标准不统一的现象:前者通说对契约义务整体采无过错归责,而后者多采过错归责。原因在于附随义务的性质并非始终与给付义务保持一致:或为其派生出的行为义务(如协助、告知义务等),或相对独立于给付,为保护对方固有利益的义务。正如有关学者建议:就前者,可参照给付义务,采违约责任的客观归责;就后者,因其更类似于侵权法上的法定责任,原则上应实行过错归责(包含过错推定)。[2] 该做法避免了"一刀切"的归责方式与不同性质契约义务间的错位,值得肯定。但须注意的是,其同时分裂了附随义务概念的统一性。然而,若代之以约定义务与未约定义务的分类,则违反约定事项的行为,可根据双方合意内容,以客观归责追究其违约责任;而就未约定义务的违反,则可联系诚信原则,参照契约具体性质评价债务人过错后归责,从而保持义务概念与归责标准的一致性。

但须指出的是,对于违反未约定义务采过错归责,并不意味着将其视为侵权责任。未约定义务的性质仍与约定义务一致,为合同义务。其归责之所以不同,源于违约方式的区别。对于约定义务的违反,是契约当事人对合意内容,即自身

---

[1] Vgl. Stefan Grundmann, in: Münchener Kommentar BGB, 9. Aufl., 2022, §276 Rn. 22–23.

[2] 参见张家勇:《论违反合同保护义务的归责标准》,载《西南民族大学学报(人文社会科学版)》2013年第2期。

允诺的违反,本身就包含过错,无须另加论证;而对未约定义务的违反,则可分为违反涉及当事人固有利益的保护义务与违反配合、帮助约定义务实现的其他行为义务加以理解。在前者情形下,违反保护义务本身即侵害当事人人身及固有财产权益,构成侵权责任。故与侵权法保持一致的过错归责,即可避免合同法与侵权法对同一行为的评价差异。而在后者情形下,此类义务是由诚信原则、契约的性质、目的及交易习惯导出而额外附加于当事人的,其性质更接近违反"不成文的客观法"(拉伦茨语),具有准法定性质。故对此类行为的评价,仍须增加对行为人主观过错的考察。唯其未尽必要的注意义务时,方可对其归责。

为实现对违反约定义务与违反未约定义务的差别化归责,从解释论角度出发,无须对《民法典》既有条文作出修改,只需转变对《民法典》第 577 条(原《合同法》第 107 条)的定性,即不再视其为直接对违约责任进行无过错归责的条款,而视其为针对违约责任可归责性的解释规范,即条文中"不履行合同义务或履行合同义务不符合约定"的表述仅明确了债务人须存在合同义务违反的客观要件,而未明确其过错状态的主观要件,从而规避明确违反未约定义务所生责任究竟采取何种归责标准,为在学说和实践中采纳过错归责创造理论空间。

(三)构建广义的未约定义务

由于保护义务的引入,德国法上先契约关系和契约关系的联系更为复杂:从耶林到莱昂哈德,先契约关系一度向契约关系靠拢,被视为后者的特殊阶段。但伴随对于先契约阶段独立性的强调,两者边界重新走向绝对。由于缔约过失与积极违约均逐步为保护义务理论(尤其是"统一法定保护关系"说)所替代,两者又在保护关系的层面重新统一。该既分裂又统一的悖论与德国债法始终将给付关系视为基于主观权利所构建的支配关系紧密相关。由此,德国债法改革虽意在克服百年前的立法缺陷,但仍无法摆脱路径依赖的制约。

鉴于我国《民法典》只设合同编及侵权责任编,不设债法总则,可见我国民事责任体系仍为契约与侵权的二元结构。若全面引入"统一法定保护关系"说,恐难与民法典协调。而考虑到我国司法实践中已有整合缔约、履约阶段行为义务,以及将看管、照看义务视为侵权法安保义务的做法,不妨在此基础上扩张未约定义务的概念,即不再将其限于契约履行,而是依据《民法典》第 7 条(原《合同法》第 6 条)诚实信用原则,统领《民法典》第 500 条(缔约过失)、第 501 条(保密义务)、第509条(诚信履行)及第558条(原《合同法》第92条)后合同义务中的所有相关行为义务,在解释论层面构建广义上未约定义务的学说体系。

值得一提的是,目前国内虽已有学者提出广义附随义务的构想,但若严格考究,附随义务概念并不适合充当贯通缔约、履约乃至后契约阶段的广义行为义务体系。究其缘由,乃其本意是伴随给付而生的行为义务。而在缔约或后契约阶段,均无给付关系,所谓皮之不存,毛将焉附,又何来附随义务之说?正因如此,卡纳里斯才将附随义务概念一分为二,提取合同交易各阶段的保护义务以构建统一的法定保护关系,但仍无法将保护义务外的其他行为义务纳入统一的理论框架。而采取未约定义务,则可规避以上难题,即以约定与否为标准重新划分整个合同交易过程。约定本身并不框定合同关系的起点和终点,只关乎履行阶段合同双方明示义务的确定。而在更广义的范围,合同交易关系(包括缔约、履约及后契约阶段)均囊括在未约定义务的统摄之下。由此,得以构建一个以诚信原则贯穿交易始终,而在履行阶段充分尊重当事人约定的契约义务体系,以避免严格区分契约诸阶段所致责任定性的困难,并尽可能减少契约与侵权的二元对立。

七、未约定义务的体系效应

上一节提出了"约定义务与未约定义务"的构造,并对涉及的归责问题及其与契约外行为义务的关系做了简要说明。但若要在《民法典》合同编中全面推行这一构造,则无疑涉及其体系效应,即未约定义务与合同法整体的协调关系。核心问题不外乎其与违约责任之间的关系适配,即未约定义务与继续履行请求权、合同解除以及损害赔偿之间关系的处理。在本节中,笔者试对上述问题依次进行研究,进而检验新方案与《民法典》合同编体系的融贯程度。

(一)未约定义务与继续履行请求权

如前文所述,将合同义务拆解为约定义务与未约定义务,两者在性质上并无不同,业已克服给付义务与附随义务区别对待的难题。但合同当事人是否可以不受限制地要求对方履行未约定义务,则须细究如下问题:其一,履行优先性是否以及如何在未约定义务上体现;其二,履行不能规则是否适用于未约定义务。

1. 未约定义务的履行优先性问题

就问题一而言,首先需要回答的是我国合同法究竟在多大程度上贯彻了履行优先性原则。《民法典》第 577 条规定，合同当事人一方不履行合同义务或者履行合同义务不符合约定的，应当承担继续履行、采取补救措施或者赔偿损失等违约责任。该条虽未明确继续履行、补救措施以及损害赔偿之间的适用顺序，但根据全国人大常委会法工委释义，此处所称"违约责任"不同于英美法上的违约救济，故与履行抗辩、合同解除等相区分。[1] 然而，释义亦将违约责任的内容平行列举为：继续履行；修理、重作、更换；采取其他补救措施；赔偿损失。[2] 由此，仅从该条出发，并不能直接看出履行请求权在我国合同法中的优先地位。

而从《民法典》第 580 条第 1 款（原《合同法》第 110 条）的文字表述来看，我国合同法对履行例外的规定则直接源于 PICC（1994）第 7.2.2 条。

<table>
<tr><td>Art. 7.2.2 PICC (1994)</td><td>《国际商事合同通则》(1994 年版)第 7.2.2 条</td></tr>
<tr><td>Performance of non-monetary obligation</td><td>非金钱债务的履行</td></tr>
<tr><td>Where a party who owes an obligation other than one to pay money does not perform, the other party may require performance, unless</td><td>如果一方当事人未履行其不属支付金钱的债务，另一方当事人可要求履行，除非：</td></tr>
<tr><td>(a) performance is impossible in law or in fact;</td><td>(a)履行在法律上或事实上不可能；</td></tr>
<tr><td>(b) performance or, where relevant, enforcement is unreasonably burdensome or expensive;</td><td>(b)履行或相关的执行带来的不合理的负担或费用；</td></tr>
<tr><td>(c) the party entitled to performance may reasonably obtain per-</td><td>(c)有权要求履行的一方当事人可以合理地从其他渠道获得</td></tr>
</table>

[1] 参见黄薇主编：《中华人民共和国民法典合同编释义》，法律出版社 2020 年版，第 263 页。
[2] 参见黄薇主编：《中华人民共和国民法典合同编释义》，法律出版社 2020 年版，第 268 页。

formance from another source;	履行;
(d) performance is of an exclusively personal character; or	(d)履行完全属于人身性质;或者
(e) the party entitled to performance does not require performance within a reasonable time after it has, or ought to have, become aware of the non-performance.	(e)有权要求履行的一方当事人在已经知道或者应当知道该不履行的一段合理时间内未要求履行。

对两者进行仔细比较可知,《民法典》第580条第1款第1项规定法律/事实上不能履行,借鉴了PICC(1994)第7.2.2条第a项。因继续履行的内容为给付义务,故事实/法律不能同时造成债务人履行受阻。而《民法典》第580条第1款第2项规定债务标的不适于强制履行/履行费用过高,实对PICC(1994)第7.2.2条第b项、第d项的合并,包括基于高度人身依赖关系的合同与履行费用过高的合同。[1] 此处所称"强制履行",虽指向继续履行,但仅说明债务受人身属性/费用过高拘束,确已无法实际履行,需切换为其他责任形态。决不能推论,强制履行为第一顺位的救济方式。

《民法典》与PICC(1994)的区别在于删除了后者的第7.2.2条第c项,未采纳替代履行可排除履行义务。这表明我国立法者持有如下立场:其一,对效率违约颇为谨慎,不认同为经济效率,可免除债务人的履行义务;其二,未将损害赔偿抬高至终局救济的高度。但仅凭上述两点,亦不能推论继续履行优先于其他救济措施。

全国人大常委会法工委的释义将此特征的背后理由进一步明确:一方面,释义者认为,CISG第28条规定,"如果按照本公约的规定,一方当事人有权要求另一方当事人履行某一义务,法院没有义务作出判决,要求具体履行此一义务,除非法院依照其本身的法律对不属本公约范围的类似销售合同愿意这样做"。该条实际上赋予了法院在继续履行和损害赔偿之间的裁量权,为适用英美法理论

---

[1] 参见黄薇主编:《中华人民共和国民法典合同编释义》,法律出版社2020年版,第272页。

打开了窗口。另一方面，释义者认为，PICC(1994)第7.2.2条没有赋予法官对救济的自由裁量权，若守约方请求继续履行，法官必须照此判决，除非存在不能履行的法定情形。[1] 但回溯上文，该理解并不符合PICC(1994)的立法原意，后者并没有完全否定救济措施的选择自由。上述被删去的第c项即表明，只要守约方能够在市场上找到替代物，即可选择损害赔偿。

全国人大常委会法工委的释义就我国法的规定认为，《民法典》"未对继续履行进行严格限制，只要当事人一方违约，对方一般就可请求继续履行。因此，在当事人一方违约时，一般情况下，守约方可以选择请求继续履行，同时请求赔偿损失，也可以选择不请求继续履行，而仅请求赔偿损失"[2]。按此理解，我国合同法上的履行优先性并不严格，不仅在出现《民法典》第580条第1款规定的履行不能事由时，可以免除履行义务，转向损害赔偿，而且在一般违约情形下，亦可放弃履行请求权，径直主张损害赔偿。由此，继续履行与损害赔偿实际上成了违约责任中的平行手段，两者并不相斥。损害赔偿的适用，除不可抗力规则外原则上不受限制，而请求履行另受履行抗辩规则的约束，适用情境窄于损害赔偿。

上述规则适用于一切合同义务的违反，即《民法典》第577条所称"不履行合同义务或者履行合同义务不符合约定"。就未约定义务，因性质与约定义务相同，继续履行与损害赔偿的适用规则亦可适用。但在裁量具体采用哪种方式时，应做类型化讨论。尽管《民法典》第580条规定的除外情形，笼统而言，覆盖非金钱债务的不履行或不符合约定的履行，但通过上文对PICC(1994)的立法过程描述可知，其理论渊源仍是德国法上的给付不能。换言之，此处的不履行或不符合约定履行，主要是指不给付或瑕疵给付。如果未约定义务直接涉及给付利益的实现，套用事实/法律不能，乃至经济不能，均无障碍。但如果其与给付不直接相关乃至完全不相关，对应告知、协作等从给付义务或保护义务，上述规则未必可用。其中原理已为德国学者艾内克鲁斯所解释，从给付义务因表现为辅助、配合给付义务实现的具体行为（如开具发票或行使警示、告知等义务），关涉给付利益的实现，可由债权人直接请求。而保护义务因与给付无关，一旦违反，即

[1] 参见黄薇主编：《中华人民共和国民法典合同编释义》，法律出版社2020年版，第270～271页。
[2] 黄薇主编：《中华人民共和国民法典合同编释义》，法律出版社2020年版，第271页。

造成固有利益损害,无法要求再次履行,故只能主张损害赔偿。

但上述说法因受给付不能理论影响,明显带有债务转型论的机械感。即便未约定义务根据其所涉及的法益,可以区分为给付相关/无关的不同类别,但义务的表现形式终究要落实到具体行为,告知、协助乃至保密体现为行为方式,但涉及法益既可能是实现合同目的的给付利益,也可能是当事人因缔约失败产生损失的信赖利益,亦可能因对方未尽上述义务造成本有人身、财产损害,而被归入固有利益的损失。

由此,在损害发生之前,无论何种义务均可被单独请求,其表现为特定行为方式。而在损害发生之后,则需审视继续履行对履行利益的实现是否仍有意义:如果合同目的仍可以履行方式达成,债权人自然有权要求债务人履行其义务,哪怕是不与给付行为直接相关的告知、协助乃至保密等行为,仍在请求之列。但如果损害一旦发生,即无法以履行方式修复或弥补,则自然转化为损害赔偿。

在司法实践中,我国法院虽未使用约定义务与未约定义务的构造,但面对具体案件,已呈现与上述观点相符的裁判观点。如"王某伟等诉张某房屋买卖合同纠纷案"中,合同双方签订房屋买卖合同后,房价飞涨,卖方拒不交房。法院认为,卖方拒绝履行合同义务,应承担违约责任。即便出现外部情势的变化,只要不存在原《合同法》第 110 条中履行不能的排除事由,应优先考虑合同履行。[1] 此处,法院判决债务人继续履行,并非因为继续履行具有天然的优先地位,而是履行其约定义务,是实现债权人合同利益的最佳方式。

与此案相反,"亚力山顿公司与探谋网络公司计算机软件开发合同纠纷上诉案"中,原告委托被告进行网站开发。被告交付相关源代码,但不愿提供安装/指导。由此,原告主张解除合同,并要求被告承担违约责任。

法院认为,被告拒绝提供协助/指导,违反附随义务,可归入原《合同法》第 94 条第 4 项中的其他违约行为。但是否构成合同目的无法实现,仍有疑问。被告未陷入履行不能,若严格贯彻合同严守,则可判决被告履行附随义务,促成给付目的实现。但鉴于原告已委托案外人开发网站,故被告给付已无商业价值,原

---

〔1〕 参见湖北省武汉市中级人民法院民事判决书,(2016)鄂01民终6178号。

告通过合同期待达成的经济价值已然落空。就此,法院通过解除排除继续履行,转向损害赔偿。[1]

此处,是否将提供源代码的安装/指导纳入附随义务,并非问题关键。其亦可落入未约定义务的范畴。法院作出上述裁判的根本依据在于,义务履行能否实现合同目的:若合同目的尚可达成,则法院可判决继续履行;若合同目的已经落空,则法院可免除双方履行义务,转向损害赔偿。但裁判的落实仍基于原告诉请,法院处于相对被动的地位。若原告请求履行,法院可援引《民法典》第 580 条第 1 款,检视履行可能,选择继续履行或损害赔偿。若原告请求解除,则法院可援引《民法典》第 580 条第 1 款论证履行不能;若履行仍有可能,亦可援引解除的相关规定(包括法定解除与违约方解除规则),判定合同目的不达,排除双方履行义务,转向损害赔偿。

综上,决定未约定义务可否履行的,并非其可能性,而是其与损害赔偿相比较,何种方式更有利于该义务对应利益的实现。在此意义上,未约定义务体系下,履行不能规则下的教义学应作一定程度的修正,方可实现全国人大常委会法工委官方释义中自由选择继续履行与损害赔偿的立法宗旨。

2. 未约定义务的履行抗辩

(1)给付概念基础上的履行抗辩

创设未约定义务体系的本质是对给付概念的扬弃,不可避免地会触及双务合同中的履行抗辩问题,而既有履行抗辩理论严格围绕给付概念构建,对未约定义务体系产生天然的排斥。但深入研究,则会发现所谓的给付义务理论在该制度上的适用也并非铁板一块。

我国《民法典》合同编关于履行抗辩权的规定有两处,一是《民法典》第 525 条中的同时履行抗辩权,二是《民法典》第 526 条的顺序履行抗辩权。根据全国人大常委会法工委的释义,上述构造直接源于 PICC(1994)第 7.1.3 条。具体对应关系如下所列:

---

〔1〕 参见上海市高级人民法院民事判决书,(2017)沪民终 7 号。

Art. 7. 1. 3 PICC (1994)

Withholding performance

(1) Where the parties are to perform simultaneously, either party may withhold performance until the other party tenders its performance.

(2) Where the parties are to perform consecutively, the party that is to perform later may withhold its performance until the first party has performed.

《国际商事合同通则》(1994年版)第 7.1.3 条

撤回履行

(1)凡当事人各方应同时履行合同义务的,任何一方当事人可在另一方当事人提供履行前拒绝履行。

(2)凡当事人各方应相继履行合同义务的,后履行的一方当事人可在应先履行一方当事人完成履行之前拒绝履行。

值得注意的是,在 PICC(1994)的立法文本及其讨论记录中,均未记载该条源于德国法上的给付概念。官方评注也仅概括性地适用了履行概念。[1] 依据其 5.1 条中明示义务与默示义务的划分,此处的履行理应包括合同关系下的所有义务。但这一解释与全国人大常委会法工委对我国《民法典》的理解并不一致。后者显然受到了德国法理论的影响,其在释义书中明确使用了给付与对待给付的概念。而《德国民法典》第 320 条的具体规定如下:

§ 320 Einrede des nicht erfüllten Vertrags

(1) Wer aus einem gegenseitigen Vertrag verpflichtet ist, kann die ihm obligende Leistung bis zur Bewirkung der Gegenleistung verweigern, es sei denn, dass er vorzuleisten verpflichtet

《德国民法典》第 320 条(合同不履行之抗辩权)

(1)因一个双务合同而负有义务的人,直至对待给付得到履行时止,可以拒绝履行自己负担的给付,但其负有先为给付之义务的,不在此限。应当向数人履

[1] See Art. 7. 13 Comment PICC (1994).

ist. Hat die Leistung an mehrere zu erfolgen, so kann dem einzelnen der ihm gebührende Teil bis zur Bewirkung der ganzen Gegenleistung verweigert werden. Die Vorschrift des § 273 Abs. 3 findet keine Anwendung.	行给付的，直至全部对待给付得到履行时止，可以拒绝向个别当事人履行其应得部分的给付。第 273 条第 3 款的规定不予以适用。
(2) Ist von der einen Seite teilweise geleistet worden, so kann die Gegenleistung insoweit nicht verweigert werden, als die Verweigerung nach den Umständen, insbesondere wegen verhältnismäßiger Geringfügigkeit des rückständigen Teils, gegen Treu und Glauben verstoßen würde.	(2)一方当事人已经做出给付的，依情形，特别是因未给付的部分无足轻重，拒绝履行对待给付将会违背诚实信用原则时，不得拒绝履行对待给付。[1]

按照德国法上的通说，未履行双务合同的抗辩权以给付与对待给付构成“牵连性”为前提。这一表述有两个关键词，一是给付与对待给付，二是牵连性。就前者，是指合同双方的对待义务构成合同的主义务(Hauptpflichten)，仅附随义务之间的关联并不足以构成牵连性。如在消费借贷关系中，因借用人无须向出借人支付对价，双方主合同义务并不对等，但其附随义务(如出借人在出借前对标的物的清洁义务，与借用人对此费用的支付义务)则具备牵连性。但仅据此，不能认定存在双务合同。[2]

德国法上排斥附随义务作为债务对等性/牵连性的根本原因，仍在于其将债理解为债权人基于主观权利对债务人的支配关系。债的目的即在此种支配关系之下，由债务人完成给付义务，实现给付利益。而在双务合同中，两组具有交换

〔1〕 参见《德国民法典》，杜景林、卢谌译，中国政法大学出版社 2014 年版，第 82 ~ 83 页。

〔2〕 Vgl. Otto/Schwarze, in: Staudinger Kommentar zum BGB, 2009, Vorbemerkungen zu §§ 320 – 326 Rn. 10.

性质的债务相向而立，一组债务关系中债权人对债务人所享有的请求权（给付义务），被置换为另一组债务关系中债务人对债权人的请求权（对待给付义务）。正因如此，附随义务因与债背后的主观权利并不直接关联，故其与另一组债务项下的任何义务都无法建立关联。由此，附随义务本身无法成为履行抗辩的对象。

但这一推论未完全得到贯彻。首先，德国通说将附随义务区分为从给付义务，以及“非独立的、与给付相关的附随义务”（unselbständige leistungsbezogene Nebenpflichten）。就前者，因该义务通过自身的可诉性或替代给付的损害赔偿来保障给付利益，虽与主给付义务相比处于辅助性或从属性地位，但在特定条件（特殊的利益格局）中占据了相应的比重，则可与主给付义务等同视之。[1]

而就后者，如对给付标的物谨慎储藏、给付调控义务等，因其服务于给付利益的保障，故并未创设新的履行利益。而对此种义务的违反并不会涉及给付义务的障碍，故原则上不适用履行抗辩规则。仅当其被视为不可忍受的给付危险（unzumutbare Gefährdung der Leistung），或直接损害给付义务时，才被赋予与对待给付的牵连性，进而赋予另一方当事人解除合同的权利。

其次，基于相同理由，《德国民法典》第 241 条意义上的照顾义务（Rücksichtsnahmepflichten），即保护义务，在原则上也无法构成对等关系。但如一方当事人在履行此义务过程中与给付的成就相结合，产生一定费用并向对方主张，则可将其视为与合同相关，具体而言，即与另一方的先给付（Vorleistung）行为相互勾连。换言之，此时，遵守附随义务与成就给付义务产生了相互影响，不能将二者截然分开。但在原则上，德国法仍不承认附随义务的牵连性。如《德国民法典》第 282 条、第 324 条规定，债务人在双务合同中违反《德国民法典》第 241 条第 2 款规定的义务，以至于不能再苛求债权人坚持履行合同的，债权人可以解除合同，并主张替代给付的损害赔偿。但以上两个条文的逻辑并非建立在附随义务的牵连性之上，而是认为固有利益遭受不可忍受的危险与给付的成就相关，进而间接触发了给付义务层面的牵连关系。

（2）未约定义务下的履行抗辩

由上所述，德国法极力坚持履行抗辩的对象是给付义务。但理论的展开过

---

〔1〕 Vgl. Otto/Schwarze, in：Staudinger Kommentar zum BGB, 2009, Vorbemerkungen zu § § 320 – 326 Rn. 15.

程中,融入了大量从给付义务/附随义务的情形,进而限于给付概念的履行抗辩体系出现了松动。若仔细辨析则发现,德国学者为维持上述体系的稳定性,人为地将附随义务概念拆解,从中尽量剥离与给付相关的部分,将其类型化为从给付义务、与给付相关的附随义务,以及与给付无关的附随义务。就此三类情形,分别以不同的理由给予了适用履行抗辩的法律效果:就从给付义务,因其辅助给付义务,增加给付利益,故本质与给付义务相同;就与给付相关/无关的附随义务,通说认为其与给付利益无关,无法直接适用履行抗辩规则,但又开了另外一扇窗口,即当违反附随义务,导致给付利益不达时,间接影响了信赖关系,进而可以抗辩/解除,免除履行义务。

由此思路看,舍弃给付概念,未必会对履行抗辩规则产生影响。给付对于履行抗辩体系的意义,好比围绕地基搭建了一个拱形建筑,在工程完毕后,地基即可撤走,但工程不会崩塌。从内部结构微观地看,给付义务、从给付义务乃至附随义务的精细构造,围绕给付概念层层展开,缺一不可。但从外部结构宏观地看,上述构造要解决的问题,无非在双务合同中一方违反合同义务,另一方是否可以免除其合同义务。在微观视角下,德国法所理解的牵连性,是在双方债务具有交换关系的基础上,针对给付与对待给付关系所作的类型化解释,如发生上的牵连性(genetisches Synallagma),是指一方给付不发生时,对待给付亦不发生;存续上的牵连性(konditionelles Synallagma),是指一方因履行不能而免除给付义务时,对待给付亦告免除;功能上的牵连性(funktionelles Synallagma),是指双方给付互为前提,一方不履行,另一方亦可不履行。[1] 但上述分类并未进一步解释牵连性的前提,即一个合同项下两个债务关系的交换性究竟何在?若跳出微观视角,从宏观层面俯瞰,则更能一目了然:所谓交换关系,并不仅体现在给付行为本身,而是双方基于合同关系实现的利益交换,此种利益并不限于债权人对债务人行使由支配关系产生的给付请求,而是通过给付在内的一系列行为义务所达成的履行利益。在此视野下,给付行为仅是实现履行利益的一种工具,给付之外的其他行为义务也因其辅助、配合履行的实现,或维持合同当事人之间的信赖关系,对履行利益具有贡献。正因如此,即便德国法极端强调给付概念的基础

---

〔1〕 参见韩世远:《合同法总论》(第4版),法律出版社2018年版,第380~381页。

地位,也无法否认附随义务的违反亦可能导致给付无法成就,进而导致对待给付的免除,尽管其未必被视为履行抗辩的一种表现。

由此可见,履行抗辩中真正核心的概念并非给付(义务),而是交换利益。由此推论,如果扬弃给付概念,采用"约定义务与未约定义务"的构造,履行抗辩问题仍可解决。因约定义务与未约定义务的性质相同,均可覆盖给付义务与附随义务,故在合同一方违反未约定义务时,对方是否享有履行抗辩,唯一的裁量标准即对方的交换利益是否以及在多大程度上落空。若全部落空,则对方的全部履行义务可以免除;若部分落空,则可免除其相应的履行义务。此处,交换利益并非一定要以给付利益加以说明,其完全可以抽象地表达为,如果对方履行合同项下的相关行为义务,本方本可获得的利益。该部分利益相较给付成就本身,包含更多内容,如给付利益、可期待的转卖利益,乃至人身/财产得以维持的固有利益。

当对方不履行合同义务(无论其以约定,还是未约定的形式存在)时,均可能触及上述利益,但最终是否以及在多大程度上伤及履行利益,则取决于具体的合同交易场景和义务内容,如在买卖车辆的合同中,未履行开具发票的义务,未必造成对方履行义务的丧失。但如果在商业交易中,未给商业买家开具增值税发票,则严重影响其税收抵扣,影响其正常营业,进而严重损害了其交换利益的实现。[1] 在此意义上,采用未约定义务的构造,并非完全排斥给付义务与附随义务的构造在履行抗辩中的解释力,而是类似以相对论涵盖经典力学,后者在固有领域内仍有效运行,但在更宽泛的场景中,可不再纠结于主给付、从给付、与给付相关还是无关的技术分类,而径直从利益视角对履行的交换功能进行重新判断,对双务合同中双方义务的关联做更为灵活且弹性的把握。

(二)未约定义务与合同解除

1.《民法典》中法定解除的构造特色

在双务合同中,构建未约定义务体系,除与履行抗辩相关,面临的第二个问题是与合同解除权体系的融合。在以德国法为代表的欧陆民法中,解除权(Rücktrittsrecht)的设置亦与给付概念紧密相关。具体内容可参考《德国民法

[1] 参见班天可:《增值税中性原则与民事制度》,载《法学研究》2020年第4期。

典》第 323 条第 1 款的规定。

§ 323 I BGB	《德国民法典》第 323 条第 1 款
Erbringt bei einem gegenseitigen Vertrag der Schuldner eine fällige Leistung nicht oder nicht vertragsgemäß, so kann der Gläubiger, wenn er dem Schuldner erfolglos eine angemessene Frist zur Leistung oder Nacherfüllung bestimmt hat, vom Vertrag zurücktreten.	在双务合同的情形,债务人不履行或不依照合同履行届期给付的,以债权人向债务人指定适当的给付或再履行期间届满未果为限,债权人可以解除合同。[1]

依据德国法通说,法定解除的功能在于作为与损害赔偿平行的补充制度,当债务人无法完成给付时,给予债权人消灭自己一方对待给付的可能。由此,解除权的发生事由实际上与损害赔偿并无本质不同。由此,《德国民法典》第 323 条仅笼统采用了"不履行或不依照合同履行届期给付"的表述。而在解释论上,可将其具体类型化为履行不能、履行迟延、瑕疵履行等情形。由此,违反附随义务的问题,可通过解释为积极违约的方式包含在内。而在 2002 年债法改革中,《德国民法典》于第 324 条新增规定,即债务人在双务合同中违反《德国民法典》第 241 条第 2 款规定义务的,以不再能苛求债权人坚持履行合同为限,债权人可以解除合同。由此,违反附随义务以法律直接规定的方式得以明确。但值得注意的是,违反附随义务在原则上仍不能引发解除,必须经由给付概念过渡,方认可其对合同履行的影响。该逻辑与履行抗辩中的说理异曲同工。

我国《民法典》的合同法定解除制度并未参照德国路径。如果考察其他比较法例,亦无法定位到具有明显继受关系的条文,既非 PICC(1994)第 7.3.1 条,或《欧洲合同法原则》第 9:301 条,抑或 CISG 中的宣告合同无效制度。由此可

---

〔1〕 参见《德国民法典》,杜景林、卢谌译,中国政法大学出版社 2014 年版,第 83 页。

见,我国规定具有相当程度的本土特色,而这一特色的产生可追溯到原《合同法》之前的三部合同法。1981 年的原《中华人民共和国经济合同法》第 27 条规定:凡发生下列情况之一者,允许变更或解除经济合同。解除事由包括第 3 项"当事人一方由于关闭、停产、转产而确实无法履行经济合同",第 4 项"由于不可抗力或者有一方当事人虽无过失但无法防止的外因,致使经济合同无法履行",以及第 5 项"由于一方违约,使经济合同履行成为不必要"。值得注意的是,上述所列事项并未从给付情态,而是从合同不能/不必要履行的最终效果出发,列举了生产、交易过程中的细节情形。各事项之间结构松散,未构成逻辑闭环。尤其是,不属于给付情态的不可抗力亦被单独列举。

1985 年的原《中华人民共和国涉外经济合同法》第 29 条进行了相同的列举立法,但所列事项有所区别:第 1 项为"另一方违反合同,以致严重影响订立合同所期望的经济利益";第 2 项为"另一方在合同约定的期限内没有履行合同,在被允许推迟履行的合理期限内仍未履行";第 3 项为"发生不可抗力事件,致使合同的全部义务不能履行"。上述事项的列举逻辑较为清晰,即按照严重违约、一般违约及不可抗力依次规定解除条件,构成逻辑闭环,但仍未采用给付概念,强调的是违约行为对合同利益的影响程度。

而到了 1987 年的原《中华人民共和国技术合同法》第 24 条,出现了解除权的概括表达,即"致使技术合同的履行成为不必要或者不可能的,当事人一方有权通知另一方解除合同"。但所列事项则变得异常简单:一是"另一方违反合同";二是"发生不可抗力";三是"作为技术开发合同标的的技术已经由他人公开"。上述规定的明显特征是关注使合同履行成为不必要/不可能的结果状态,而何种原因造成何种具体事项,则并非关照重点。故立法者将所涉事项简要分为违约、不可抗力及(技术公开引发的)履行不能。

在上述立法基础上,诞生了 1999 年的原《合同法》第 94 条(《民法典》第 563 条第 1 款)。其未给定具体的合同解除条件,亦采列举方式:因不可抗力致使不能实现合同目的;在履行期限届满前,当事人一方明确表示或者以自己的行为表明不履行主要债务;当事人一方迟延履行主要债务,经催告后在合理期限内仍未履行;当事人一方迟延履行债务或者有其他违约行为致使不能实现合同目的;法律规定的其他情形。与三部合同法相比,该条文呈现如下特点。

其一,不可抗力继续单独列举,这已成为立法者熟悉的立法传统。其二,出现了类型化的违约情态,包括拒绝履行和迟延履行。就后者,根据其对履行影响的程度,即是否致使合同目的不能实现,进一步区分为需要设置"催告+合理履行期限"以及直接解除两类。其三,规定兜底条款,即其他违约行为致使不能实现合同目的。归纳而言,上述列举事项并非完全根据给付的不同情态建构,逻辑地展现为给付不能、给付迟延以及积极违约,而是在部分区分违约事由的基础上,始终强调"合同目的不能实现"的总体原则,将其作为赋予解除权的实质性要件。

而原《合同法》的立法材料显示,在我国立法者眼中,"合同目的不能实现"与根本违约本就是可以相互置换的同义词。[1] 这说明,我国的合同解除制度或许受到了 CISG 中"根本违反合同"(fundamental breach of contract)以及 PICC 中"根本不履行"(fundamental non-performance)概念的影响,即便前者适用于其特有的宣告合同无效制度,而后者并不严丝合缝地对应"合同目的不能实现"。我国原《合同法》及全国人大常委会法工委的释义并未对这一术语给出解释。要理解这一概念,可从相近概念入手。如 CISG 第 25 条规定:一方当事人违反合同,若使另一方当事人蒙受损失,以至于实际上剥夺了他根据合同规定有权期待得到的东西,即根本违反合同。[2] 《民法典》颁布后,全国人大常委会法工委就"合同目的不能实现"首作释义。其认为,分为四个标准:其一,违约是否实质上剥夺了另一方当事人根据合同有权期待的利益;其二,对被违反义务的严格遵守是否为合同的实质性约定;其三,违反义务是否导致不能信赖其将来的履行;其四,合同解除是否导致违反义务人因已经做出的准备或者履行而遭受不相称的损失。上述解释并非释义者的独创,恰恰是 PICC(1994)第 7.3.1 条第 2 款的内容。[3]

---

〔1〕 参见孙礼海主编、全国人大法制工作委员会民法室编著:《中华人民共和国合同法立法资料选》,法律出版社 1999 年版,第 56 页。

〔2〕 See Art. 25 CISG.

〔3〕 参见黄薇主编:《中华人民共和国民法典合同编释义》,法律出版社 2020 年版,第 229 页。

Art. 7.3.1 (2) PICC(1994)	《国际商事合同通则》(1994年版)第7.3.1条第2款
In determing whether a failure to perform an obligation amounts to a fundamental non-performance regard shall be had, in particular, to whether	在确定不履行某项义务是否构成根本不履行时,应特别考虑是否存在以下情况:
(a) the non-performance substantially deprives the aggrieved party of what it was entitled to expect under the contract unless the other party did not foresee and could not reasonably have froessen such result.	(a)不履行从实质上剥夺了受损害方根据合同有权期待的利益,除非另一方当事人并未预见,也不可能合理地预见到此结果;
(b) strict compliance with the obligation which has not been performed is of essence under the contract;	(b)对未履行义务的严格遵守是合同项下的实质内容;
(c) the non-performance is intentional or reckless;	(c)不履行是故意或重大过失所致;
(d) the non-performance gives the aggrieved party reason to believe that it cannot rely on the other party's future performance;	(d)不履行使受损害方有理由相信,他不能信赖另一方当事人的未来履行;
(e) the non-performance party will suffer disproportionate loss as a result of the preparation or performance if the contract is terminated.	(e)若合同被终止,不履行方将因已准备或已履行而蒙受不相称的损失。

故所谓的“合同目的不能实现”,本质上就是根本不履行。结合 PICC(1994)

的立法例来看,我国《民法典》的释义者首先吸收了 CISG 对根本违约的定义,即将根本不履行视为对合同履行利益的剥夺。其次,亦从所违反的义务在合同中的重要性来综合衡量,包括裁量其是否为合同约定,是否构成合同当事人的信赖基础,以及解除对当事人造成的损失及成本等因素。由此判断,“合同目的不能实现”不能简单视为给付不能成就,正如在履行抗辩中提及的,履行利益不仅包含给付利益,还包括信赖利益与固有利益等其他综合内容。

2. 未约定义务视野下法定解除体系的再解释

基于上述分析,违反附随义务的问题亦可被囊括在《民法典》第 563 条第 1 款第 4 项中,即“有其他违约行为致使不能实现合同目的”。若坚持给付义务与附随义务的解释论,则可将其转换为加害给付/积极违约情形,即违反附随义务/保护义务,但破坏了合同赖以存在的信赖关系,进而严重影响给付成就,债权人得以解除合同。但如上文所述,一方面,这一构造并不完全符合我国《民法典》对合同义务的分类。另一方面,如此解释,虽能解决问题,但有强行以德国法解释中国法的嫌疑。更为顺畅的办法,不妨从“约定义务与未约定义务”的分类入手,直接构建其与《民法典》第 563 条第 1 款所列诸事项之间的关联。

(1)不可抗力

就事项一,并非不可抗力本身赋予了对方解除权,而是该事件造成了合同目的不能实现的结果。[1] 但全国人大常委会法工委的释义并未将其内在说理点明。有学者认为,是不可抗力造成了一方当事人的给付不能,对待给付因与该给付存在牵连,故应免除,进而产生解除权。[2] 但如此理解不可抗力的效果,不仅僵化,且不全面。实际上,不可抗力涉及不可预见、不可克服且不可避免的事态,但对于合同履行而言仍是外来因素,既可能直接阻碍债务的正常履行,也可能破坏双方在缔约时建立的信赖关系,或触及对合同当事人固有人身、财产利益的损害。以上多重因素通过直接影响或间接传导,最终导致债权人在合同项下可期待的利益无法实现。若套用约定义务与未约定义务体系,解释路径则会更为灵活。不可抗力的发生导致一方当事人违反其合同项下的义务,无论其以约定/未约定的方式产生,应衡量的是该义务违反与对方整体性的合同利益究竟呈现何

---

〔1〕 参见黄薇主编:《中华人民共和国民法典合同编释义》,法律出版社 2020 年版,第 227 页。

〔2〕 参见赵文杰:《〈合同法〉第 94 条(法定解除)评注》,载《法学家》2019 年第 4 期。

种关系。如果其使对方的履行利益全部落空,则行使解除;否则,则应转为变更合同等救济措施。

(2)拒绝履行

就事项二,合同一方当事人在履行期限届满前,以言语或行为表明自己不履行主要债务的,对方可以解除合同。全国人大常委会法工委释义并未明确主要债务的含义,但提到"影响合同目的实现的债务,应为主要债务"。有些学者将主要债务理解为主给付义务,但该解释亦存在以偏概全的风险。从全国人大常委会法工委的表述来看,债务所谓主要、次要,并非根据给付情态区分为主、从给付义务,而是就对合同目的实现的阻碍程度而言。该项虽未出现"合同目的不能实现"的表述,但"主要债务"实为这层含义的转述。

由此,采用约定义务与未约定义务的解释论,一方面,可避免以给付义务削足适履,强行解释带来的不便。另一方面,可为进一步明确"主要债务"的判断标准提供抓手:其一,若所涉义务已为双方约定,则直接体现为债权人可以期待获得的利益。对其违反,则当然可以归入合同目的不达。其二,若所涉义务未经双方约定,则应以诚信原则及交易习惯综合判断,其是否构成合同目的达成的必要组成部分。一定程度上,可以套用英美法上对默示条款的"好事旁观者"检测方法,裁量其是否构成合同当事人理所当然认可的义务内容。对此类义务的违反,则亦可归入"主要债务"。

(3)迟延履行

就事项三、四,法条虽明文规定了迟延履行的主要债务,并设置了"催告+合理期限"或直接评价其是否构成"合同目的不能实现"的规定。其在构造上与《德国民法典》第323条十分近似,但此处亦无须将事项限定为给付迟延,而相应将"主要债务"限定为主给付义务。原因在于如下两点:

其一,债务人迟延未必限于给付迟延(如买卖标的物的迟延交付),也可能涉及配合、辅助给付实现的其他行为义务迟延(如就标的物的瑕疵未尽告知义务),上述义务的迟延均构成一般违约,均可能造成"合同目的不能实现"的效果。如在前者情形下,交付标的物具有明确的期限价值,超过之后即无意义;而在后者情形下,因为卖方对标的物瑕疵未及时告知,导致买方在使用中造成其人身损害,进而丧失其在合同履行情形下的期待利益。由此,将"主要债务"的含义限定在给付义务层面并无实益。

其二，事项三、四虽均涉及迟延履行，但进一步判断是否构成解除，实际上设置了“迟延‘主要债务’+‘催告+合理期限’”与“迟延履行+直接判断”是否构成“合同目的不能实现”两条路径。从最终达成解除的结果看，两者违反合同义务的程度和性质应当相当或者一致。由此，前一路径中，迟延“主要债务”后，经催告后仍不履行，立法者即将其视同为“合同目的不能实现”。该条完整的逻辑表达出来，应是如果债务人迟延履行那些能够实现合同目的的义务，且经催告后仍不履行，对方即有权解除合同。而在后一路径中，尽管法条未提及“主要债务”，但依据全国人大常委会法工委的解释，“合同目的不能实现”出现之后，已无必要重复提及前者，否则即构成同义反复。综上分析，适用约定义务与未约定义务的构造，可进一步拓宽“主要债务”的边界，明确衡量能否解除的最终标准仍为“合同目的不能实现”，在体系上将事项三、四的规定达成内部协调的关系。

(4)其他违约行为

就事项四中的“其他违约行为”则存在开放的解释论空间。如依德国法路径，可解释为给付不能、不完全给付或附随义务等。但如此，一方面，不符合我国《民法典》合同编对违约事由采取“不履行或履行不符合合同约定”的一般性规定；另一方面，亦不符合《民法典》第563条列举事由的逻辑顺序，即从拒绝履行开始，然后进入迟延履行，再以兜底方式说明其他违约行为。若采用“约定义务与未约定义务”的分类，此处的违约行为则可简化为普遍、宽泛意义上的合同义务违反，其具体内容可包括给付义务、从给付义务、附随义务乃至保护义务。而解除权的最终判断标准仍为“合同目的不能实现”，即审视债务人违约行为与债权人期待利益之间的特定关系。由此可见，并无必要在此强行转向德国法，依据给付概念对违约形态本身做细致划分，其与最终法律效果的判断并无直接联系。

(三)未约定义务与损害赔偿

体系效应中的最后一个问题是未约定义务与损害赔偿之间的关系。如上文所述，我国原《合同法》中损害赔偿的相关规定已将附随义务违反的情形包含在内。但因合同义务的整体构造并未采取给付义务与附随义务的分类，故在建立附随义务违反与损害赔偿之间的关联时，仍会遇到解释论上模棱两可的困难。本节将针对未约定义务与损害赔偿之间的关系给出明确答案，主要涉及如下两个问题：一是归责原则；二是损害赔偿的衡量。

1. 违反未约定义务的归责原则

归责问题已在前文论及。笔者赞同，对违反约定义务，应采无过错归责；而对违反未约定义务，则应采过错归责。原因在于：约定义务为合同当事人合意产生，其为自己的允诺所约束，无须再次归责。而未约定义务，则是外来客观规范的额外要求，故应衡量违约一方的过错状态。在此基础上，应当进一步明确，此处的所谓过错，评价的并非当事人对此未约定义务的违反情形，即客观层面的违法性评价，而是其在主观层面是否对该义务履行具有充分的可预见性和可期待性。在此意义上，衡量未约定义务是否存在，以及其违反是否可以归责，类似于侵权法上对注意义务的评价，存在主、客观的一体两面。以上构造实为德国法与英、美法律中相关理论的调和。

德国法上损害赔偿的基础理论源于蒙森。其在构建债法的损害赔偿时，并未区分合同与侵权。其创设了"(赔偿)归责事实"(zum Ersatz verpflichtende Tatsachen)的概念，指的并非加害人的过错，而是过错导致的权利侵害(verschuldete Rechtsverletzung)，而要赔偿的利益，即如果侵害没有发生，则受害人本应拥有的利益。[1] 由此，其构建起损害赔偿的两层构成要件：一是加害人的过错与归责事实(权利侵害)之间的关系，解决的是加害人是否承担责任的问题；二是权利侵害与损害之间的关系，解决的是加害人在多大程度上承担责任的问题。[2] 这一构造既适用于一般侵权责任，也适用于违约责任的判断。唯一区别在于此处的权利侵害意为不履行合同义务，即对合同法益的侵犯。由此，第一层即评价债务人的过错与不履行之间的因果关系，第二层即评价债务人不履行与受害人损害之间的因果关系。故在德国法的内在构造上，违约与侵权损害赔偿责任的判断共享一套构成体系，而衡量损害赔偿成立及其范围的理论都是相当性，而非加害人(合同关系下即违约方)的可预见性。

反观我国《民法典》合同编的相关规定，其并未沿用这一理论，而是采取了源于PICC(1994)中的相关规则。如前文所述，PICC在进行损害赔偿部分规定时，并未考虑义务违反与损害赔偿的对应、转化问题，而是将后者作为一种基础

---

〔1〕 Vgl. Firedrich Mommsen, Zur Lehre von dem Interesse, 1855, S. 138.

〔2〕 Vgl. Firedrich Mommsen, Zur Lehre von dem Interesse, 1855, S. 139.

性的合同救济方式。换言之,一旦违反了合同项下的任何义务,均可触发损害赔偿的救济措施。在结构上,并不存在须达成合同法益被侵犯的逻辑节点。但这一节点恰恰可以用来解释附随义务的违反为何被排斥在合同法之外,正是因为其将合同法益限定为给付利益。而因为缺少这一逻辑节点,反而成就了 PICC(1994)的两个特点:一方面,因不把合同义务违反视为侵害行为,故不再有对当事人主观归责的需要;另一方面,因没有合同法益概念的拘束,损害赔偿反而成了比较开放的体系。而立法上与 PICC(1994)具有亲缘关系的我国《民法典》合同编也体现出这两点特征。

2. 违反未约定义务的损害赔偿范围

但余下的问题则是在衡量损害赔偿范围时的解释论选择。若选择德国法,则不可避免地适用相当性理论;而选择 PICC,则不可避免地沿用英美法语境下的可预见性理论。由此,即便在合同义务的分类层面承认未约定义务的存在,也仍需要对其损害赔偿的裁量方式加以明确,或在一定条件下,讨论相当性规则与可预见性规则的调和可能。

就可预见性规则而言,我国《民法典》第 584 条(原《合同法》第 113 条第 1 款)规定,违约引发的损害赔偿不得超过违反合同一方订立合同时预见或应当预见到的、因违反合同可能造成的损失。这表明,无论违反约定义务还是未约定义务所引发的损害赔偿范围均应当以违约方的预见能力为限。上文已述,该条参考了 PICC(1994)第 7.4.2 条第 1 款与第 7.4.4 条。[1] 在 PICC(1994)体系内,可预见性规则与第 7.4.2 条中的全面赔偿原则(full compensation)及第 7.4.3 条中的损害确定性(certainty of harm)原则构成整体。[2] 故我国合同法上可预见性规则的含义应结合 PICC(1994)中的三个条文全面理解,即违反未约定义务所引发的损害赔偿,原则上既包括既有损失(包括固有利益),也包括信赖利益或可得利益。而后者范围需受到两方面限制:一是未来可能出现的损害必须具有客观上的确定性;二是损失范围限于违约方主观上的可预见范围。《民法典》合同编沿用原《合同法》中的这一机理,导致我国的违约赔偿与债务转型论有重大差别,即损害赔偿不再是给付义务的利益等价物,而是不履行或不符合约定履

〔1〕 See Art 7.4.2, Art 7.4.4 PICC (1994).

〔2〕 See Art 7.4.4 Comment PICC (1994).

行导致的所有损失，只要在违约方于缔约时的预见范围内，均得予以赔偿。

而相当性规则在我国合同法中并未得到明确认可，主要适用区域在于侵权法。按照我国通说，侵权法的功能主要在于填平损害，故适用完全赔偿原则，即损害赔偿请求权得以发生的要件事实一旦成立，须对发生的全部损害赔偿。[1] 由此推论，产生损害的行为方式、行为人的主观状态、损害是否可以预见、损害属于直接或间接等因素对损害赔偿的范围均无影响，其仅由行为与损害结果间的因果关系决定。[2] 若该理论放在合同法还能成立，则需将损害视为给付利益的转化结果，由此只需判断给付义务的违反是否在相当程度上引发损害即可，而过错等因素则是促成这一转化的次要因素，此即债务转型论的核心要义。由此观之，相当性似乎纯粹是违反给付义务后，损害发生客观可能性的判定，与可预见性无涉。

但若深究，即会发现二者互有关联。在德国法的学理层面，相当性的判定有主客观视角。德国法院通常采客观说，认为相当性的判定不依赖加害人个人的认知能力，但须以最优观察者(optimaler beobachter)的视角，判断自始发生的损害是否落入行为人的认知范围。[3] 所谓的最优观察者，即掌握人类全部知识，且知晓案件所有细节的人。[4] 该学说的实质是一项法律拟制，现实中最接近该角色的无非法官本人。故相当性的本质是在以条件说为基础的客观因果关系上，加入法官主导的价值评价，即为限缩因果关系链条而人为加入的主观因素。[5] 可见，所谓的客观说其实并不客观。故拉伦茨提出批判，认为相当性应从主观视角判定，即以处于行为人位置的理性人在案发时所掌握的全部知识为评判标准。[6] 换言之，应以社会一般人的标准去衡量侵权人对损害结果能否预见。该说虽强调应从行为人视角出发，但裁判标准是带有客观色彩的社会一般人。可见，主观说亦不主观。结合两种学说，可见相当性判定的基本问题仍是裁

---

〔1〕 参见王胜明主编：《中华人民共和国侵权责任法释义》(第2版)，法律出版社2013年版，第90页。

〔2〕 参见叶金强：《论侵权损害赔偿范围的确定》，载《中外法学》2012年第1期。

〔3〕 Vgl. Hartmut Oetker, in: Münchener Kommentar zum BGB, 6. Aufl. 2012, § 249 Rn. 111.

〔4〕 Vgl. Hans-Joachim Muiselak, Kausalität und Schadenszurechung im Zivilrecht, JA 2013, S. 241.

〔5〕 参见李中原：《论侵权法上因果关系与过错的竞合及其解决路径》，载《法律科学(西北政法大学学报)》2013年第6期。

〔6〕 参见叶金强：《相当因果关系理论的展开》，载《中国法学》2008年第1期。

量行为人对损害结果的可预见性。主、客观说的区别仅在于裁判者的知识与立足点不同。[1]

由此,笔者认为,在衡量违约损害赔偿时采用相当性与可预见性规则,具有功能上的相似性。后者强调违约方视角,主要是考虑到违约方最先知道违约事实及其造成的损害,从而尽可能扩大损害的裁量范围,保护守约方的利益。[2]同时,可预见性的衡量也带有很强的客观性,并非完全取决于违约方的主观认识,而须由法官考察一个谨慎的人在通常条件或合同特定情事下能够合理预见的范围。[3] 而相当性规则,无论采主观说还是客观说,均强调赔偿范围覆盖行为人合理认知范围内的损害,并以客观化的第三人标准(以最优观察者或一般理性人评价)对赔偿范围进行限缩。因而,两者看似南辕北辙,但实际上达成了相近的法律效果。

但应当承认在不同情形下,因义务违反所涉及的利益类型不同,可预见性的要求亦会有所差异。就未约定义务,由于其涉及的利益可能是履行合同可得的利益,也可能是合同当事人人身、财产安全的固有利益,若表现为缔约阶段的行为义务违反,且合同最终无效,还可以涉及信赖缔约成功而未能获得的信赖利益。

就固有利益,因其为合同当事人本有的利益,本质上无须合同当事人对其进行预测,故对其进行保护的相关义务所需的可预见性较低。就缔约失败的信赖利益,则是指如果合同成立(但未履行),当事人可以获得的利益,已涉及对可能事实及利益状态(如产生的费用和丧失的缔约机会等利益损失)的假设,因而需要更高的预见要求。而履行利益,指向如果合同履行,债权人可以获得的利益,则涉及对合同完满履行状态的假设,在此理想状态中设想债权人所能获得的全部利益,因而对可预见性的要求最高。在此意义上的可预见性距离客观因果律层面的因果关系最为遥远。

故即便在侵权案件中,就纯粹经济损失的衡量,只要涉及合同履行利益的判

---

〔1〕 参见叶金强:《相当因果关系理论的展开》,载《中国法学》2008 年第 1 期。

〔2〕 参见毛瑞兆:《论合同法中的可预见规则》,载《中国法学》2003 年第 4 期;潘玮璘:《构建损害赔偿法中统一的可预见性规则》,载《法学家》2017 年第 4 期。

〔3〕 See Art 7.4.4 Comment PICC (1994).

断,因果关系的判断标准亦会切换为可预见性。如“宋某辉诉华帆公司道路交通事故损害赔偿纠纷案”中,法院判断因果关系存在的依据有二:一是行为人与受害人关系的密切性。两者关系越紧密,受害人对行为人的依赖性就越强。申言之,造成受害人损失的原因距离行为人越近,则法益的保护范围就越大。二是行为人对损害的预见性。该案中助动车销售者的虚假表示直接导致消费者误以为该车为非机动车,没有缴纳交强险。[1] 可见,可预见性与相当性规则的适用在侵权与合同领域内亦相互渗透,达成法律效果的统一。

综上所述,违反未约定义务所指向的损害赔偿责任,应有两方面关注:一方面,应在归责上适当收紧,即在通过外部规范对合同当事人课以约定之外的义务时,进一步考虑其主观上对义务履行的能力和可能性;另一方面,则需要在理解可预见性规则时,针对其涉及(实质上亦可评价为侵犯)不同的合同利益设置不同程度的预见标准,进而有机地与损害衡量的相当性规则相融合,一是在最大限度上消解采用德国法与英国法、美国法解释论的矛盾,二是尽可能地调和合同、侵权责任的差异评价,促成未约定义务领域法律评价的统一。

---

[1] 参见江河:《纯粹经济损失具有可赔偿性》,载《人民法院报》2013 年 10 月 31 日,第 6 版。

结　论

本书围绕我国《民法典》第509条第2款采附随义务解释论的三个基本问题(附随义务与给付义务之间关系不清,违反附随义务引发违约责任的归责原则不明确,以及附随义务的适用范围不统一),对附随义务理论进行了纵向与横向视角结合的历史、比较考察。

通过研究,本书揭示了附随义务学说的起因问题。在罗马法上,存在三个特点:一是并不存在给付义务与附随义务的绝对区分;二是违反附随义务是否引发损害赔偿的违约责任,需区分债务人就义务违反是否具有恶意;三是将恶意违反附随义务折算成损害赔偿的观念源于欺诈抗辩,故覆盖了履约与缔约阶段的义务违反,并不存在现代法上缔约过失和违约责任的严格区分。

但在潘德克顿法学中,上述特点为概念法学所破坏,相应表现为三个方面:一是罗马法上本为整体的合同义务被限缩理解为给付义务,进而忽略了给付外行为义务的存在;二是违反附随义务被评价为与给付无关的过错,进而无法引发独立的合同责任,只能归入侵权责任范畴;三是缔约与履约阶段被严格区分,前者项下的行为义务违反亦被纳入侵权责任领域。上述构造为《德国民法典》所吸收,进而忽略了给付外行为义务的存在。

就此,现代德国法对潘德克顿的债法传统进行了改造,具体体现为:一是在给付义务之外构造出附随义务/保护义务,试图克服主观权利说基础上的债法结构;二是违反附随义务被评价为违反诚信原则衍生的行为义务,而并非债务人过错的表现,但其引发的损害赔偿性质究竟为履行利益、消极利益或是固有利益,存在较大争议;三是由于保护义务的引入,先合同关系和合同关系愈加复杂。在保护关系层面逐步形成贯穿侵权、缔约阶段和合同关系的法定保护义务,但其他行为义务层面,缔约与履约阶段的关系则更为割裂,难以统一。

在罗马—德国传统的欧陆债法基础上，以 PICC(1994)为代表的国际示范法则更为兼顾对英国法与美国法的借鉴，由此对上述三对关系进行重构：一是打破了给付义务与附随义务的区分，以合同双方约定为标准，形成明示义务与默示义务的构造；二是统一违反默示义务与违反明示义务的救济措施，代以灵活的履行抗辩、合同终止等救济规则，体现了明示义务与默示义务的同质性；三是以预见性为核心，就违反合同义务构建统一的损害赔偿责任，打破了德国法上的债务转型论。

鉴于上述比较法经验与我国自身的债法/合同法的构建形成历史联动，《民法典》第 509 条采附随义务学说，可能遭遇如下困难：一是我国学界在理论上采用给付义务与附随义务的二分法，与我国合同法的规范本旨并不契合；二是围绕立法规范的学理解释就违反附随义务采无过错责任并非立法本意，掩盖了附随义务违反引发独立损害赔偿责任的特性，应恢复过错归责原则；三是在《民法典》现有规范体系下，我国学界未充分关注合同当事人在缔约与履约阶段行为义务的关联性，导致缔约过失制度在学理层面出现了孤立化和侵权化倾向。

面对上述规范与学说层面的困境，我国《民法典》中合同义务的构造需要重构：一是抛弃给付义务与附随义务的分类，将《民法典》第 509 条解释为约定义务与未约定义务；二是将违约责任的归责原则从无过错责任修改为过错责任，进而避免我国立法与实务中就附随义务的归责标准不统一的现象；三是构建广义的未约定义务体系，统领缔约、履约及后合同阶段的相关行为义务。

最后，为证成未约定义务的可行性，本书就其在《民法典》中的联动效应进行了论证：一是就未约定义务与继续履行请求权的规则，应抛弃履行可能性的衡量，以合同目的能否实现为标准，灵活选择继续履行与解除、损害赔偿在内的其他救济措施；二是就未约定义务的履行抗辩，应抛弃给付与对待给付牵连性的传统法理，而以交换利益的视角对履行的交换功能重新判断，进而对未约定义务是否履行，做更为灵活的把握；三是就未约定义务与合同解除的关系，可抛弃将违约事由区分为履行不能、履行迟延与不完全履行的传统理论，以违反合同义务是否影响合同目的实现，进而判断解除权的条件是否满足；四是就未约定义务与损害赔偿的关系，可尽量在违反未约定义务领域，实现侵权法上相当性规则与合同法可预见性规则的调和，进而统一合同、侵权交错领域的法律评价，尽可能减少合同、侵权二元结构所带来的法效果差异。